주역 공부를 위한
3단계 워밍업

이시환

팔괘 중심 관련 이론 & 64괘 간 보기, 우리말 번역의 문제 등

새로운 세상의 숲
신세림출판사

주역 공부를 위한 3단계 워밍업

|
이
시
환

머리말

매우 특별한 지인으로부터 주역 관련 책 5종을 선물 받은, 지난 2021년 1월 11일 이후 만 10개월이 지났다. 그동안 나는 모든 일을 전폐하고 주야를 가리지 않고 그 책들을 읽었으며, 약 200여 시간 주역 강의를 들었다. 이 과정에서 십익(十翼) 가운데 넷을 차지하는 계사전(繫辭傳)과 단전(彖傳)을 우리말로 번역하였고, 그 속의 핵심내용을 분석하여 40여 개 항의 글을 썼으며, 이들을 엮어서 두 종의 책으로 이미 펴낸 바 있다. 이들이 주역을 공부하기 위한 나의 워밍업 제1, 제2단계라고 한다면 세 번째로 펴내는 이 책은 3단계 워밍업이라 할 수 있다.

이 책 속에는, 팔괘(八卦)를 중심으로 한 이론(理論)과 64개 괘(卦) 관련 문장 속에서 번득이는 키워드의 의미를 새기는 과정을 거쳐 문학적으로 형상화한 12편의 글과 64개 괘 가운데 14개의 괘 역문(易文)을 번역하고 그 의미를 새기어 간 을 보았으며, 주역 공부를 어렵게 만드는 인자 가운데 하나 인 우리말 번역 문제를 '매끄럽지 못한 우리말 번역의 실례' 라고 하여 34개의 문장에 관해 직접 번역하고 다른 역자들의 번역문과 비교함으로써 무엇이 문제인가를 확인하였다.

이 책을 끝까지 정독하면, 팔괘의 본질, 팔괘의 조합으로 만 들어지는 64개 괘의 의미, 그 속에 보석처럼 박혀있는, 삶의 본질을 일깨워주는 키워드가 무심코 지나칠 수 없는 것들임 을 알게 되리라 본다. 이뿐만 아니라, 우리말 번역상의 많은 문제에 대해서도 인지하게 되어 주역 공부에 신중한 접근과 이해 노력이 절실함을 체감하게 되리라 본다.

아무쪼록, 주역을 바르게 이해하고 싶은 열망을 지닌, 주역 을 공부하고자 하는 분들의 일독이 있기를 기대하며, 나로 하여금 주역의 눈을 뜨도록 자극과 도움을 준, 내가 읽은 책 들의 저자와 나름의 철학적 사유를 하며 주역을 강의한 강사 께도 깊은 감사를 드린다. 그리고 이미 펴낸 계사전과 단전 관련 책을 읽으며 성원해 주신 독자 여러분께도 감사를 드린 다.

이 책을 포함하여 계사전(繫辭傳)과 단전(彖傳) 우리말번역 & 핵심내용 집중탐구 등 세 종의 책은 지난 10개월 동안 쉬지 않고 홀로 치달려온 내 발자국이다. 이제 뒤로 한 걸음 물러서 잠시 숨 가쁘게 달려온 자신과 내 발자국들을 들여다보아야 할 것 같다.

2021. 08. 13.

북한산 보현봉 자락에서 이 시 환 씀

차례

주역 공부를 위한 3단계 워밍업

제2부

차례

제3부

제4부

[도표 & 팁 목록]

제1부

주역(周易)의 괘(卦)와 효(爻)는
어떻게 만들어졌는가

괘(卦)는 어떻게 만들어졌을까? 괘는 중천건괘(重天乾卦)로부터 화수미제괘(火水未濟卦)까지 모두 64개이다. 왜, 64개인가? 여기에는 나름의 깊은 뜻이 숨어 있다. 곧, 유일무이한 태극(太極)이 음(陰)과 양(陽)을 낳고, 이 음과 양이 태양(太陽: ▬▬)·소양(少陽: ▬▬)·태음(太陰: ▬▬)·소음(少陰: ▬▬) 등의 사상(四象)을 낳으며, 이 사상이 건(乾: ▬▬)·태(兌: ▬▬)·이(離: ▬▬)·진(震: ▬▬)·손(巽: ▬▬)·감(坎: ▬▬)·간(艮: ▬▬)·곤(坤: ▬▬) 등 팔괘(八卦)를 낳고, 다시 이 팔괘가 서로 만날 수 있는 '경우의 수'인 64괘를 낳았다고 한다.

그런데 팔괘는 보다시피, '乾(건), 兌(태), 離(리), 震(진), 巽(손), 坎(감), 艮(간), 坤(곤)'이라는 낯선 이름이 붙어 있고, 그이름들에 각각의 다른 의미가 부여되어 있으며, 나아가서는 그들에게 맞는 자연 구성물(하늘, 연못, 불, 번개, 바람, 물, 산, 땅)과 가족관계(부, 모, 중녀, 장남, 장녀, 중남, 소남, 소녀)로까지 연계, 배치해서 팔괘의 의미와 상징성을 쉽게 이해하도록 해놓았다. 물론, 64괘 하나하나에도 그 이름과 그 의미는 물론이고 64괘에 딸린 384개의 효(64×6=384) 하나하나에도 그 의미가 부여되어 있다. 이를 '괘사(卦辭)', '효사(爻辭)'라고 각각 부르고 있는데, 괘사는 문왕(文王)이, 효사는 문왕(文王)의 아들인 주공(周公)이 각각 부여했다고 한다. 이 괘사와 효사가 주역의 몸통 격이다. 따라서 우리가 주역을 읽는다 함은 각 괘의 괘사와 효사를 읽으면서 주어진 상황에 맞게 처신하는 지혜를 깨우쳐서 흉함을 피하고 길함을 선택하여 궁극적으로는 '무구(無咎)'한 삶을 영위하는 데에 그 목적이 있다고 하겠다.

괘 하나하나를 놓고 볼 때, 6개의 획[劃=爻]으로 구성되어 있으며, 획은 긴 것과 중간에 끊긴 것 두 가지가 있는데 긴 것은 양(陽: ▬)을, 끊긴 것은 음(陰: ▬ ▬)을 나타낸 것이다. 음과 양으로 표시된 6개의 획으로써 하나의 괘가 만들어졌다는 것은 그만큼 음과 양이 중요하고, 그것들의 세기[勢→數]와 결합 상태[①正位와 不正位, ②得中과 不中, ③應爻와 非爻 ④친비(親比) 관계 유무(有無) 등]를 결정짓는 위치[位]가 곧 괘의 종류를 결정하고, 그 괘의 속성 곧 그 의미를 결정한다는 뜻이다. 이 부분에 관해서는 다음 글 「육효(六爻)는 어떻게 작용하는가」에서 다루기로 하자.

　그런데 괘는 왜 6획으로 구성되어 있는가? 여기에도 나름의 깊은 뜻이 들어있다. 곧, 최초 괘를 만든 사람[伏羲]의 머릿속에는, 우주의 중심에 사람이 있고, 그 위로는 하늘이, 그 아래로는 땅이 있는데 이들 삼자가 무엇보다 중요하다는 인식이 깔려있었던 것 같다. 다시 말해, 하늘에는 하늘의 뜻[象]이 있고, 땅에는 땅의 이치가 있으며, 사람에게는 사람의 도리가 있다고 생각했으며, 이 하늘의 뜻과 땅의 이치와 사람의 도리를 묶어서 이것을 움직이는 그 무엇이 있다고 사유했으며, 그것을 두고 이른바 '도(道)'라고 했다. 그래서 그 도에는 '마땅하다[宜]', '당연하다[當]', '늘 있어야 한다[常]'는 등의 의미를 지녀야 하고, 그 보이지 않는 그것의 작용[作用 : 구실, 역할, 움직임 등]을 나름 탐구했던 것 같다.

　그 결과, 그것을 두고 '음(陰)'과 '양(陽)'이라고 인식했으며, 하늘 사람 땅에도 각각의 그 음과 양이 머물고, 움직인다고 믿었다. 그리하여 그 도가 하늘에서는 음과 양으로, 땅에서는 강(剛)과 유(柔)로, 사람에게서는 인(仁)과 예(禮)로 나타난다고 사유했다. 이처럼 하늘이 땅과 사람에게 영향을 미친다는 대전제 아래, 하늘과 땅과 사람의 관계를 음과 양으로 표시하여 3(天, 地, 人) × 2(陰, 陽) = 6개의 효로써 하나의 괘를 구성했다는 것이다. 물론, 이런 내용은 십익(十翼) 가운데 하나인 계사(繫辭) 상, 하편에 나온다.

하지만 실제로는 음양으로 결합하여 독립적인 기운과 성품을 갖는 팔괘 중 둘씩이 위아래로 결합하여 이루어진다. 팔괘가 3획으로 되어있기에 그들이 위아래로 결합하면 자연히 6개의 효가 될 뿐이다. 팔괘가 어떻게 만들어졌는가에 대해서는 다른 글 「팔괘의 진정한 의미」(p.59)에서 확인할 수 있다.

괘상(卦象)을 어떻게 읽어야 하는가

괘(卦)에는 모두 예순네 개 괘가 있는데 이들의 모양새만을 보고서 어떻게 읽어내야 하는가? 이 문제는 앞서서 지적했듯이 대단히 중요하다. 그런데 여기에 몇 가지 전제된, 다시 말해 주어진 조건이 있다. 그 조건을 최소한으로 말하면, 첫째는 괘명(卦名:괘의 이름)이고, 둘째는 괘명의 뜻[卦意]이다. 그리고 셋째는 괘에 부여된 괘사(卦辭)이고, 넷째는 각 효(爻)에 부여된 효사(爻辭)이다.

괘사의 판단 근거를 상·하괘 관계 중심으로 간략하게 설명한 단사(彖辭), 괘의 내외적 모양새를 보고 사람이 무엇을 해야 하는지를 간단히 설명한 대상사(大象辭), 그리고 각 효사의 판단 근거를 제시한 소상사(小象辭) 등 이들은 모두 참고사항으로 여기면 된다. 그 외에 중국의 유명한 경학자들이 붙인 보충설명이 있으나 이들 역시 참고사항쯤으로 여기면 된다.

자, 그렇다면, 하나의 괘상(卦象)을 놓고 읽을 때 무엇을 어떻게 해야 하는가?

첫째, 주어진 조건만을 전제하고서 그 조건의 내용을 상기해내야 한다. 그러니까, 괘의 이름과 그 뜻을 분명하게 인지한다. 예컨대, 64괘 가운데 스무 번째인 풍지관괘(風地觀卦)의 상(象)을 놓고 본다고 했을 때, 그 이름이 '풍지관(風地觀)'이기 때문에 '풍(風)과 지(地)가 합쳐진 것이 관(觀)이구나' 하는 사실과 이때 관(觀)이란 글자의 의미 그대로 '바라봄이로구나'라고 이해해야 한다. 물론, 우리가 알고 있는 통상적인 의미가 아닌, 전혀 다른 뜻으로 사용되는 예도 있음에 주의할 필요가 있다. 그리고 다음 단계로, 누가 무엇을 바라본다는 뜻일까? 의심하면서 그 보는 방법이나 원칙 같은 것을 설명하는 것이 아닐까 상상해 본다. 아직 아무런 설명이 없기에 괘효사를 다 읽을 때까지 일단 유보해 두는 것이다.

둘째, 상괘(上卦)와 하괘(下卦)의 조합이 팔괘(八卦) 가운데 어느 괘인지, 그리고 그것들이 양괘(陽卦)인지 음괘(陰卦)인지를 먼저 분명하게 알고 넘어가야 하며, 이미 고정되도록 부여된 그 상, 하괘의 성품(性品)을 떠올려야 한다. 예로 든 풍지관괘를 놓고 볼 때, 상괘(上卦)가 풍(風:巽卦)이고, 하괘

(下卦)가 지(地:坤卦)라는 사실을 먼저 확인한다. 그런 다음, 풍(風)은 하늘의 섭리이면서 공손이고 입(入)이라는 성품을 떠올린다. 그리고 지(地)는 순종(順從)이면서 유(柔)하다는 전제된 사실을 떠올린다. 그러면서 '하늘의 섭리가 땅 위로 내려왔구나'라고 생각하면서 '바로 이것을 바라봄인가?'라고 생각해 볼 수 있어야 한다. 그리고 상괘는 장녀(長女)이고, 획수가 4개로 짝수이므로 음괘이고, 하괘는 모(母)이고, 획수가 6개로 짝수이므로 역시 음괘라고 판단한다. 이런 원칙은 거의 변함없이 통용된다. 바람이 위에서 땅으로 내려와 부는 것이 관괘(觀卦)로구나 생각하면서 하늘의 섭리가 내려와 땅 위에 머묾을 두루 살펴보는 일이 관(觀)인가? 이렇게 상상할 수 있어야 한다.

셋째, 가장 복잡한 '육효(六爻) 간의 관계(關係)'를 따져야 하는데 답을 말하기 전에 전제된 사실 한 가지를 먼저 분명하게 말해 둬야겠다. 그것은, 괘(卦)는 모든 사람에게 똑같이 주어지는, 외부로부터 오는 '시대적 상황'이라는 점이다. 외부로부터 온다는 것은 내 의지와 상관없이 하늘과 땅이 곧 음양(陰陽)이 만들어내는 '자연적 상황'이라는 뜻이다. 그리고 효(爻)는 드리워진 상황 속에서 살아가야 하는 공동운명체 구성원들의 개별적 여건이다. 이 여건은 사람마다 다를 수 있는데 여섯 가지로, 분류 설정되어서 설명된다는 점이다. 바로 이러한 사실을 전제하고서 육효 간의 상관성을 따져야 한다. 동시에 여섯 가지는 드리워진 상황이 변화해 가는 여섯 '시차순의 단계'이기도 함을 꼭 유념해 두어야 한다.

그러고 나서, 각 효가 바른 자리에 있느냐 없느냐를 따지고[正位/不正位], 중도(中道)를 얻었느냐 얻지 못했느냐, 얻었다면 '강중(剛中)'이냐 '유중(柔中)'이냐를 따지고[得中 性格과 有無], 짝이 되는 효와 호응하느냐 못하느냐를 따지고[應爻/非應爻], 친하게 사귈 수 있는 인접한 위아래 효가 있느냐 없느냐를 따져야 한다[親比 有無]. 객관적인 요소로 이것은 대단히 중요하다. 많은 역학자는 이 외에도 육효를 사람으로 간주하고서(여기까지는 당연함) 직위직책, 나이, 성별 등을 구분해서 설명하기도 하는데 이는 어디까지나 상대적인 개념들이다.

그래서 역(易)에서는 ①정위(正位)와 부정위(不正位) ②득중(得中)과 부득중(不得中) ③응효(應爻)와 비응효(非應爻) ④친비(親比)와 무친비(無親比) 등으로 구분해서 말하고 있고, ⑤ 초효(初爻)부터 상효(上爻)까지의 나이를 10대, 20대, 30대, 40대, 50대, 60대로 부여하기도 하며, 각각의 상대적인 위상을 백성, 현인(君子), 하급관리(제후), 고급관리, 왕(聖人), 왕사(國師) 등으로 그 직위를 상정해서 효 간의 관계를 설명하기도 한다.

그러나 이것은 고정되어 변하지 않는 사실로 말해지는 것은 아니다. 효를 읽어내는 사람이 편의상, 혹은 주어진 효사를 합당하게 읽으려고 하는 과정에서 아전인수 격으로 끌어들이는 궁여지책이라는 생각이 든다. 풍지관 괘의 초육효 효사를 보면, "어린아이 (눈으로) 보는 것은 소인에게는 허물이 되지 않으나 군자에게는 부끄러움이 된다(童觀小人無垢君子吝)"라고 표현한 것으로 보면, 초육효가 소인이나 군자가 될 수 있음을 시사하기 때문이다. 나이나 직급이 정해져 고정되어있는 것이 아니라는 뜻이다.

이 같은 점들을 전제로, 풍지관의 육효가 처한 여건들을 종합적으로 설명하자면 이러하다. 곧, 초육효는 정위이고, 중도를 얻지 못했으며, 짝과 호응하지 못하고, 이웃과 친비 관계도 없다. 그야말로 외톨이 신세이다. 육이효는 정위이고, 중도를 얻었으며[柔中], 짝과 호응하나 친비 관계를 갖는 이웃이 없다. 비교적 좋은 조건에 놓여있다. 육삼효는 중도를 넘어선 자리이며(그래서 흔히 '오만한' 자리라고들 말한다),

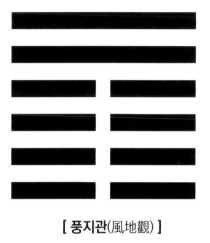

[풍지관(風地觀)]

부정위이고, 짝과 호응하나, 친비 관계에 있는 이웃은 없다. 그리고 육사효는 정위이고, 짝과 호응하지 못하며, 인접한 구오효와 친비 관계에 있다. 구오효는 정위이고 중도를 얻었으며[剛中], 짝과 호응하고, 이웃 육사효와 친비 관계에 있다. 상구효는 부정위이고, 중도를 넘어선 자리이며, 짝과 호응하며, 친비 관계에 있는 이웃이 없다. 이러한 객관적 사실로서의 여건을 전제하고서 각 효사를 읽어야 한다는 것이다.

그리고 늘 염두에 두어서 잊어서는 안 될 사항이 하나 있다. 그것은 바로 하늘의 섭리가 땅 위로 내려와 있음을 두루 넓게 바라보아야 하는 공통의 과제가 여섯 부류의 사람, 곧 육효에게 주어졌다는 점이다.

이런 절차와 이런 방법으로 괘상(卦象)을 살피고서 각 효사의 의미를 하나하나 새기면 비교적 쉽게 이해되리라고 본다. 그렇다고 완벽하게 이해된다는 뜻은 아니다. 이왕, 여기까지

왔으니 풍지관의 육효사(六爻辭)를 읽어보자.

初六, 童觀 小人無咎 君子吝

六二, 闚觀 利女貞

六三, 觀我生 進退

六四, 觀國之光 利用賓于王

九五, 觀我生 君子無咎

上九, 觀其生 君子無咎

초육, 아동의 (눈으로) 보는 것이므로 소인은 허물이 되지 않으나,
　　　군자는 부끄럽게 된다.
육이, 엿보는(훔쳐보는) 것이므로 여성은 정숙함이 이롭다.
육삼, 자신의 움직임을 보는 것이므로 나아가고 물러남이 있다.
육사, 나라의 광명을 보는 것이므로 왕의 손님 됨이 이롭다.
구오, 자신의 움직임을 보는 것이므로 군자는 허물이 되지 않는다.
상구, 자신의 움직임을 보는 것이므로 군자는 허물이 되지 않는다.

만약, 이렇게 읽었다면, 초육을 10대의 나이쯤으로 여겼음인지 '童觀(동관)'이라는 단어가 쓰였다. 그리고 육이에서는 돌연 '闚觀(규관)'이라는 단어가 쓰였다. 육이가 훔쳐보기 때문에 여성은 모름지기 정숙함이 이롭다고 한 것이다. 역시

20대의 호기심이 반영된 것일까. 육삼은 자신의 삶(살아 움직임)을 보기에 앞으로 나아가고 물러남이 있다고 했다. 30대로서 왕성한 활동을 하는 시기의 사람을 반영한 것일까. 육사는 직위 직책상 구오 왕을 보좌하는 고급관리라는 점으로 여겨졌는지 돌연 나라의 광명을 본다고 했고, 왕으로부터 초대를 받는 손님이 되는 것이 이롭다고 했다. 그리고 왕인 구오는 자신의 삶을 보기에 군자로서 이롭다고 했다. 상구 역시 자신의 삶을 보기에 군자라면 허물이 없다고 했다.

만약, 모두가 이렇게 읽었다면, 보는[觀] 주체는 각 효이고, 보는 대상과 보는 방법은 모호한 면이 없지 않으나 효마다 다르다. 곧, 아동이 보는 순진한, 혹은 무지한 눈이 있고, 호기심에 훔쳐보는 눈도 있으며, 자신의 삶을 성찰하는 성숙한 성인(成人)의 눈도 있고, 나라의 밝은 미래를 보는 눈도 있다. 또한, 자신의 삶을 성찰하는 눈도 있다.

이처럼, 주역에 붙은 단사(彖辭)와 대소상사(大小象辭)를 배제하고 읽으면 주역은 아주 단순해지고 만다. 나는 이렇게 64괘를 먼저 다 읽고 난 후에 단사와 대·소상사를 읽고, 다른 경학자들의 해설 읽기를 권하고 싶다. 그런데 이것이 잘 실천되지 않는 이유는 각 효사에 너무나 모호한 표현이 많기 때문이다.

사대(四大)·오행(五行)·팔괘(八卦)에 대한 단상

불경(佛經)에서는 사대(四大), 도교(道敎)에서는 오행(五行), 주역(周易)에서는 팔괘(八卦)라는 키워드가 각각 쓰이고 있다. 이들 삼자의 의미와 상관성에 관해서 잠시 생각해 보고자 한다.

불경에서는 인간의 몸을 비롯하여 모든 물질을 구성하는 요소로 지·수·화·풍(地·水·火·風) 네 가지를 들었고, 이것을 '사대'라고 불렀다. 이 '사대(四大)'는 '사사(四蛇)', '사대종(四大種)'이라고도 불리며, 그 작용의 성향이나 결과를 두고 '악귀(惡鬼)'라고도 했다(대반열반경). 모든 욕구와 번뇌의 근원이라는 판단에서이다.

이 사대가 합해져서 -단순히 합쳐지는 것이 아니지만- 물질을 만들며(달마다라선경), 이 물질로 이루어진 일체를 '색(色)'이라고도 한다(금강장다라니경, 대방등대집경). 이 색을 빌려서 몸을 임시로, 그러니까, 잠시 이루었다고 여기며 (광홍명집), 그래서 '가합지신(假合之身)'이라는 말을 쓰기도 하는데 이 사대로 이루어진 것은 모두가 덧없고 무상(無常)한 것이라(대방등대집경 외)는 기본적인 인식이 또한 전제되어있다. 이 사대에 '공(空)'을 더하여 '오대종(五大種)'이라고도 하는데(대반열반경) 몸을 이룬 4대가 공에서 나왔으며, 결국 공으로 돌아간다고 믿으며, 그 공의 움직임 곧 작용을 '도(道)'라고 한다. 물론, 이 도를 두고 '여래장(如來藏)'이니 '일체지(一切智)'니 하며, 다른 말로써 표현하기도 하는데, 모든 수행자는 이 공과 눈을 맞추듯 살아가야 한다고 주장한다. 이것이 바로 불가(佛家)의 '수행(修行)'이라는 것의 핵(核)이다.

여하튼, 이 사대가 조화를 이루지 못하고 증감(增減)하여 고르지 못하거나 허물어지면 -이것을 「대방등대집경」에서는 '사대의 변이(變異)'라는 말로 표현했다- 몸과 마음에 404가지의 질병이 생긴다(대반열반경, 경률이상, 대반야바라밀다경)고 주장한다. 퍽 놀랍고도 재미있는 발상이다.

도교(道教)에서는, 천지인(天地人) 삼재(三才)에 두루 영향을 미치며 존재하는 기운[氣]의 다섯 가지 양태(樣態)를 '수

(水)·화(火)·목(木)·금(金)·토(土)'라는 이름을 부여하여 분별했고, 이들의 관계(關係)와 움직임 곧 그 작용(作用)으로써 자연현상(自然現象)과 인간사(人間事)를 설명한다.

수(水)는 위에서 아래로 움직이고, 만물을 생육시키며, 수(數)로는 1, 맛으로는 짠맛, 방위로는 북(北), 색(色)으로는 흑(黑), 인체기관으로는 신(腎)을 각각 의미한다[潤下]. 화(火)는 아래에서 위로 움직이고, 수로는 2, 맛으로는 쓴맛, 방위로는 남(南), 색으로는 적(赤), 인체기관으로는 심(心)을 각각 의미한다[炎上]. 목(木)은 휘거나 똑바르게 움직이고, 수로는 3, 맛으로는 신맛, 방위로는 동(東), 색으로는 청(靑), 인체기관으로는 간(肝)을 각각 의미한다[曲直]. 금(金)은 쉽게 변하고, 수로는 4, 맛으로는 매운맛, 방위로는 서(西), 색으로는 백(白), 인체기관으로는 폐(肺)를 각각 의미한다[從革]. 토(土)는 두루 널리 움직이고, 수로는 5, 맛으로는 단맛, 방위로는 중(中), 색으로는 황(黃), 인체기관으로는 비(脾)를 각각 의미한다[稼穡].

그리고 오행 간의 상호 관계를 '상생(相生)'과 '상극(相剋)'으로 설정, 목생화(木生火), 화생토(火生土), 토생금(土生金), 금생수(金生水), 수생목(水生木)은 상생(相生)이지만, 목극토

(木剋土), 토극수(土剋水), 수극화(水剋火), 화극금(火剋金), 금극목(金剋木) 등은 상극(相剋)이라고 한다.

그런데 주역(周易)에서는 '태극(太極)'이 양의(兩儀)를 낳고, 이 양의가 '사상(四象)'을 낳으며, 이 사상이 '팔괘(八卦)'를 낳고, 팔괘가 '64개 괘(卦)'를 낳는다고 한다. 그래서 양의(兩儀)인 음(陰)과 양(陽)의 움직임 곧 그 작용(作用)을 '도(道)'라 하고, 그 도에 의해서 만물(萬物)·만상(萬狀)이 드러난다고 한다. 바로 이 과정을 음양(陰陽) 부호(符號)로써 도식(圖式)한 것이 괘(卦)이고, 그런 괘 64개에 딸린 384개 효(爻)에 드러난 음양의 상호작용과 관계를 통해서 모든 자연현상과 인간사를 설명하는 것이 주역(周易)의 핵(核)이다.

태극(太極)에서 나온 음양(陰陽)이 사상(四象)을 낳는다고 했는데 이때 사상이란 큰 양(陽), 작은 양(陽), 큰 음(陰), 작은 음(陰) 등을 말한다. 바꿔 말하면, 태양(太陽=老陽)·소양(少陽)·태음(太陰=老陰)·소음(少陰)이 곧 사상이다. 그렇다면, 사상(四象)이란 단순히 음양(陰陽)의 크고 작음일 뿐인데 이 사상(四象)이 팔괘를 낳는 방법인즉 이러하다. 곧, 태양(太陽=老陽)·소양(少陽)·태음(太陰=老陰)·소음(少陰) 각각의 위에 한 번은 양이 올라가고, 또 한 번은 음이 올라간다는 것이다. 그래서 태양(太陽)이 건(乾)과 태(兌)가 되고, 소양(少陽)이 리(离)와 진(震)이 되며, 태음(太陰)이 간(艮)과 곤(坤)이 되고, 소음(少陰)이 손(巽)과 감(坎)이 된다는 것이다. 더 재미있는 것은 이렇게 해서 만들어진 여덟 개의 상(象) 곧 세 개의 음양 부호로 도식되는 팔괘(八卦)가 서로 한 번씩 만나는 경우 수인 예순네 가지 괘를 짓는다는 것이다. 그래서 두 개의 음양 부호로써 도식되는 사상이 세 개의 음양 부호로 도식되는 팔괘를 만들어내고, 이 팔괘가 여섯 개의 음양 부호로 도식되는 64개 괘를 짓는다는 것이다.

그러니까, 팔괘(八卦)는 사상(四象)에서 나왔으며, 64개의 괘를 짓는 재료(材料)이며, 독립된 자질(資質)로 모든 자연현상과 인간사를 낳고 변화시키는 기본 요소이다. 다만, 그 이름을 건(乾)·태(兌)·리(离)·진(震)·곤(坤)·간(艮)·감(坎)·손(巽)이라고 부여했을 뿐이고, 이들의 본질은 음양(陰陽)의 세(勢) 차이(差異)이며, 세가 같은 경우는 그 위치(位置)의 차이일 뿐이다. 세(勢)의 크기는 음효(陰爻)와 양효(陽爻)의 수(數)이며, 동수(同數)로서 그 세가 같은 경우는 삼효(三爻) 중 밑의 두 개의 효가 무엇이냐에 따라서 세의 크기가 결정된다는 사실이다. 양(陽)의 세를 기준으로 하여 그 순서를 매기면 건(乾)·태(兌)·리(离)·진(震)·손(巽)·감(坎)·간(艮)·곤(坤)이 되고, 음

(陰)의 세를 기준으로 하면 이 역순(逆順)이다. 그리고 이 팔괘에도 방위(方位)가 주어지고, 수(數)가 부여되었으며, 별자리까지도 정해져 있다.

이런 팔괘가 조합되어 64개 괘(卦)를 짓는데, 팔괘 하나하나가 독립된 자질 곧 타고난 성품(性品=性情)을 갖기에 그 조합으로 이루어지는 64개 괘 하나하나에도 독립된 덕성(德性=性品+作用)을 갖게 된다. 바로 그 덕성의 차이로 인하여 괘마다 다른 의미를 띠게 되고, 그 의미가 드러나는(실현되는) 과정 곧 시차를 두고 일어나는 여섯 단계의 현상도 달라진다. 이런 이유로 팔괘에 부여한 의미를 먼저 분명하게 이해해야 하는데 그 의미는 자연 구성물로 빗대어졌고, 그 성정은 '이러하다'라고 일방적으로 부여해 놓았다. 곧, '건(乾)은 천(天)이요 건(健)이고, 태(兌)는 택(澤)이요 열(說)이며, 리(离)는 화(火)요 려(麗)이고, 진(震)은 뇌(雷)이고 동(動)이다. 곤(坤)은 지(地)요 순(順)이고, 간(艮)은 산(山)이고 지(止)이며, 감(坎)은 수(水)이고 험(險)이며, 손(巽)은 풍(風)이고 입(入)이다.'라고 말이다.

불교(佛敎)의 사대(四大)가 인간의 몸을 비롯하여 모든 물질을 구성하는 요소로 강조되었고, 도교(道敎)의 오행(五行)이 모든 자연현상과 인간사를 낳고 설명하는 기본 요소로 말해 졌으며, 주역(周易)의 팔괘(八卦)가 모든 자연현상과 인간사의 이치를 낳는 기본 인자로 작용한다고 하나 이들은 엄밀한 의미에서 차이가 있다. 부처의 지수화풍(地水火風)은 아리스토텔레스가 주창한 4원소설 곧 물·불·흙·공기와 크게 다르지 않다. 물질을 구성하는 기본 요소인 '원소(元素)'로서 말해 졌다고 볼 수 있다. 물론, 오늘날은 과학의 힘으로 발견, 확인된 원소로는 수소(Hydrogen)로부터 오가네손(Oganesson)까지 모두 118개가 있지만 말이다.

그러나 도교(道敎)의 오행(五行)은 원소 개념이라기보다는 천지인(天地人) 삼재(三才)에 미치는 우주(宇宙)의 기운(氣運)으로 그 움직임과 기능상의 특성을 구분하여 다섯 가지로 분별한 것이다. 문제는 이 다섯 가지가 어떻게 결합하여 상호 작용하느냐에 따라서 자연현상과 인간사가 변한다는 점이다.

주역(周易)의 팔괘(八卦) 역시 물질을 구성하는 기본 요소가 아니라 음(陰)과 양(陽)이 천지인(天地人) 삼재(三才)에 두루 미치어 나타나는 양태(樣態)를 분별한 것이다. 그 '양태'라는 것은 결국 음(陰)과 양(陽)이 결합하는 세(勢)이고, 그 위치(位

置)이다. 문제는 이 여덟 가지가 어떻게 결합하여 독립된 덕성을 갖는 괘를 짓느냐에 따라서 인간에게 드리워지는 자연현상과 현실적 상황이 다르게 나타난다는 점이다.

이러한 주장들에 객관적인 신뢰도가 얼마나 있는지는 독자 여러분이 직접 판단하기 바란다.

[五大種·五行·八卦 비교표]

五大種	이름	地	水	火	風	空	* 空 = 根源 = 道			
五行	이름	水	火	木	金	土	* 天·地·人에 미치는 우주의 기운			
	수	1	2	3	4	5				
	맛	짠맛	쓴맛	신맛	매운맛	단맛				
	방위	北	南	東	西	中				
	색	黑	赤	靑	白	黃				
	기관	腎	心	肝	肺	脾				
八卦	이름	乾	兌	离	震	巽	坎	艮	坤	* 팔괘: 천지의 음과 양이 그 위치와 크기로써 만들어내는 독립적인 기운체
	괘상	☰	☱	☲	☳	☴	☵	☶	☷	
	덕성	剛	說	麗	動	入	險	止	順	
	방위	西北	正西	正南	正東	東南	正北	東北	西南	
	수	6	7	9	3	4	1	8	2	* 선·후천팔괘도의 수(p.45참조)

이시환 ⓒ 2021.11.16.

팔괘에 부여한 방위(方位)·수(數)·사상(四象)의 의미

　누가 언제 어떤 근거로 팔괘(八卦)에 방위(方位)와 수(數)와 사상(四象)과 덕성(德性), 그리고 각종 비유어(譬喩語)를 부여했을까? 나는 지금까지 주역(周易) 관련 그 어떤 책에서도 그에 관한 설명을 보지 못했고, 그 어떤 이론가로부터 그에 관해 듣지도 못했다. 나의 게으름 탓으로 돌리며, 혹자가 내게 질문해 왔기에 잠시 생각해 보는 시간을 갖고자 한다.

　역(易)의 원리에는 도교(道交)의 옷이 입혀져 있고, 역의 내용에서는 유교(儒教)의 옷이 또한 입혀져 있다는 생각을 평소에 해왔다. 분명, 팔괘에 방위와 수와 별자리 등이 부여된 것은 도교와 관련되어 있고, 팔괘에 성정과 덕성을 부여하고 가족 등으로 빗대고 인(仁)·예(禮)·지(志)·신(信)·덕(德) 등을 강조한 점 등은 유교와 관련되어 있다.

　그렇다면 누가, 언제, 어떤 근거, 어떤 원리로 팔괘에 방위와 수와 사상 등을 부여했을까? 이 간단한 문제 하나도 의심해 보지 못하고, 우리는 주어지는 대로 받아 외우기에 급급했던 것은 아닐까.

현재까지는 그 어디에도 설명이 없기에 주어진 결과물을 놓고 그 속을 들여다보며 그 원리나 그 근거를 유추해야 한다. 답이 없으면 스스로 찾아보기라도 해야 한다는 뜻이다.

우리에게 일방적으로 주입되어온 결과물부터 살펴보자.

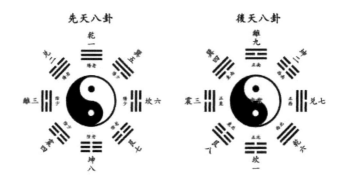

위 도식은 중국의 것인데, '선천팔괘도(先天八卦圖)'에서는 ①태극(太極)을 중심으로 ②팔괘상(八卦象)과 그 이름, 그리고 ③사상(四象) ④수(數) 등을 함께 그려 넣었고, '후천팔괘도(後天八卦圖)'에서는 사상(四象) 표기를 생략하고 그 대신에 방위(方位)를 표시하였다. 여기서 '선천(先天)'과 '후천(後

天)'이라는 개념이 전제되었는데 이들 개념부터 이해하고 넘어갈 필요가 있다. 先天[xiān tiān]은 '天生(천생)'이라고도 불리며, '後天(후천)'과 대립하는 말이다. 그러니까, 하늘[天]이 일하는 시간대의 그 작용을 도식한 것이 선천팔괘도이다. 사람의 일로 치면 태어나기 전에 먼저 하늘이 작용해서 그 성품[心=精]과 본체[身=體]를 생성하는 시간을 선천(先天)이라고 한다면, 사람이 태어나 살아가면서 경험하고 습득하는 과정에서 그 천부적인 성품과 본체에 변화가 이루어지는 시간을 '後天[hòu tiān]'이라고 한다.

그럼, 선천팔괘도부터 뜯어보자. 건(乾=天)이 위[上]로, 곤(坤=地)이 아래[下]로, 리(離=火)와 감(坎=水)이 좌우(左右)로 가서 자리를 잡았다. 그리고 태(兌=澤)와 손(巽=風)이 건(乾)의 좌우로, 진(震=雷)과 간(艮=山)이 곤(坤)의 좌우로 가서 자리를 잡았다. 그렇다면, 팔괘가 놓인 자리[位]는 과연 합당한가? 또, 그것을 판단하는 기준이나 원칙이 있다면 그것은 무엇인가?

역을 설명하는 계사 상 제1장에서 '하늘은 높고 강건하며, 땅은 낮고 유순하다'라고 했으니 건곤(乾坤)이 위아래로 가서 자리를 잡는 것은 합당하다고 받아들일 수 있다. 「설괘전

(說卦傳)」에 의하면 물과 불은 '상극(相剋)'이 아니라 '불상역(不相射:서로 미워하지 않음)'이라 했으니 나란히 하늘과 땅 사이에 자리를 잡는 것도 무리는 아니다. 연못[兌=澤]과 바람[巽=風]이 건(乾)을 중심으로 좌우에 있고, 천둥 번개[震=雷]와 산[艮=山]이 곤(坤)을 중심으로 좌우에 있는데 이것은 좀 자연스럽지 못한 것 같다. 천둥 번개와 바람이 하늘을 중심으로 좌우에 있고, 연못과 산이 땅을 중심으로 좌우에 있다면 겉으로 드러난 의미상으로는 더 자연스러울 것이기 때문이다.

그리고 건(乾)과 태(兌)를 노양(老陽=太陽)이라고 했고, 손(巽)과 감(坎)을 소양(少陽=小陽)이라고 했듯이, 곤(坤)과 간(艮)을 노음(老陰=太陰)이라고 했고, 진(震)과 리(離)를 소음(少陰=小陰)이라고 했다. 이것은 노양(老陽)에서 건(乾)과 태(兌)가 나오고, 소양(少陽)에서 리(離)와 진(震)이 나온다는 점에서 건(乾)과 태(兌)를 노양(老陽)이라 하고, 리(離)와 진(震)을 소양(少陽)이라고 한 것 같다. 그렇듯이, 소음(少陰)에서 나온 손(巽)과 감(坎)을 소음(少陰)이라고 하고, 노음(老陰)에서 나온 간(艮)과 곤(坤)을 노음(老陰)이라고 했다. 이것은 사상이 팔괘를 낳았다는 기존의 역(易) 원리를 전제하면 틀리지는 않는다.

그리고 건(乾) 태(兌) 리(離) 진(震) 손(巽) 감(坎) 간(艮) 곤(坤)에 수(數) 1, 2, 3, 4, 5, 6, 7, 8을 부여했는데 이것은 단순히 양(陽)의 세력(勢力)에 따라서 일련번호를 매긴 것과 다르지 않다. 수가 낮을수록 양의 세력이 크다는 뜻이다. 이것이 '선천팔괘도(先天八卦圖)'에 나타난 의미들이다.

　이제, 후천팔괘도(後天八卦圖)를 뜯어보자. 선천팔괘도를 기준으로 달라진 점부터 분별해 보자. 우선, 태극(太極)의 자리에 '중궁(中宮)'이라는 의미가 부여되었다. 그리고 팔괘에 사상(四象) 표시가 없어졌고, 그 대신에 정남(正南:上), 정북(正北:下), 정동(正東:左), 정서(正西:右), 동남(東南), 서남(西南), 동북(東北), 서북(西北) 등 팔방위(八方位)가 표시되었다. 그리고 건(乾) 태(兌) 리(離) 진(震) 손(巽) 감(坎) 간(艮) 곤(坤)에 수(數) 6, 7, 9, 3, 4, 1, 8, 2가 각각 부여되었고, 팔괘의 위치가 완전히 바뀌어 버렸다. 한마디로 말해서, 팔괘에 부여한 수와 그 위치가 바뀌었다. 이 바뀜의 본질을 이해할 필요가 있다.

　그런데 현재의 필자 눈에는 그 어떤 질서도 보이지 않는다. 선천과 후천의 연결고리가 없다는 뜻이다. 기본적으로 생각이 바뀌어 새롭게 구성되었다는 뜻일 것이다. 그렇다면, '어

떤 뜻이 반영되었을까?'가 중요한데 그것을 확인하기 위해서
사실로 드러난 것부터 먼저 확인해보자.

첫째, 현재 우리가 사용하는 방위표를 시계 방향으로 180
도 돌려놓으면 위 후천팔괘도 방위와 같아진다. 선천팔괘도
에서 팔괘의 자리가 후천팔괘도에서는 건(乾), 태(兌)는 225
도, 곤(坤)은 135도, 리(離), 감(坎), 손(巽), 간(艮) 등은 90도,
그리고 진(震)은 45도 자리를 옮겼다.

둘째, 동-서(3+7), 남-북(9+1), 서남-동북(2+8), 서북-동
남(6+4) 등 대칭되는 방위의 수를 합하면 똑같이 10이 된다.

셋째, 수 1~9에서 중앙수 5를 태극에 부여하고, 나머지 수
를 팔괘에 부여했다. 결과적으로 1~10까지의 수를 모두 사
용한 셈이다.

넷째, 건(6) 태(7) 리(9) 진(4) 손(4) 감(1) 간(8) 곤(2) 등에
부여한 수(數)의 근거와 그 의미를 현재의 필자로서는 알 수
없다. 양괘(陽卦)에 홀수, 음괘(陰卦)에 짝수라는 원칙도 지켜
지지 않았다.

다섯째, 건(서북) 태(정서) 리(정남) 진(정동) 손(동남) 감(정북) 간(동북) 곤(서남) 등에 부여한 방위 역시 그 근거와 의미를 현재의 필자로서는 알지 못한다.

여섯째, 동, 서, 남, 북, 사방(四方)에 3, 7, 9, 1이라는 홀수를 각각 부여했고, 서남, 동북, 서북, 동남 등 간방(間方)에 2, 8, 6, 4라는 짝수를 각각 부여했는데 그 이유를 현재의 필자로서는 알지 못한다.

일곱째, 팔괘(八卦)의 획수(劃數)와 가족 비유로써 양괘(陽卦)와 음괘(陰卦)로 구분하면, 건(乾:父:3:획수) 진(震:長男:5) 감(坎:中男:5) 간(艮:小男:5)이 양괘(陽卦)이고, 곤(坤:母:6) 손(巽:長女:4) 리(離:中女:4) 태(兌:小女:4)가 음괘(陰卦)인데, 양괘라고 해서 홀수가 부여되고, 음괘라고 해서 짝수가 부여되었는데, 사상(四象)이 팔괘를 낳은 원리를 전제하면 건·태·리·진이 양괘이고, 간·곤·손·감이 음괘이어야 맞다.

여덟째, 팔괘(八卦)에 부여된 수(數) 가운데에는 홀수(四方)는 짝수 사이에 있고, 짝수(間方)는 홀수 사이에 배치되었다. 예컨대, 1은 8과 6 사이에 있고, 2는 7과 9 사이에 있다.

아홉째, 사방(四方)의 수를 모두 합하면 20이요, 간방(間方)의 수를 모두 합치면 20이고, 사방수에 간방수를 합치고 여기에 중앙수 5까지 합치면 45가 된다. 이 45는 지도(地道)를 중심으로 표상했다는 낙서(洛書)의 '천지 변화수' 곧, 낙서의 수를 모두 합한 숫자와 같다. 그렇다고, 후천팔괘도와 낙서(洛書)가 일치하는 것은 아니다.

열 번째, 도교(道教)의 오행[수(水)·화(火)·목(木)·금(金)·토(土)], 오방(五方:東·西·南·北·中)이, 그리고 주역(周易)의 팔괘(八卦)까지도 다 '하도(河圖)'와 '낙서(洛書)'에서 비롯된 것임을 전제한다면(역 이론가들의 주장대로), 팔괘에 부여된 방위, 수 등은 하도 낙서에 근거를 두고 있다고 말할 수 있다. 그러나 하도(河圖)와 낙서(洛書)와 선천팔괘도의 방위는 같으나 후천팔괘도와는 다르다. 따라서 하도(河圖) 낙서(洛書)와 선, 후천 팔괘에 관한 연관성 등에 관해서는 별도의 연구가 필요하다.

여기까지는 필자가 선, 후천팔괘도를 보고 인지한 내용으로 부정될 수 없는 사실이다. 그런데 정작 궁금한 선천(先天)과 후천(後天)의 차이에서 읽을 수 있는 본질이 무엇인지, 그것을 아직 분별해 내지 못했다. 아무래도, 이 문제는 시간을 두고 더 생각해 봐야겠다.

후천팔괘도에서 팔괘에 어떤 근거로 방위(方位)와 수(數)를 부여했는지 알아내야 하는데 그 확실한 근거를 찾을 수 없다. 다만, 몇 가지는 유추해 볼 수 있을 것 같다는 판단이 든다.

첫째, 건(乾) 태(兌) 리(離) 진(震) 손(巽) 감(坎) 간(艮) 곤(坤)에 부여한 덕성(德性)을 전제하면, 해가 움직이어[震] 뜨는 곳이 동쪽이고, 그 뜨는 해가 비추어 혜택(은총)을 먼저 받아 기쁜[兌] 곳은 서쪽이며, 해가 중천에 걸리어 밝으면[離] 남쪽이 되고, 해가 보이지 않아 어둡고 위험이 있는[坎] 곳은 북쪽이 된다고 생각해 볼 수 있다. 이 정도만 생각하면, 동·서·남·북에 震·兌·離·坎이 각각 자리할 수 있다고 본다.

둘째, 유순함[坤:地]과 공손함[巽:風]은 밝고 빛나는 남쪽[離] 가까이에 포진하고, 강건하지만[剛:乾] 멈추어야 하는[止:山] 곳은 어둡고 위험이 있는 북쪽[坎] 가까이에 있는 것이 자연스럽다.

셋째, 강건함[剛:乾]과 유순함[柔:坤]은 기쁨[兌:澤]의 좌우에 있고, 공손함[巽:風]과 멈춤[止:山]은 움직임[雷:震]의 좌우에 있다. 이 또한 부자연스럽지는 않다.

아마도, 이런 정도만이라도 생각한다면 팔괘(八卦)와 팔방(八方)을 자연스럽게 연계시킬 수 있지 않을까 싶다. 그러나 이것을 근거라고 내세울 수는 없지 않은가.

그리고 건(乾) 태(兌) 리(離) 진(震) 손(巽) 감(坎) 간(艮) 곤(坤)에 부여한 6, 7, 9, 3, 4, 1, 8, 2 등의 수는 어떤 근거에서일까? 건(乾:父:3:획수) 진(震:長男:5) 감(坎:中男:5) 간(艮:小男:5) 등 양괘(陽卦)에는 6, 7, 9, 3 등 짝·홀수가 부여되었는데 홀수 무리에 짝수 하나가 끼어들었고, 곤(坤:母:6) 손(巽:長女:4) 리(離:中女:4) 태(兌:小女:4) 등 음괘(陰卦)에는 4, 1, 8, 2 등 짝·홀수가 부여되었는데 역시 짝수 무리에 홀수 하나가 끼어들었다. 이 이야기는 하늘[天]은 양(陽)이고 홀수[奇數]로 표시하고, 땅[地]은 음(陰)이고 짝수[偶數]로 표시한다는 기본 원칙에서 벗어나 있다는 뜻이기도 하다.

선, 후천팔괘도에 담긴 의미를 한눈에 보이도록 도식하면 오른쪽 페이지 [선·후천팔괘도의 다른 점 비교표]와 같다. 참고하기 바란다.

[선·후천 팔괘도의 다른 점 비교표]

팔괘(八卦) / 구분	乾	兌	离	震	巽	坎	艮	坤	
수(數)	1	2	3	4	5	6	7	8	선천 팔괘도
	6	7	9	3	4	1	8	2	후천 팔괘도
사상(四象)	태양		소양		소음		태음		선천 팔괘도
방위(方位)	정남	동남	정동	동북	서남	정서	서북	정북	
	서북	정서	정남	정동	동남	정북	동북	서남	후천 팔괘도
오행(五行)	金		木		火		水		
양·음괘	양괘(陽卦)				음괘(陰卦)				

이시환 ⓒ 2021.09.13.

하도(河圖)·낙서(洛書)에 부여한
방위·수·사상·오행·팔괘 등의 의미

팔괘(八卦)와 방위(方位)와 수(數)와 오행(五行) 등의 의미가
부여된 하도(河圖)와 낙서(洛書)를 살펴보자.

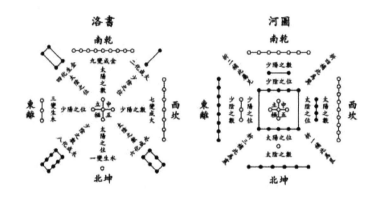

위 낙서(洛書)에서 보면, 양(陽) 다섯 개로 구성되는 태극(太
極)이 한가운데에서 토(土)를 낳고(실제로는 설명되지 않았
으나 전제되었다고 판단함), 동남(東南)에 있는 음(陰) 네 개
가 화(化)하거나 정남(正南)에 있는 양(陽) 아홉 개가 변(變)하
여 금(金)이 되고, 서남(西南)에 있는 음(陰) 두 개가 화(化)하

거나 정서(正西)에 있는 양(陽) 일곱 개가 변(變)하여 화(火)가 되며, 서북(西北)에 있는 음(陰) 여섯 개가 화(化)하거나 정북(正北)에 있는 양(陽) 한 개가 변(變)하여 수(水)가 되고, 동북(東北)에 있는 음(陰) 여덟 개가 화(化)하거나 정동(正東)에 있는 양(陽) 세 개가 변(變)하여 목(木)이 된다고 했다. 바로 여기서 보면, 양(陽)이 작용(作用)하는 것을 '변(變)'이라 하고, 양이 작용하여 이루는 것을 '생(生)'이라 하였으며, 음(陰)이 작용하는 것을 '화(化)'라고 하고, 음이 작용해서 이루는 것을 '성(成)'이라고 했다.

그런데 금(金)은 음(陰) 네 개가 화하거나 양(陽) 아홉 개가 변하여 생기고, 화(火)는 음(陰) 두 개가 화하거나 양(陽) 일곱 개가 변하여 생기며, 수(水)는 음(陰) 여섯 개가 화하거나 양(陽) 한 개가 변해서 생기며, 목(木)은 음(陰) 여덟 개가 화하거나 양(陽) 세 개가 변해서 생긴다는 것이다. 물론, 토(土)는 양 다섯 개로만 생긴다. 이것이 과연 옳은 말인가 틀린 말인가는 현재의 필자로서는 분별할 수 없어 유감이다.

그리고 이 낙서(洛書)에 사상(四象)이 표시되어 있는데 소음(少陰) 자리를 서남(西南)으로, 태음(太陰) 자리를 동남(東南)으로, 소양(少陽) 자리를 정동(正東)으로, 태양(太陽) 자리를 정북(正北)으로 각각 결정했다. 그리고 태양지수(太陽之數)를 정남(正南)의 9로, 소양지수(少陽之數)를 정서(正西)의 7로, 소음지수(少陰之數)를 동북(東北)의 8로, 태음지수(太陰之數)를 서북(西北)의 6으로 각각 결정하였다. 결과적으로, 정남(正南)에 건(乾), 정북(正北)에 곤(坤), 정동(正東)에 리(離), 정서(正西)에 감(坎)을 먼저 배치하고, 동남(東南)에 태(兌), 서남(西南)에 손(巽), 동북(東北)에 진(震), 서북(西北)에 간(艮)을 각각 배치하였다. 이는 선천팔괘도와 같다. 이런 점으로 미루어보면, 낙서는 선천팔괘도와 같다고 볼 수 있다.

여하튼, 이는 도교(道敎)에서 말하는 오행(五行:水·火·木·金·土)이 성립되는 이치를 '음양(陰陽)의 변화(變化)'로써 설명한 것이고, 동시에 팔괘(八卦)의 작용(作用)을 설명한 것이나 다르지 않다. 팔방(八方)에 팔괘(八卦)의 자리가 정해져 있기 때문이다. 그렇다면, 음(陰)과 양(陽)의 변화로 다섯 가지 요소인 '水·火·木·金·土'를 생성(生成)하였고, 이 다섯 가지 요소가 서로 작용하여 만물(萬物)·만상(萬象)을 낳는다는 것인데 이것이 바로 도교(道敎)의 핵심주장이다. 그렇듯, 태극(太極)이 양의(兩儀:陰陽)를 낳고, 양의가 사상(四象:太陽, 少陽, 少陰, 太陰)을 낳으며, 사상이 팔괘(八卦)를 낳고, 팔괘가 64괘를 낳아 천지 변화의 이치를 드러낸다는 것이 역(易)의 핵심주장이다.

　이제, 하도(河圖)를 살펴보자. 하도(河圖)에는 정중앙에 '중립(中立) 오극(五極)'이라 하여 양(陽) 다섯 개가 포진하고, 그 상하(上下)로 음(陰) 다섯 개씩이 나란히 배열되어 있다. 그리고 정남(正南)은 소음(少陰)의 자리로 음(陰) 두 개가 있고, 동시에 소양지수(少陽之數)로 양(陽) 일곱 개가 있어 건(乾)이 되고, 정서(正西)는 태음(太陰)의 자리로 음(陰) 네 개가 있고, 동시에 태양지수(太陽之數)로 양(陽) 아홉 개가 있어 감(坎)이 되었다. 그리고 정북(正北)은 태양의 자리로 양 한 개가 있고, 태음지수(太陰之數)로 음(陰) 여섯 개가 있어 곤(坤)이 되었고, 정동(正東)은 소양의 자리로 양 세 개가 있고, 동시에 소음지수(少陰之數)로 음(陰) 여덟 개가 있어 리(離)가 되었다. 간단히 말해, 남(南)의 건(乾)은 소음+소양(2+7)이고, 서(西)의 감(坎)은 태음+태양(4+9)이고, 북(北)의 곤(坤)은 태양+태음(1+6)이며, 동(東)의 리(離)는 소양+소음(3+8)이라는 뜻이다. 더 줄여 말한다면, 태양은 9와 1로 표시했고, 소양은 7과 3으로 표시했으며, 소음은 2와 8로 표시했고, 태음은 4와 6으로 표시했다. 그러니까, 수 1~9까지를 놓고 볼 때 5는 중앙수로 태극을 표시했으며, 1, 3, 7, 9는 홀수로 양을 상징하고, 2, 4, 6, 8은 짝수로 음을 상징하는데, 홀수 중 1과 9는 태양을 표시하고, 3과 7은 소양을 표시했으며, 짝수 중 2와 8은 소음을 표시했고, 4와 6은 태음을 표시하였다.

그리고 감(坎)의 음(陰) 네 개를 쪼개어 볏가리처럼 쌓으면 손(巽)이 되고, 곤(坤)의 양 한 개를 쪼개어 볏가리처럼 쌓으면 간(艮)이 되며, 리(離)의 양 세 개를 쪼개어 볏가리처럼 쌓으면 진(震)이 되고, 건(乾)의 음 두 개를 쪼개어 볏가리처럼 쌓으면 태(兌)가 된다고 기술되어 있다. 여기서 간과해서는 안 되는 것이 태(兌)는 건(乾)에서 나왔고, 손(巽)은 감(坎)에서 나왔으며, 간(艮)은 곤(坤)에서 나왔고, 진(震)은 리(離)에서 나왔다는 점이다.

지금까지 낙서(洛書)와 하도(河圖)에 내재(內在)된 의미를 가능한 범위 내에서 말했는데 양자 간의 차이를 분별했는지 모르겠다. 사방(四方)의 괘(卦)와 간방(間方)의 괘가 일치한다. 곧, 남(南)-건(乾), 북(北)-곤(坤), 동(東)-리(離), 서(西)-감(坎), 동남(東南)-태(兌), 서남(西南)-손(巽), 동북(東北)-진(震), 서북(西北)-간(艮)이 같다는 뜻이다. 다른 점은 사상(四象)의 자리와 사상지수가 다르다. 곧, 낙서(洛書)에서는 태양(太陽)의 자리가 곤(坤:北)에 있고, 소양(少陽)의 자리가 리(離:東)에 있으며, 소음(少陰) 자리가 손(巽:西南)에 있으며, 태음(太陰)

자리가 태(兌:東南)에 있는데, 하도(河圖)에서는 태양(太陽)의 자리가 곤(坤:北)에 가 있고, 소양(少陽)의 자리가 리(離:東)에 그대로 있으며, 소음(少陰) 자리가 건(乾:南)에 가 있으며, 태음(太陰) 자리가 감(坎:西)에 가 있다. 이런 변화가 왜 생겼는지는 좀 더 시간을 갖고 생각해 보아야 할 것 같다.

그리고 낙서에서는 태양지수(太陽之數)를 정남(正南)의 건(乾)에 9로, 소양지수(少陽之數)를 정서(正西)의 감(坎)에 7로, 소음지수(少陰之數)를 동북(東北)의 진(震)에 8로, 태음지수(太陰之數)를 서북(西北)의 간(艮)에 6으로 각각 결정했는데, 하도(河圖)에서는 태양지수(太陽之數)를 정서(正西)의 감(坎)에 9로, 소양지수(少陽之數)를 정남(正南)의 건에 7로, 소음지수(少陰之數)를 정동(正東)의 8로, 태음지수(太陰之數)를 정북(正北)의 곤(坤)에 6으로 각각 결정했다. 이런 변화에 어떤 원리가 작용했는지 현재의 필자로서는 알 수 없으나 역(易) 이론가들의 단순한 의견 변화가 아닌가 싶기도 하다.

지금까지의 기술 내용을 한눈에 볼 수 있게 도식해서 드러내면 52페이지 [하도·낙서 비교표]와 같다. 아직 해소되지 않은 문제점들에 관해서는 다 같이 연구해 보면 좋겠다.

[하도·낙서 비교표]

하도·낙서 / 방위	낙서(洛書)			하도(河圖)		
	팔괘 (八卦)	사상위 (四象位)	사상수 (四象數)	팔괘 (八卦)	사상위 (四象位)	사상수 (四象數)
正南	乾		태양수(9)	乾	소음위(2)	소양수(7)
正北	坤	태양위(1)		坤	태양위(1)	태음수(6)
正西	坎		소양수(7)	坎	태음위(4)	태양수(9)
正東	离	소양위(3)		离	소양위(3)	소음수(8)
西北	艮		태음수(6)	艮	← 坤의 양(1)	*사상위(四象位)에 있는 음양이 작용[析·補]하여 쪼개지고 쌓여서 간방(間方)에 있는 사괘(四卦)를 생성한다는 뜻임.
東南	兌	태음위(4)		兌	← 乾의 음(2)	
東北	震		소음수(8)	震	← 离의 양(3)	
西南	巽	소음위(2)		巽	← 坎의 음(4)	
中			5	中		양 5, 음 5+5
			합 45			합 55

이시환 ⓒ 2021.09.15.

팔괘의 방위(方位)와 이해(利害)·길흉(吉凶)

주역 64개 괘의 기본재료가 되는 팔괘(八卦)에 방위(方位)와 수(數)를 연계시켜 놓았는데 여기에는 반드시 그 이유와 목적이 있을 것이다. 우리는 그 근원적이고도 실질적인 이유와 목적도 모른 채 그저 받아들이기 바빴기 때문에 이를 설명해 주는 사람도 없다.

얼핏 보아도, 방위는 이해관계(利害關係)를 따지기 위한 목적이 있고, 수는 음양의 세(勢)와 작용(作用)을 설명하기 위한 목적이 있다고 판단되는데, 여기서는 혹자의 질문에 답하기 위해서 팔괘의 방위만을 생각해 보고자 한다. 팔괘에 방위가 어떻게 연계되었는지는 필자의 다른 글 「팔괘에 부여한 방위(方位)·수(數)·사상(四象)의 의미」(p.35)에서 언급했음으로 생략하기로 하고, 주역 64개 괘에서 방위가 실제로 어떻게 응용되었는지를 살펴보고자 한다.

64개 괘 가운데에서는, 중지곤괘(重地坤卦) 괘사(卦辭)와 수산건괘(水山蹇卦) 괘사, 그리고 뇌수해괘(雷水解卦) 괘사 등에서 딱 세 번밖에 방위가 언급되지 않았는데 그 내용인즉 이러하다. 곧, 중지곤괘 괘사에서는 '서남득붕(西南得朋), 동북상붕(東北喪朋)'이라 했고, 수산건괘(水山蹇卦) 괘사에서는 '이서남(利西南), 불리동북(不利東北)'이라 했으며, 뇌수해괘(雷水解卦) 괘사에서는 '이서남(利西南) : 무소왕(无所往), 기래복길(其來復吉)'이라고 했다. 물론, 다른 괘에서는 전혀 사용되지 않았다. 보다시피, 팔방(八方) 가운데에서 '서남(西南)'과 '동북(東北)'이라는 두 방위만 언급되었을 뿐 다른 방위에 관한 언급은 전혀 없다는 뜻이다.

이 같은 사실을 전제로, 방위에 어떤 의미가 있는가를 생각해 보자. 첫째, 전체 64개의 괘 가운데 세 개의 괘에서만 언급된 점으로 미루어보면 상당히 '제한적'이라는 점이다. 둘째, 방위는 이(利)로운가 불리(不利)한가를 판단하는데 그 근거가 되었다는 점이다. 셋째, 서남(西南)은 한결같이 이로운데 동북(東北)은 왜 불리(不利)하다고 하는가? 그 이유 확인이 필요하다. 넷째, 다른 방위도 있는데 왜 언급하지 않았는가? 등등 궁금한 점은 많다.

그럼, 가장 중요한 유·불리(有·不利)를 판단한 근거부터 가능한 범위 내에서 확인해보자. 중지곤괘에서는, 서남에서는 '朋(붕)'을 얻기 때문이고, 동북은 반대로 朋(붕)을 잃는다고 했다. 이때 朋(붕)이란 무엇인가? 명사로는 친구, 벗, 무리, 짝, 같은 부류, 마을 등의 뜻이 있는 글자이다. 단순히 벗[友]인지, 무리인지, 짝인지는 아직 알 수 없다. 괘사(卦辭)를 설명하는 단사(彖辭) 내용을 확인해보자. "'西南得朋' 乃與類行, '東北喪朋' 乃終有慶"이라고 했다. 곧, '서남에서 벗을 얻는다' 함은 이내 무리와 함께 나아감이고, '동북에서 벗을 잃는다' 함은 이내 끝마치되 좋은 일이 있음이다. 여기서 '함께 나아간다'라는 것은 함께 일한다는 뜻이고, '이내 끝마치되 좋은 일이 있다' 함은 해야 할 일을 다 했으므로 그 결과에 따라 상(賞)을 받고 함께 일한 이들과 헤어진다는 뜻이다. 결과적으로, 중지곤(重地坤)의 음효(陰爻)가 때가 되면 점차 소멸해 간다는 뜻이다. 물론, 제일 먼저 사라지는 것은 초육효(初六爻)이다.

그리고 수산건괘(水山蹇卦)에서는, 서남은 이롭고, 동북은 불리하다고 했는데, 그 이유를 단사(彖辭)에서 "'蹇利西南'往得中也, '不利東北' 其道窮也"라 했다. 곧, '건괘에서 서남이 이롭다' 함은 가서 중도를 얻기 때문이고, '동북이 불리하다.'

함은 그 도가 다했기 때문이라는 것이다. 이렇게만 설명하면 대개는 무슨 말인지 이해하지 못할 것이다. 여기서 '가서 중도(中道)를 얻는' 주체는 이 건괘(蹇卦)의 구오효(九五爻)이고, 이 구오효가 중도(中道)와 절도(節度)를 지키기 때문에 추종하는 무리가 따른다는 뜻이다. 이런 판단의 근거는 구오(九五) 효사(爻辭)와 상사(象辭)에 있다. 그리고 '그 도(道)가 다했다'라는 말은 동북에 머무는 간(艮)이, 설괘전(說卦傳)에서 설명하는 것처럼, 가던 길을 멈추고 하던 일을 그쳐야 하는[止] 성품을 가졌고, 또한 만물이 시작하고 끝마치는 산(山)이기 때문이다.

그리고 뇌수해괘(雷水解卦)에서는, 서남이 이롭다고 했는데, 그 이유를 해당 단사(象辭)에서는 "'解利西南' 往得中也"라 했다. 곧, 해괘에서 서남이 이로운 것은 가서 중도를 얻기 때문이라는 것이다. 여기서도 '가서 중도를 얻는' 주체는 이 해괘(解卦)의 구이효(九二爻)이다.

그렇다면, 수산건괘의 구오효와 뇌수해괘의 구이효는 서남으로 나아가서 중도를 얻기에 이롭다는 것인데 왜, 서남(西南)인가? 이에 관한 해명(解明)이 반드시 있어야 한다. 분명한 사실은, 수산건괘의 구오효는 상괘(上卦)의 감(坎)이고, 뇌수해괘의 구이효는 하괘(下卦)의 감(坎)이라는 점이고, 그 감괘(坎卦)의 중효(中爻) 곧 양(陽)인 이효(二爻)라는 점이다.

　어쨌든, 감괘(坎卦)의 이효(二爻)가 양(陽)으로서 올라가 상괘(上卦)에서 중도를 얻든, 내려가 하괘(下卦)에서 중도를 얻든 그 이효(二爻)는 서남으로 가야 사람이 모이고 무리가 따른다는 것이다. 왜, 그럴까?

　사상(四象)에서 팔괘(八卦)가 나온 이치를 전제하면, 감(坎)은 소음(小陰)에서 나왔으므로 그의 본향은 곤(坤)이다. 그래서 곤(坤)이 머무는 서남으로 가야 동류(同類:같은 패)를 얻고, 그들로부터 추종을 받는다는 인식을 하지 않았겠나 싶다. 그런데 단사(彖辭)·상사(象辭) 집필자는 오로지 구오효와 구이효가 중도를 얻어 바르고 곧고 절도있게 말하고 행동하기에 사람이 모여들어 이롭다는 것으로 해석했을 뿐 그런 현상이 왜 가능한지에 관해서는 언급이 없다.

　잘 알다시피, 「설괘전(說卦傳)」에 의하면, 서남(西南)은 곤괘(坤卦)가 자리하는 땅[地]이고, 만물을 두루 기르고[養], 품는[藏] 곳이며, 모(母)·우(牛)·복(腹) 등으로 빗대어지며, 성품이 순(順)하고, 수(數)로는 2이며, 태음(太陰)에 나온 음괘(陰

卦)이다. 이 서남(西南)과 대칭되는 동북(東北)은, 간괘(艮卦)가 자리하는 산(山)이며, 만물이 시작하고 마치는 곳이며, 소남(少男)·구(狗)·손(手) 등으로 빗대어지며, 성품은 지(止)이며, 수(數)로는 8이고, 태음(太陰)에서 나온 음괘(陰卦)이어야 한다. 그런데 소남(少男)으로 빗대었고, 효(爻)가 5획 홀수이므로 양괘(陽卦)로 분류된다. 엄밀한 의미에서 이는 모순이라고 필자는 생각한다.

그리고 이미 언급했다시피, 수산건괘(水山蹇卦)에서는 동북(東北)으로 가면 불리(不利)하다고 했고, 중지곤괘(重地坤卦)에서는 벗을 잃는다고 했는데 왜 그러한가? 동북(東北)은 길을 가로막는 산이 있어서 행함을 그칠 수밖에 없는 곳이고, 또한, 만물이 시작하기도 하지만 끝나는 곳이기도 하기 때문이 아닐까 싶다. 물론, 단사(彖辭) 집필자는 이내 일을 마치기 때문이고, 그 도가 다했기 때문이라고 밝혔지만 무언가 설명이 부족한 것 같다. 주어진 조건을 가지고 필자는 이렇게라도 설명을 시도했으나, 괘사(卦辭)와 효사(爻辭)를 집필한 이들의 개인사적 경험[역사적 사실]이 반영된 것일 수도 있다는 점을 배제할 수는 없다고 본다.

팔괘의 진정한 의미

-음양으로 결합하여 독자적인 성품을 갖는 기운체

주역에서는 태극(太極)이 음양(陰陽)을 낳는데 이 음과 양의 세(勢:크기)와 위치(位:자리)에 따라서 크고 작은 음양이 나온다. 큰 양을 태양(太陽), 작은 양을 소양(少陽), 큰 음을 태음(太陰), 작은 음을 소음(少陰)이라고 부른다. 이것을 두고 음양의 네 가지 양태(모양새) 곧 '사상(四象)'이라고 부르며, 음양 부호로는 태양(⚌), 소양(⚎), 소음(⚍), 태음(⚏)으로 도식(圖式)한다. 이 사상을 양(陽)의 세력 순으로 말하면 태양, 소양, 소음, 태음이 되고, 음(陰)의 세력 순으로 말하면 태음, 소음, 소양, 태양이 된다.

그런데 이 태양, 소양, 소음, 태음 위로, 양과 음이 한 차례씩 올라와 여덟 가지 독자적인 성품을 가지는 기운체(氣運體)가 성립되는데, 먼저 양(陽)이 한 차례씩 올라오면 건(乾, ☰), 리(离, ☲), 손(巽, ☴), 간(艮, ☶)이 되고, 그다음 음(陰)이 한 차례씩 올라오면 태(兌, ☱), 진(震, ☳), 감(坎,

☲☲), 곤(坤, ☷)이 된다. 이렇게 해서 생긴 여덟 기운체를 양의 세력 순으로 줄을 세우면 건(乾), 태(兌), 리(离), 진(震), 손(巽), 감(坎), 간(艮), 곤(坤)이 된다. 물론, 음의 세력 순으로 줄을 세운다면 이 역순이 된다. 이때 음양의 세력은 보다시피, 음양 부호의 수(數)로써 결정되는데 동수(同數)일 때는 아래에 있는 효(爻)가 위에 있는 효보다 더 크다고 판단한다. 그 이유는 모체(母體)인 사상(四象)에 근거하기 때문이다.

그렇다면, 양의 세력 순으로 줄을 선 ☰, ☱, ☲, ☳, ☴, ☵, ☶, ☷ 등 괘상(卦象)만을 놓고 볼 때 이것들에 부여된 이름이 과연 합당한가? 그러니까, 자연 구성물 여덟 가지(하늘·연못·불·우레·바람·물·산·땅)를 놓고, 괘상을 무시하고 이들을 양의 세력 순으로 줄을 세웠을 때는 어떻게 될까? 나의 판단은 이러하다. 곧, 천(天), 화(火), 뇌(雷), 풍(風), 수(水), 택(澤), 산(山), 지(地)이다.

왜 그러한가? 천(天)을 양(陽)의 극으로 보고, 지(地)를 음(陰)의 극으로 보아 그 위치를 위아래로 고정하면 나머지 여섯은 그들 사이에 놓인다. 이 여섯 가지를 양의 세력 순으로 줄을 세운다면 그렇게 된다는 뜻인데 여기에서 움직임 곧 그 힘의 크기와 미치는 영향의 범위와 그 양태 등을 고려해야 한다. 이것이 클수록 양의 세력이 크다고 판단했다.

물론, 혹자는 산(山)을 뇌(雷) 다음인 네 번째로 옮겨 놓을 지도 모른다. 그런데 그렇지 않은 이유는 산이 한 자리에 머물러 있기에 지(地) 가까이 있어야 옳다. 이런 판단으로 연못도 한 자리에 머물러 있기에 물보다 동력(動力)이 떨어진다고 판단하여 그 뒤로 순위를 매겼다. 이 같은 나의 판단을 인정한다면 양의 기운이 큰 순으로 천(天, ☰)·택(澤, ☱)·화(火, ☲)·뇌(雷, ☳)가 양괘(陽卦)이고, 음의 기운이 큰 순으로 지(地, ☷)·산(山, ☶)·수(水, ☵)·풍(風, ☴)이 음괘(陰卦)이어야 옳다. 그리고 괘상(卦象)도 바뀌게 되는데 천(天)·지(地)·산(山)은 그대로이지만 택(澤)이 화(火)로, 화(火)가 뇌(雷)로, 뇌(雷)가 풍(風)으로, 풍(風)은 수(水)로, 수(水)는 택(澤)으로 각각 바뀌게 된다. 양의 세력 순으로 줄을 세운 괘상에 부여한(빗댄) 자연 구성물의 이름이 바뀌어야 한다는 뜻이다. 물론, 이 문제는 주역의 근본을 흔드는 것으로 여기서 다룰 일은 아니기에 이쯤하고 접어둔다.

여기서는 음양(陰陽) 부호(符號) 세 개씩으로 도식(圖式)되는 여덟 가지 기운체를 음양 부호로 도식한 여덟 가지 괘상(卦象)이 각기 다른, 독자적인 성품(性品)을 갖고, 그 움직이는, 다시 말해 작용하는 양태(樣態)도 다른 독립적인 존재인 팔괘(八卦)를 생각해야 한다. 바꿔 말해, 음과 양으로 결합한, 그리하여 독자적인 성품과 특성을 갖는 독립된 세력의 주체가 여덟 가지가 있고, 이들에 대하여 음양 부호로 도식했다는 것인데, 그것들이 바로 건(☰), 태(☱), 리(☲), 진(☳), 손(☴), 감(☵), 간(☶), 곤(☷)이다.

이들의 이름을 이해하기 쉽게 누구나 보아서 아는 자연 구성물인 '하늘, 연못, 불, 천둥 번개, 바람, 물, 산, 땅'이라고 붙였고, 이들은 누구의 간섭을 받지 않고 움직이는 주체이므로 '건(乾), 태(兌), 리(离), 진(震), 손(巽), 감(坎), 간(艮), 곤(坤)'이라는 인성이 부여된 본질적인 이름이 있다. 이뿐만 아니라, '건(健=剛), 열(悅=說), 여(麗), 동(動), 입(入), 험(險), 지(止), 순(順=柔)'이라고 하는 성품(性品)까지 갖고 있다.

문제는, 이들이 서로 만날 수 있는 경우 수인 예순네 가지 결합을 통해서 자연이 만들어내는 온갖 현상을 설명하고, 동시에 인간이 처하게 되는(직면하게 되는) 상황을 설명한다는 점이다. 그 예순네 가지 상황을 두고 우리는 '64괘(卦)'라고 부르는데 이는 인간의 의지와 상관없이 음양(陰陽)이 결합하여 만들어진 여덟 가지 기운의 주체(八卦)가 다시 서로 결합하여 만들어내는 자연적, 시대적인 조건으로서 상황을 상정한다는 점이다. 그러니까, 사람 기준에서 보면, 이는 피할 수 없는 운명적인 삶의 조건이 되는 셈이다. 그런데 그 상황은 시작해서 끝나기까지 여섯 단계로 변화한다는 점이고, 그 단계를 표시한 것이 '육효(六爻)'이며, 그 내용을 설명한 것이 효사(爻辭)이다.

따라서 64괘의 성품과 기능이 작용하여 나타내는 '덕성(德性)'을 이루는 핵심 인자(因子)가 바로 팔괘(八卦)라는 것이고, 음양의 위치에 따라서 팔괘가 달라지듯이 팔괘가 결합할 때 그 자리(上下)에 따라서 전혀 다른 64괘를 만들어낸다는 점이다.

[陽의 세력 순으로 배열한 팔괘와 그 이름]

陽의 세력 순으로 도식한 괘상	☰	☱	☲	☳	☴	☵	☶	☷
원괘괘 부여된 이름	乾 하늘(天)	兌 연못(澤)	离 불(火)	震 우레(雷)	巽 바람(風)	坎 물(水)	艮 산(山)	坤 땅(地)
陽의 세력 순으로 자연구성물 재배열	乾	离	震	巽	坎	兌	艮	坤
陽·陰 卦 구분	태양에서 온 양괘		소양에서 온 양괘		소음에서 온 음괘		태음에서 온 음괘	

※ 팔괘를 양의 크기 순으로 정리하고, 자연 구성물 여덟 가지를 양의 크기 순으로 정리하면 팔괘의 이름이 잘못 붙여졌다는 필자의 개인적인 판단을 도식하였음.

이시환 ⓒ 2021.11.06.

건괘(乾卦), 하늘(天)에는 어떤 의미가 담겼을까

주역 팔괘 가운데 하나인 건괘(乾卦) 곧, 하늘(天)에는 어떤 의미가 담겨있을까? 괘상(卦象)으로 보면, 태양(太陽) 위로 양효(陽爻) 하나가 올라와 있는 모습이다. 그리고 보면, 하늘은 태생적으로 태양에서 나왔으므로 양괘(陽卦)라고 판단된다. 「설괘전(說卦傳)」의 주장을 따르면, 획수가 3획이고, '부(父)'이므로 역시 양괘(陽卦)이다. 사람 신체상으로는 '머리(首)'에 해당하고, 동물로는 '말(馬)'로 빗대어진다. 이 건괘 둘이 상하로 결합하여 만들어진 중천건괘(重天乾卦)에서는 '용(龍)'으로 빗대어지고 있지만 말이다. 그리고 그 성품(性品)으로는 굳세다, 건강하다, 튼튼하다, 꿋꿋하다, 군사 등의 뜻이 있는 '健(건)'이라고 한다. 물론, 이들은 다 설괘전(說卦傳)에서 일방적으로 주장하는 내용이다.

이러한 하늘은 '乾(건)'이라고도 부르는데 이 '乾'은 하늘,

임금, 남자, 아버지, 마르다, 건조하다, 말리다, 건성으로 일하다, 텅 비다, 아무것도 없다, 말린 음식 등의 뜻이 있다. 그런데 乾이 '健'이고, 健이 곧 乾의 성정(性情:타고난 성품, 자질)이라고 하니, 天이 乾이고, 乾이 健이며, 健이 곧 天이라는 뜻이 성립한다.

그런데 설괘전(說卦傳) 제11장에서는, 乾이 내포하는 의미들로 圜(환), 君(군), 父(부), 玉(옥), 金(금), 寒(한), 冰(빙), 大赤(대적:적색 깃발), 良馬(양마), 瘠馬(척마:여윈 말), 駁馬(박마:얼룩말), 木果(목과:나무 열매) 등을 나열, 포함했다.

이러한 성정과 의미를 띠는 하늘은, 실제로 팔괘 중 일곱 개의 다른 괘를 만나서 열네 개의 괘를 만들어내는데, 하늘이 땅을 만나 否(비)와 泰(태)를, 산을 만나 遯(둔)과 大畜(대축)을, 연못을 만나 履(리)와 夬(쾌)를, 바람을 만나 姤(구)와 小畜(소축)을, 천둥 번개를 만나서 无妄(무망)과 大壯(대장)을, 불을 만나 同人(동인)과 大有(대유)를, 물을 만나 訟(송)과 需(수)를 각각 만들어낸다.

이미 주역을 공부하여 64개의 괘를 꿰고 있는 이들이 보면, 다시 말해, 이들 괘명(卦名)에 부여된 의미를 훤히 알고 있는 이들에겐 너무나 '인간적'이라는 생각이 들 것이다. 여기서 '인간적이라' 함은 사람 기준과 사람 시각에서 바라보면 그저 상식적인 수준에서 괘(卦)의 성정과 의미들이 부여되었다는 뜻이다. 이게 또 무슨 말인가? 의아스럽게 생각하는 이들을 위해서 설명하자면 이러하다.

옛사람 시각에서 하늘을 보면, 하늘은 언제나 높고, 말이 없으며, 매사에 공명정대(公明正大)하고, 하늘이 뜻을 내어야 비로소 땅에서 일이 생기며, 사람도 하늘이 도와야 큰일을 할 수 있을 뿐 아니라 화를 면할 수도 있다. 하늘은 언제나 정의(正義) 편이고, 착하며, 이로운 존재이면서 동시에 무서운 존재이기도 하다. 벌을 내리기도 한다고 믿기 때문이다. 그런 하늘은 비바람과 천둥 번개와 불을 내리며 인간사에 깊이 관여한다고 믿었다.

이러한 하늘이 땅을 짓누르고 있으면 꽉 막힌 세상이 되지만[天地否] 하늘의 뜻이 땅으로 작용하고 땅이 그 하늘을 받들면 소통이 이루어져 비로소 평안한 세상이 된다[地天泰]. 하늘이 산 위로 내려와 있으면 죄지은 자는 숨어야 하고[天山遯], 산 밑으로 내려오면 크게 길들여 쌓는다[山天大畜]. 하늘이 연못 위로 오면 하늘을 본받아 예(禮)를 받들고[天澤履],

연못 아래까지 내려오면 마지막 결단을 내려야 한다[澤天夬]. 그렇듯, 하늘이 바람을 올라타면 누군가를 만날 것이고[天風姤], 바람 속으로 숨으면 작은 것에 매이게 되고[風天小畜], 하늘이 천둥 번개를 타면 천하의 사람들에게 정신이 번쩍 들게 하고[天雷无妄], 천둥 번개 밑으로 내려오면 아주 씩씩하게 된다[雷天大壯]. 하늘이 불 위에 머물면 사람과 물질이 모이고[天火同人], 하늘이 불 밑에 머물면 사람과 물질이 많이 쌓여 소유하게 된다[火天大有]. 그렇듯, 하늘이 물 위에 앉아 있으면 자리싸움이 벌어지지만[天水訟], 물속에 머물면 사라질 때까지 기다려야 한다[水天需].

　여기까지 웃으면서 고개를 끄덕였다면, 팔괘의 조합으로 이루어지는 64개 괘(卦)의 의미와 덕성(德性=性情+作用)도 먼저 부여된 팔괘의 성정과 의미에 의해서 결정된다는 사실을 짐작했으리라 본다. 바로, 그렇기에 팔괘에 부여된 의미와 성정을 먼저 이해하는 것이 중요하고, 주역을 공부하는 전제조건이 된다.

태괘(兌卦), 연못(澤)에는 어떤 의미가 담겼을까

주역 팔괘 가운데 하나인 태괘(兌卦) 곧, 연못(澤)에는 어떤 의미가 담겨있을까? 괘상(卦象)으로 보면, 태양(太陽) 위로 음효(陰爻) 하나가 올라와 있는 모습이다. 그리고 보면, 연못은 태생적으로 태양에서 나왔으므로 양괘(陽卦)라고 필자는 판단하는데, 「설괘전(說卦傳)」의 주장을 앞세우면, 획수가 4획이고, 소녀(少女)이므로 음괘(陰卦)이다. 사람 신체상으로는 '입(口)'에 해당하고, 동물로는 '양(羊)'으로 빗대어진다. 그 성품(性品)으로는 기쁨, 희열, 기뻐하다, 즐거워하다, 즐기다, 공경하다, 복종하다, 아첨하다, 쉽다, 용이하다, 헤아리다 등의 뜻이 있는 '열(說)'이라고 한다. 물론, 이들은 다 설괘전(說卦傳)에서 일방적으로 주장하는 내용이다.

이러한 연못은 '兌(태)'라고도 부르는데 이 '兌'는 기쁘다, 기뻐하다, 즐거워하다 등의 뜻이 있다. 그리고 보니, 兌가 곧

'說=悅'이고, 說이 곧 연못(澤)의 성정(性情:타고난 성품, 자질)이므로 연못이 兌이고, 兌가 說이며, 說이 곧 연못(澤)이라는 뜻이다.

그런데 설괘전(說卦傳) 제11장에서는, 兌가 내포하는 의미들로, 少女(소녀), 巫(무), 口舌(구설), 毁折(훼절), 附決(부결), 地剛鹵(지강로:땅에서 나오는 단단한 소금), 妾(첩), 羊(양) 등을 나열했다.

이러한 성정과 의미를 띠는 연못은 실제로 팔괘 중 다른 일곱 개의 괘를 만나서 열네 개의 괘를 만들어내는데, 연못이 하늘을 만나서 夬(쾌)와 履(리)를, 땅을 만나서 萃(췌)와 臨(임)을, 산을 만나서 咸(함)과 損(손)을, 물을 만나서 困(곤)과 節(절)을, 불을 만나서 革(혁)과 暌(규)를, 바람을 만나서 大過(대과)와 中孚(중부)를, 천둥 번개를 만나서 隨(수)와 歸妹(귀매)를 각각 만들어낸다.

이미 주역을 공부하여 64개의 괘를 꿰고 있는 이들이 보면, 다시 말해, 이들 괘명(卦名)에 부여된 의미를 알고 있는 이들에겐 너무나 '인간적'이라는 생각이 들 것이다. 여기서 '인간적이라' 함은 사람 기준과 사람 시각에서 바라보면 그저 상식적인 수준에서 괘(卦)의 성정과 의미들이 부여되었다는 뜻이다. 이게 또 무슨 말인가? 의아스럽게 생각하는 이들을 위해서 설명하자면 이러하다.

사람 시각에서 연못(澤)을 보면, 연못은 언제나 한 자리에 머물러 있으며, 물이 고여있어야 한다. 연못의 물이 가득할 때 아껴 써야 하고, 바닥을 드러내면 균열이 생기고 피곤해진다. 그래서 연못은 평소에 잘 관리해야 한다. 잘 관리하면 크게 이롭고 유용하지만 잘 관리하지 못하면 재앙이 되기도 하고 큰 손해를 끼친다.

이러한 연못 속으로 하늘이 내려오면 소인에 대하여 결단을 내려야 하고[澤天夬], 연못 위로 하늘이 머물면 역시 그를 믿고 예를 갖추어야 한다[天澤履]. 그렇듯, 땅 위에 연못은 물을 많이 모이도록 노력해야 하고[澤地萃], 땅속에 연못이 있다면 모름지기 가까이 가보아야 한다[地澤臨]. 그렇듯, 연못에 물이 가득하면 평소에 아껴 써야 하고[水澤節], 연못 아래로 물이 새어나갔으면 궁색해지고 만다[澤水困]. 그렇듯, 연못을 큰 솥으로 여기고 통째로 끓이면 혁명이 되겠지만[澤火革], 연못 위로 불이 와 머무르면 결코 물을 끓이지 못하고 매사가 어긋나 있게 마련이다[火澤睽]. 그렇듯, 연못 아래에서 태풍이 불면 크게 요동치며 움직이게 되겠지만[澤風大過] 연못 위로 바람이 산들산들 불면 물고기도 춤을 춘다[風澤中孚]. 그렇듯, 연못 아래에서 천둥 번개가 치면 그 주인을 기꺼이 따라가야 하겠지만[澤雷隨], 연못 위에서 천둥 번개가 치면 누이를 시집보내야 한다[雷澤歸妹].

  여기까지 상상력을 발휘하여 이해했다면, 팔괘의 조합으로 이루어지는 64개 괘(卦)의 의미와 덕성(德性=性情+作用)도 먼저 부여된 팔괘의 성정과 의미에 의해서 결정된다는 사실을 짐작했으리라 본다. 바로, 그렇기에 팔괘에 부여된 의미와 성정을 먼저 이해하는 것이야말로 주역을 공부하는 전제조건이 되는데 이것이 설괘전을 면밀하게 읽어야 하는 이유이다.

이괘(离卦), 불(火)에는 어떤 의미가 담겼을까

주역 팔괘 가운데 하나인 이괘(离卦) 곧, 불(火)에는 어떤 의미가 담겨있을까? 괘상(卦象)으로 보면, 소양(少陽) 위로 양효(陽爻) 하나가 올라와 있는 모습이다. 그리고 보면, 불은 태생적으로 소양에서 나왔으므로 양괘라고 판단되는데,「설괘전(說卦傳)」의 주장을 앞세우면 획수가 4획이고, 중녀(中女)이므로 음괘(陰卦)라고 한다. 사람 신체상으로는 '눈(目)'에 해당하고, 동물로는 '꿩(雉)'으로 빗대어진다. 그 성품(性品)으로는 곱다, 아름답다, 맑다, 짝짓다, 빛나다, 매다, 붙다, 짝, 수효 등의 뜻이 있는 '麗(려)'라고 한다. 물론, 이들은 다 설괘전(說卦傳)에서 일방적으로 주장하는 내용이다.

이러한 불은 '离'라고도 부르는데 이 '离'는 떠나다, 떼어놓다, 떨어지다, 갈라지다, 흩어지다, 가르다, 분할하다, 늘어놓다, 만나다, 맞부딪다, 잃다, 버리다, 지나다, 겪다, 산신, 근심 등의 뜻이 있다. 그런데 离가 '麗'이고, 麗가 곧 离의 성정(性情:타고난 성품, 자질)이라고 함으로써 불이 离이고, 离가 麗이며, 麗가 곧 火라는 뜻이 성립된다.

그런데 설괘전(說卦傳) 제11장에서는, 离가 내포하는 의미들로 日(일), 電(전), 中女(중녀), 甲胄(갑주:갑옷과 투구), 戈兵(과병), 人大腹(인대복:사람의 큰 배), 乾卦(건괘), 鱉(별:자라), 蟹(해:게, 가물치), 蠃(라:소라, 땅벌), 爲蚌(위방:조개), 龜(귀:거북), 木科上槁(목과상고:속이 비어 위가 말라죽은 나무) 등을 나열했다.

이러한 성정과 의미를 띠는 불은 실제로 팔괘 중 다른 일곱 개의 괘를 만나서 열네 개의 괘를 만들어내는데, 불이 하늘을 만나서 大有(대유)와 同人(동인)을, 땅을 만나서 晉(진)과 明夷(명이)를, 산을 만나서 旅(려)와 賁(비)를, 물을 만나서 未濟(미제)와 旣濟(기제)를, 연못을 만나 睽(규)와 革(혁)을, 천둥 번개를 만나서 噬嗑(서합)과 豊(풍)을, 바람을 만나서 鼎(정)과 家人(가인)을 각각 만들어낸다.

이미 주역을 공부하여 64개의 괘를 꿰고 있는 이들이 보면, 다시 말해, 이들 괘명(卦名)에 부여된 의미를 훤히 알고 있는 이들에겐 너무나 '인간적'이라는 생각이 들 것이다. 여기서 '인간적이라' 함은 사람 기준과 사람 시각에서 바라보면 그저 상식적인 수준에서 괘(卦)의 성정과 의미들이 부여되었다는 뜻이다. 이게 또 무슨 말인가? 의아스럽게 생각하는 이들을 위해서 설명하자면 이러하다.

옛사람 시각에서 불을 보면, 하늘의 해나 달처럼 밝고, 달과 별처럼 아름다우며, 때에 따라서는 집과 산과 들을 모든 불태워 변화시키기에 무섭고, 두려운 존재이다. 그러면서도 어둠 속에서는 길을 밝히고, 그 불빛을 좇아 사람들이 모여들기도 한다.

이러한 의미와 덕성을 갖는 불이 하늘을 만나서 많이 소유하며[火天大有], 동인을 얻고[天火同人], 땅을 만나서 번져 나아가고[火地晉], 숨기기도 한다[地火明夷]. 그렇듯, 연못을 만나서 쉬이 꺼져버리기도 하지만[火澤睽] 연못 안의 물을 통째로 끓일 수도 있다[澤火革]. 그렇듯, 천둥 번개를 만나 양자 사이에 든 것들을 움직이지 못하게 가둬 놓기도 하고[火雷噬嗑], 더욱 밝아지기도 한다[雷火豐]. 그렇듯, 바람을 만나 솥 안의 음식을 익히고[火風鼎], 식구들을 먹여 살리기도 한다[風火家人]. 불이 산 위에서 타오르면 그 불꽃이 아름다워 구경하기도 하고[火山旅], 산 아래에서 타오르면 아름답게 꾸미는 것처럼 보이기도 한다[山火賁]. 물을 만나면 그 물을 펄펄 끓여서 원하는 음식을 만들기도 하고[水火旣濟], 아무것도 만들어내지 못하고 꺼져버리기도 한다[火水未濟].

여기까지 웃으면서 고개를 끄덕였다면, 팔괘의 조합으로 이루어지는 64개 괘(卦)의 의미와 덕성(德性=性情+作用)도 먼저 부여된 팔괘의 성정과 의미에 의해서 결정된다는 사실을 짐작했으리라 본다. 다만, 설괘전 제11장에서 말하는 리(离)의 의미망 안에 든 사물들을 어떻게 받아들이고 이해할 것인가에 대해서는 생각해 볼 여지가 남아있다.

진괘(震卦), 우레(雷)에는 어떤 의미가 담겼을까

주역 팔괘 가운데 하나인 진괘(震卦) 곧, 우레(雷)에는 어떤 의미가 담겨있을까? 괘상(卦象)으로 보면, 소양(少陽) 위로 음효(陰爻) 하나가 올라와 있는 모습이다. 그리고 보면, 우레는 태생적으로 소양에서 나왔으므로 양괘(陽卦)라고 판단되는데, 「설괘전(說卦傳)」의 주장을 앞세우면 획수가 5획이고, 장남(長男)이므로 역시 양괘라고 한다. 사람 신체상으로는 '발(足)'에 해당하고, 동물로는 '용(龍)'으로 빗대어진다. 그 성품(性品)으로는 움직이다, 옮기다, 흔들리다, 동요하다, 떨리다, 느끼다, 감응하다, 일하다, 변하다, 일어나다, 시작하다, 나오다, 나타나다, 어지럽다 등의 뜻이 있는 '動(동)'이라고 한다. 물론, 이들은 다 설괘전(說卦傳)에서 일방적으로 주장하는 내용이다.

이러한 우레는 '震(진)'이라고도 부르는데 이 '震'은 우레,

벼락, 지진, 위엄, 위세, 벼락이 치다, 두려워 떨다, 흔들리다, 진동하다, 놀라다, 위세를 떨치다, 성내다, 마음이 움직이다, 격동하다, 빠르다 등의 뜻이 있다. 그런데 震이 '動'이고, 動이 곧 雷의 성정(性情:타고난 성품, 자질)이라고 함으로써 우레가 震이고, 震이 動이며, 動이 곧 雷라는 뜻이 성립한다.

그런데 설괘전(說卦傳) 제11장에서는, 震이 내포하는 의미들로, 龍(용), 玄黃(현황:천지의 안색 곧 天은 玄이고, 地는 黃이라는 뜻임), 敷(부:涂上, 展開, 够 등의 뜻으로 사용됨), 大涂(대도:큰 도랑, 개천), 長子(장자), 決躁(결단할 결, 조:조급한 결단), 蒼莨竹(창간죽:푸르고 어린 대나무), 萑葦(물억새 환, 위:억새와 갈대), 馬善鳴(마선명:말의 건강한 울음소리), 馵(주:발이 흰 말), 足(족), 顙(상:이마), 嫁反生(가반생:시집감을 물린 삶), 究健(구건:튼튼함이 두루 미침), 蕃鮮(번선:무성함이 선명한 모양) 등을 나열했다.

이러한 성품과 의미를 띠는 우레는 실제로 팔괘 중 다른 일곱 개의 괘를 만나서 열네 개의 괘를 만들어내는데, 우레가 하늘을 만나서 大壯(대장)과 无妄(무망)을, 땅을 만나서 豫(예)와 復(복)을, 산을 만나서 小過(소과)와 頤(이)를, 물을 만나서 解(해)와 屯(둔)을, 불을 만나서 豊(풍)과 噬嗑(서합)을, 연못을 만나 歸妹(귀매)와 隨(수)를 각각 만들어낸다.

이미 주역을 공부하여 64개의 괘를 꿰고 있는 이들이 보면, 다시 말해, 이들 괘명(卦名)에 부여된 의미를 훤히 알고 있는 이들에겐 너무나 '인간적'이라는 생각이 들 것이다. 여기서 '인간적이라' 함은 사람 기준과 사람 시각에서 바라보면 그저 상식적인 수준에서 괘(卦)의 성정과 의미들이 부여되었다는 뜻이다. 이게 또 무슨 말인가? 의아스럽게 생각하는 이들을 위해서 설명하자면 이러하다.

옛사람 시각에서 천둥 번개를 보면, 그것은 하늘에서 치고, 그 소리가 요란하며, 그 불빛이 하늘에서 땅으로 순식간에 꽂히며, 동시에 어둠을 밝히기도 하고, 때에 따라서는 사람을 비롯한 생명을 죽이기도 하고, 대상이 무엇이든지 간에 불태우거나 파괴하기도 한다. 그러면서 대개는 많은 비를 뿌리고 도랑마다 물이 철철 흐르게 된다. 그래서 천둥 번개가 칠 때는 숨듯이 조용히 물러앉아 조마조마한 마음으로 지켜보며, 두려움을 느끼기도 하면서 하늘의 뜻으로 받아들이면서 그동안의 자신의 삶을 반성하기도 한다. 그러나 그것은 그리 오래 가지 않는다. 그 순간의 위기를 벗어나면 언제 그랬냐는 식으로 두려움에서 벗어나 해해거리며 웃기도 한다.

이러한 천둥 번개가 하늘 위에서 치면 굉장히 씩씩하게 느꺼지고[雷天大壯], 하늘 아래에서 치면 정신이 번쩍 든다[天雷无妄]. 그렇듯, 땅 위로 치면 하늘에 대한 두려움을 느끼며 기쁘게 받아들여야 하고[雷地豫], 땅속에서 쳐 진동하게 하면 대도로 돌아와야 한다[地雷復]. 그렇듯, 연못 위로 치면 즐거운 마음으로 누이를 시집보내고[雷澤歸妹], 연못 아래에서 치면 그 불빛을 따라가야 한다[澤雷隨]. 그렇듯, 불 위로 치면 불에 불이 더해져서 풍성해지고[雷火豐], 불 아래에서 치면 위아래 불빛 사이에 있는 것들을 가두고[火雷噬嗑], 바람 위에서 치면 항상 가볍게 날리듯 해야 하며[雷風恒], 바람 아래서 치면 하늘의 뜻이 더해진 줄 알아야 한다[風雷益]. 그렇듯, 산 위에서 치면 놀란 산짐승들이 가까이에서 숨고[雷山小過], 산 아래에서 치면 산속에 갇힌 것들을 길러낸다[山雷頤]. 그렇듯, 물 위로 치면 물길이 풀리지만[雷水解], 물속에서 치면 막혀 앞으로 나아가기가 어려워진다[水雷屯].

여기까지 웃으면서 이해했다면, 팔괘의 조합으로 이루어지는 64개 괘(卦)의 의미와 덕성(德性=性情+作用)도 먼저 부여된 팔괘의 성정과 의미에 의해서 결정된다는 사실을 짐작했으리라 본다. 역시 설괘전 제11장에서 말한 진(震)의 의미망 안에 든 사물들을 어떻게 받아들이고 이해할 것인가에 대해서는 생각해 볼 여지가 남아있다.

손괘(巽卦), 바람(風)에는 어떤 의미가 담겼을까

주역 팔괘 가운데 하나인 손괘(巽卦) 곧, 바람(風)에는 어떤 의미가 담겨있을까? 괘상(卦象)으로 보면, 소음(少陰) 위로 양효(陽爻) 하나가 올라와 있는 모습이다. 그리고 보면, 바람은 태생적으로 소음에서 나왔으므로 음괘(陰卦)라고 판단되는데, 「설괘전(說卦傳)」의 주장을 앞세우면 획수가 4획이고, 장녀(長女)이므로 역시 음괘(陰卦)라고 한다. 사람 신체상으로는 '넓적다리(股)'에 해당하고, 동물로는 '닭(鷄)'으로 빗대어진다. 그 성품(性品)으로는 들다, 들이다, 간여하다, 빠지다, 시집보내다, 떨어지다, 투신하다, 섬기다, 공략하다, 죽다, 담그다, 수입 등의 뜻이 있는 '入(입)'이라고 한다. 물론, 이들은 다 설괘전(說卦傳)에서 일방적으로 주장하는 내용이다.

이러한 바람은 '巽(손)'이라고도 부르는데 이 '巽'은 부드럽다, 유순하다, 공순(恭順)하다, 사양하다 등의 뜻이 있다. 그런데 巽이 '入'이고, 入이 곧 바람(風)의 성정(性情:타고난 성품, 자질)이라고 함으로써 바람이 巽이고, 巽이 入이며, 入이 곧 바람(風)이라는 뜻이 성립한다.

그런데 설괘전(說卦傳) 제11장에서는, 巽이 내포하는 의미들로, 木(목:나무), 繩直(승직:줄이나 붓의 곧음), 工(공), 白(백), 長(장), 高(고), 進退(진퇴), 不果(부과), 臭(취), 人寡髮(인과발:머리숱이 적은 사람), 廣顙(광상:넓은 이마), 多白眼(다백안:큰 눈), 近利市三倍(근리시삼배:이윤이 많은 것과 같음), 躁卦(조괘:성급하고 시끄러운 성향을 띤 卦라는 의미) 등을 나열했다.

이러한 성정과 의미를 띠는 바람은, 실제로 팔괘 중 일곱 개의 다른 괘를 만나서 열네 개의 괘를 만들어내는데, 바람이 하늘을 만나서 小畜(소축)과 姤(구)를, 땅을 만나서 觀(관)과 升(승)을, 산을 만나서 漸(점)과 蠱(고)를, 물을 만나서 渙(환)과 井(정)을, 불을 만나서 家人(가인)과 鼎(정)을, 천둥 번개를 만나서 益(익)과 恒(항)을, 연못을 만나 中孚(중부)와 大過(대과)를 각각 만들어낸다.

이미 주역을 공부하여 64개의 괘를 꿰고 있는 이들이 보면, 다시 말해, 이들 괘명(卦名)에 부여된 의미를 훤히 알고 있는 이들에겐 너무나 '인간적'이라는 생각이 들 것이다. 여기서 '인간적이라' 함은 사람 기준과 사람 시각에서 바라보면 그저 상식적인 수준에서 괘(卦)의 성정과 의미들이 부여되었다는 뜻이다. 이게 또 무슨 말인가? 의아스럽게 생각하는 이들을 위해서 설명하자면 이러하다.

사람 시각에서 바람(風)을 보면, 바람은 큰바람이든 작은 바람이든 상관없이 틈이나 구멍만 있으면 들어가는 성향이 있고, 들어갈 때는 소리를 낸다. 가는 길을 막는 대상이 있다면 밀어내기도 하고, 부드럽게 감싸기도 한다. 그런 바람은 눈에 보이지 않으나 나무가 흔들리는 모습을 통해서 느낄 수 있다. 바람은 더운 몸을 식혀주며 기분 좋게도 하지만 상대방을 날려버리기도 하고, 추운 몸을 더욱 얼어붙게도 한다.

바람이 아무것도 없는 하늘 위에서 불면 작은 의미밖에 없고[小畜], 바람이 하늘 아래로 불면 내려가 누군가를 만날 수 있다[姤]. 그렇듯, 바람이 땅 위로 불면 바람이 부는 것이 보이고[觀], 바람이 땅속에서 불면 반드시 위로 올라와야 한다[升], 그렇듯, 바람이 물 위에서 불면 물결이 일어 흩어지고[渙], 바람이 물 밑에서 불면 샘솟는 물처럼 솟아나야 한다

[井]. 그렇듯, 바람이 불 위에서 불면 불꽃이 흔들리는 집안이 되지만[家人], 불 밑으로 가서 불면 솥 안의 음식물을 끓일 수 있다[鼎]. 그렇듯, 산들바람이 연못 위로 불면 물고기조차 춤을 추고[中孚], 바람이 연못 아래서 세차게 불면 크게 지나치게 된다[大過]. 그렇듯, 바람이 천둥 번개 위로 올라타면 그 속력이 보태어지지만[益] 바람이 천둥 번개 아래에서 불면 항상 따라다닌다[恒]. 그렇듯, 찬바람이 산 위에서 불면 점차 단풍이 들지만[漸] 산 아래에서 불면 막혀서 힘들게 돌아가거나 넘어가야 한다[蠱].

여기까지 미소를 지으며 고개를 끄덕였다면, 팔괘의 조합으로 이루어지는 64개 괘(卦)의 의미와 덕성(德性=性情+作用)도 먼저 부여된 팔괘의 성정과 의미에 의해서 결정된다는 사실을 짐작했으리라 본다. 다만, 설괘전 제11장에서 말한 巽의 의미망 안에 든 외연들이 손괘를 이해하는 데에 과연 얼마나 도움이 될까 하는 생각이 드는 것도 사실이다.

감괘(坎卦), 물(水)에는 어떤 의미가 담겼을까

주역 팔괘 가운데 하나인 감괘(坎卦) 곧, 물(水)에는 어떤 의미가 담겨있을까? 괘상(卦象)으로 보면, 소음(少陰) 위로 음효(陰爻) 하나가 올라와 있는 모습이다. 그러고 보면, 물은 태생적으로 소음에서 나왔으므로 음괘(陰卦)라고 판단되는데 「설괘전(說卦傳)」의 주장을 앞세우면 획수가 5획이고, 중남(中男)이므로 양괘(陽卦)라고 한다. 사람 신체상으로는 '귀(耳)'에 해당하고, 동물로는 '돼지(豕)'로 빗대어진다. 그 성품(性品)으로는 험하다, 험준하다, 음흉하다, 간악하다, 위태롭다, 멀다, 간난(艱難)하다 등의 뜻이 있는 '險(험)'이라고 한다. 물론, 이들은 다 설괘전(說卦傳)에서 일방적으로 주장하는 내용이다.

이러한 물은 '坎(감)'이라고도 부르는데 이 '坎'은 구덩이, 험하다, 고생하다, 험난하다, 괴로워하다, 애태우다, 묻다, 숨기다 등의 뜻이 있다. 그러고 보니, 감(坎)이 곧 '險'이고, 險

이 곧 물(水)의 성정(性情:타고난 성품, 자질)이므로 물이 坎이고, 坎이 險이며, 險이 곧 물(水)이라는 뜻이 성립한다.

그런데 설괘전(說卦傳) 제11장에서는, 坎이 내포하는 의미들로, 溝瀆(구독:도랑), 隱伏(은복:엎드려 숨기), 矯輮(교유:바퀴를 바로잡음), 弓輪(궁륜:활에 바퀴를 달아서 여러 발의 화살을 연속으로 쏠 수 있도록 만든 활), 人加憂(인가우:사람에게 더해지는 슬픔, 근심), 心病(심병:마음의 병), 耳痛(이통:귀앓이), 血卦(혈괘:'水=血'이라는 생각에서 감괘를 다른 말로 '혈괘'라고 불렀음), 赤(적:血에서 유추된 관념이 아닌가 싶음), 馬美脊(마미척: 말의 매끄럽고 아름다운 등의 선), 亟心(극심:조바심), 下首(하수:동물을 '上首'라고 하고, 식물을 '下首'라고 부른 것임.), 薄蹄曳(박제예:아주 빨리 달리어 끌어가는 것), 輿丁躓(여정찬:수레 위에 발을 포개고 앉음), 通(통), 月(월), 盜(도), 木堅多心(목견다심:단단한 나무의 복잡한 마음:물길을 건널 때는 나무로 만든 배가 있어야 하는데 이때 쓰이는 나무의 근심:필자의 일방적 상상임) 등을 나열했다.

이러한 성정과 의미를 띠는 물은 실제로 팔괘 중 일곱 개의 다른 괘를 만나서 열네 개의 괘를 만들어내는데, 물이 하늘을 만나서 수(需)과 송(訟)을, 땅을 만나서 비(比)와 사(師)를,

산을 만나서 건(蹇)과 몽(蒙)을, 연못을 만나서 절(節)과 곤(困)을, 불을 만나서 기제(旣濟)와 미제(未濟)를, 바람을 만나서 정(井)과 환(渙)을, 천둥 번개를 만나서 둔(屯)과 해(解)를 각각 만들어낸다.

이미 주역을 공부하여 64개의 괘를 꿰고 있는 이들이 보면, 다시 말해, 괘명(卦名)에 부여된 의미를 알고 있는 이들에겐 너무나 '인간적'이라는 생각이 들 것이다. 여기서 '인간적이라' 함은 사람 기준과 사람 시각에서 바라보면 그저 상식적인 수준에서 괘(卦)의 성정과 의미들이 부여되었다는 뜻이다. 이게 또 무슨 말인가? 의아스럽게 생각하는 이들을 위해서 설명하자면 이러하다.

사람 시각에서 물(水)을 보면, 물은 언제나 한 자리에 머물러 있지 않고 움직인다. 높은 곳에서 낮은 곳으로, 결국엔 많은 곳에서 적은 곳으로 흐른다. 하늘의 구름이 움직이어 비를 내리고, 그 비가 많으면 산천초목을 비롯하여 인간에게 막대한 피해를 안긴다. 그래서 물은 이롭기도 하지만 위험하기도 하다. 지상의 뭇 생명을 살릴 때는 하늘의 은총이 되지만 해가 될 때는 위험(危險)하다. 물과 관련된 모든 괘를 이런 기본적 시각에서 해석하면 무리가 아니다.

바람이 물밑에서 올라오면 샘물이 솟는 것이나 다름이 없고[井], 물 위로 바람이 불면 물결이 일어서 멀리 퍼져간다[渙]. 그렇듯, 물이 산 위로 흐르기는 어려워 절뚝거려야 하며[蹇], 물속의 산은 유치하고 어리석다[蒙]. 그렇듯, 연못 안에 물이 차 있을 때는 아껴 써야 하지만[節] 물이 없을 때는 궁해지고 피곤해진다[困]. 그렇듯, 불이 물밑으로 오면 물을 끓여서 갖가지 음식을 만들 수 있지만[旣濟], 그 반대로 불이 물 위로 오면 물을 끓여 음식 만들기가 어려워진다[未濟]. 그렇듯, 물속에서 우레가 쳐보았자 막혀 멀리 나가질 못하고[屯], 물 위에서 우레가 쳐야 그 막힘이 풀린다[解]. 그렇듯, 물 밑에 있는 땅은 부드럽고 친하게 사귈 수 있지만[比], 땅속의 물은 물길 따라서 끌어 올려야 쓸 수 있다[師].

여기까지 이해했다면, 팔괘의 조합으로 이루어지는 64개 괘(卦)의 의미와 덕성(德性=性情+作用)도 먼저 부여된 팔괘의 성정과 의미에 의해서 결정된다는 사실을 짐작했으리라 본다. 바로, 그렇기에 팔괘에 먼저 부여된 의미와 성정을 이해하는 것이야말로 주역을 공부하는 전제조건이 되는데 이것이 설괘전을 면밀하게 읽어야 하는 이유이다.

간괘(艮卦), 산에는 어떤 의미가 담겼을까

 주역 팔괘 가운데 하나인 간괘(艮卦) 곧, 산(山)에는 어떤 의미가 담겨있을까? 괘상(卦象)으로 보면, 태음(太陰) 위로 양효(陽爻) 하나가 올라와 있는 모습이다. 그리고 보면, 산은 태생적으로 태음에 나왔으므로 음괘(陰卦)라고 판단되는데 「설괘전(說卦傳)」의 주장을 앞세우면 획수가 5획이고, 소남(少男)이므로 양괘(陽卦)라고 한다. 사람 신체상으로는 손(手)에 해당하고, 동물로는 개(狗)로 빗대어진다. 그 성품으로는 그치다, 멈추다, 그만두다, 금하다, 억제하다, 멎다, 머무르다, 기다리다, 꼭 붙잡다, 한계 등의 뜻이 있는 '止(지)'라고 한다. 물론, 이들은 다 설괘전에서 일방적으로 주장하는 내용이다.

이러한 山은 거꾸로 '艮(간)'이라고도 부르는데 이 '艮'은 한계, 그치다, 멈추다, 한정하다, 어렵다, 가난하다, 머무르다, 어긋나다, 거스르다, 견고하다 등의 뜻이 있다. 그러고 보니,

艮이 곧 '止'이고, 止가 곧 산(山)의 성정(性情:타고난 성품, 자질)이므로 山이 艮이고, 艮이 止이며, 止가 산의 성정이라는 뜻이 성립한다.

그런데 설괘전(說卦傳) 제11장에서는, 산이 내포하는 의미들로 徑路(경로:지름길), 小石(소석:작은 돌), 門闕(문궐:궁궐의 문), 果蓏(과고=果蓏:다년생 초본식물의 열매), 蓏(라:열매), 閽寺(혼사:환관과 절 사람), 指(지:손, 발가락), 狗(구:개), 鼠(서:쥐), 黔喙之屬(검훼지속:검은 부리에 속하는 부류), 木堅多節(목견다절:나무의 단단한 마디) 등을 나열했다.

이러한 성정과 의미를 띠는 산은 실제로 팔괘 중 일곱 개의 다른 괘를 만나서 열네 개의 괘를 만들어내는데, 산이 하늘을 만나서 대축(大畜)과 돈(遯)을, 땅을 만나서 박(剝)과 겸(謙)을, 연못을 만나서 손(損)과 함(咸)을, 불을 만나서 비(賁)와 여(旅)를, 바람을 만나서 고(蠱)와 점(漸)을, 물을 만나서 몽(蒙)과 건(蹇)을, 천둥 번개를 만나서 이(頤)와 소과(小過)를 각각 만들어낸다.

이미 주역을 공부하여 64개의 괘를 꿰고 있는 이들이 보면 너무나 '인간적'이라는 생각이 들 것이다. 여기서 '인간적이라' 함은 사람 기준과 사람 시각에서 바라보면 그저 상식적인 수준에서 성정과 의미들이 부여되었다는 뜻이다. 이게 또 무슨 말인가? 의아스럽게 생각하는 이들을 위해서 설명하자면 이러하다.

사람 시각에서 산을 보면, 산은 언제나 그 자리에 머물러 있어 움직이지 않는 대상이고, 그 산을 넘어가려면 힘이 드는 만큼 어려움이 따른다. 이뿐 아니라, 산속에는 많은 동식물이 더불어 살아가고 있고, 물이 흐르는 시발점이 있으며, 평지나 연못이나 기암괴석 등과 어울려 그 모습이 꽤 아름답다.

이런 산이 하늘 위로 높이 솟아 있으면 큰 것을 많이 쌓았다는 결과이고[大畜], 하늘 아래 낮게 솟아 있으면 한 걸음 물러서서 숨어 있는 것이나 다름없다[遯]. 바람이 산 아래로 낮게 불면 산에 막혀서 둘러가야 하고[蠱], 산 위로 높게 불면 점점 세차게 나아갈 수 있다[漸]. 그렇듯, 산 아래에서 불길이 번지는 것은 산을 아름답게 꾸밈과 같고[賁], 산 위에서 불길이 타오르면 불구경이라도 갈만하다[旅]. 그렇듯, 땅 위로 솟은 산은 비바람에 깎일 수밖에 없고[剝], 땅속으로 숨어 버린 산은 자신을 한없이 낮춘 것이나 다름없다[謙]. 그렇듯, 산 위의 연못은 평화롭고 아름답지만[咸] 산 아래 연못은 저 아래에서 살아가는, 목마른 이들에게 물을 덜어주어야 한다[損]. 그렇듯, 천둥 번개가 산 위에서 치면 새들을 비롯하여 짐승들이 놀라 움직이고[小過], 산 아래에서 치면 산속에 갇혀 있는 것들을 잘 길러 내야한다[頤].

  여기까지 이해했다면, 팔괘의 조합으로 이루어지는 64개 괘(卦)의 의미와 덕성(德性=性情+作用)도 먼저 부여된 팔괘의 성정과 의미에 의해서 결정된다는 사실을 짐작했으리라 본다. 문제는 설괘전 제11장에서 나열한 비유어들이 이 괘의 의미와 성정을 간접적으로 말해주지만 실제로 64괘를 이해하는 데에 얼마나 요긴하게 쓰이나 일 것이다.

곤괘(坤卦), 땅(地)에는 어떤 의미가 담겼을까

주역 팔괘 가운데 하나인 곤괘(坤卦) 곧, 땅(地)에는 어떤 의미가 담겨있을까? 괘상(卦象)으로 보면, 태음(太陰) 위로 음효(陰爻) 하나가 올라와 있는 모습이다. 그리고 보면, 땅은 태생적으로 태음에서 나왔으므로 음괘(陰卦)라고 판단된다. 「설괘전(說卦傳)」의 주장을 따르면, 획수가 6획이고, '모(母)'이므로 역시 음괘이다. 사람 신체상으로는 '배(腹)'에 해당하고, 동물로는 '소(牛)'로 빗대어진다. 그 성품(性品)으로는 순하다, 유순하다, 도리에 따르다, 순응하다, 가르치다, 교도하다, 잇다, 이어받다, 제멋대로 하다, 편안하다, 안락하다, 화순하다, 물러나다, 피하다, 바르다, 옳다, 귀여워하다, 차례, 도리, 실마리, 단서, 아름다운 눈 등의 뜻이 있는 '順(순)'이라고 한다. 물론, 이들은 다 설괘전(說卦傳)에서 일방적으로 주장하는 내용이다.

이러한 땅은 '坤(곤)'이라고도 부르는데 이 '坤'은 땅, 왕후, 왕비, 서남쪽, 유순함 등의 뜻이 있다. 그런데 坤이 '順'이고, 順이 곧 坤의 성정(性情:타고난 성품, 자질)이라고 한다. 따라서 땅이 坤이고, 坤이 順이며, 順이 곧 地라는 뜻이 성립한다.

그런데 설괘전(說卦傳) 제11장에서는, 坤이 내포하는 의미들로 母(모), 布(포:면이나 마 등으로 옷감을 짜는 재료. 또는 화폐로 통용되는 錢), 釜(부:냄비, 노구솥 등의 뜻으로 鍋와 같음), 吝嗇(인색), 均(균), 子母牛(자모우:일반적으로 '암소'를 말하나 송아지와 어미소를 지칭하기도 한다), 大輿(대여:큰 상여), 文(문), 衆(중), 柄(병), 地黑(지흑) 등을 나열했다.

이러한 성정과 의미를 띠는 땅은 실제로 팔괘 중 일곱 개의 다른 괘를 만나서 열네 개의 괘를 만들어내는데, 땅이 하늘을 만나 泰(태)와 否(비)를, 산을 만나 謙(겸)과 剝(박)을, 연못을 만나 臨(임)과 萃(췌)를, 바람을 만나 升(승)과 觀(관)을, 천둥 번개를 만나서 復(복)과 豫(예)를, 불을 만나 明夷(명이)와 晉(진)을, 물을 만나 師(사)와 比(비)를 각각 만들어낸다.

이미 주역을 공부하여 64개의 괘를 꿰고 있는 이들이 보면, 다시 말해, 이들 괘명(卦名)에 부여된 의미를 훤히 알고 있는 이들에겐 너무나 '인간적'이라는 생각이 들 것이다. 여기서 '인간적이라' 함은 사람 기준과 사람 시각에서 바라보면 그저 상식적인 수준에서 괘(卦)의 성정과 의미들이 부여되었다는 뜻이다. 이게 또 무슨 말인가? 의아스럽게 생각하는 이들을 위해서 설명하자면 이러하다.

옛사람 시각에서 땅을 보면, 땅은 넓고, 낮은 자리에서 만물을 생육시키며, 후덕하고, 어머니 품처럼 포근하다고 여겼다. 그뿐만 아니라, 땅은 하늘을 받들고, 그 뜻에 따라서 실행해 옮기는 성실한 일꾼과 같은, 거짓이 없는 존재로 비추어졌다.

이러한 땅이 하늘 위로 올라가면 천지 간의 소통이 이루어지고[泰], 하늘 아래에서 짓눌리면 꽉 막힌 세상이 된다[否]. 그렇듯, 땅이 속으로 산을 품으면 겸손해지고[謙], 땅 위로 산을 솟구쳐 내놓으면 비바람에 깎일 뿐이다[剝]. 그렇듯, 땅속에 연못이 있으면 그 안으로 가까이 접근해봐야 알고[臨], 땅위에 있는 연못 안으로는 사방의 물이 모여야 한다[萃]. 그렇듯, 땅속의 바람은 반드시 올라와야 하고[升], 땅 위의 바람은 온갖 사물을 흔들기에 볼 만하다[觀]. 그렇듯, 땅속에서 치는 천둥 번개는 대지를 깨워 돌아오게 하고[復], 땅 위로 치는 천둥 번개는 그 뜻을 생각하며 예를 갖추어야 한다[豫]. 그렇듯, 땅속의 불은 스스로 숨어든 것이지만[明夷] 땅 위의 불은 계속 전진할 것이다[晉]. 그렇듯, 땅속의 물은 물길을 따라 끌어올려야 쓸 수 있으며[師], 땅 위의 물은 서로 가까이 사귐과 같다[比].

여기까지 웃으면서 고개를 끄덕였다면, 팔괘의 조합으로 이루어지는 64개 괘(卦)의 의미와 덕성(德性=性情+作用)도 먼저 부여된 팔괘의 성정과 의미에 의해서 결정된다는 사실을 짐작했으리라 본다. 바로, 그렇기에 팔괘에 부여된 의미와 성정을 먼저 이해하는 것이야말로 주역을 공부하는 전제 조건이 되는데 이것이 설괘전(說卦傳)을 면밀하게 읽어야 하는 이유이다.

지금까지 팔괘(八卦)에 관한 의미와 성정과 그 조합으로 만들어내는 관련 괘의 의미와 덕성 등을 일정한 틀에 의해서 쉽게 이해하도록 설명하였다. 다소 지루하게 느꼈으리라 판단되는데 사실, 여기에는 대단히 중요한 의미가 들어있다. 팔괘가 음양의 세(勢)와 위치로써 결정되어 독립적인 기능을 갖는 기운체(氣運體)이고, 그것들이 서로 조합되어 모두 64 괘를 만들어내는데 실은 그 자체가 '상징체계(象徵體系)'라는 점이다. 주역은 거대한 상징체계로써 구축된 궁궐 같은 집으로 수많은 기둥과 자재들이 사용되었는데 그 건축 자재들이 바로 관념(觀念)이고, 상징이며, 그 안에 일정한 질서가 적용되었다. 주역을 공부한다는 것은 그 질서를 이해하고 확인하는 것이라고 필자는 생각한다.

주역(周易)에서 가장 중요한 '志(지)'란 무엇인가

주역(周易)의 효사(爻辭)를 읽는 데에는 무엇보다 '志(지)'가 중요하다. '득중(得中)'과 '정위(正位)'와 '유부(有孚:믿음)'보다도 더 중요하다. 괘·효사(卦·爻辭)와 상사(象辭)에서 정위(正位)가 2회, 득중(得中)이 5회, 유부(有孚)가 32회, 신(信)이 8회 사용된 데 비해 지(志)는 무려 55회나 사용되었다. 55회 가운데 54회가 소상사(小象辭)에서 사용되었고, 단 한 차례만 곤괘(困卦) 괘사(卦辭)에서 사용되었다. 소상사(小象辭)에서 주로 쓰였다는 것은 상사 집필자가 효사를 읽는 데에 각 효의 의지(意志)를 그만큼 중요하게 생각했고, 또한 많이 고려했다는 뜻이다.

그렇다면, '志(지)'라는 것은 무슨 의미인가? 志(지)는 뜻, 마음, 본심, 사사로운 생각, 감정, 기록, 살촉, 뜻하다, 뜻을 두다, 알다, 기억하다, 의로움을 지키다, 적다, 기록하다 등의 사전적인 의미가 있다. 그러나 이 志가 사용된 소상사를 분석해 보면 '무엇을 하고자 하는 마음이며, 의욕이고, 동시에 관심과 정열의 지향'이기도 하다. 한마디로 말해서, 행동으로 옮겨 실천하고자 하는 의지(意志)가 바로 지(志)이다. 384개 효사를 읽는 데에 있어서 그런 의지를 가장 중요하게 받아들였다는 뜻으로 보면 크게 틀리지 않는다고 본다.

이 志(지)와 직접 관련된 단어들이 말해주는데 ①行(행) ②在(재) ③得(득) ④失(실) ⑤變(변) ⑥信(신) ⑦疑(의) ⑧治(치) ⑨光(광) ⑩究(구) ⑪遂(수) ⑫舍(사) ⑬亂(난) 등을 들 수 있다. 이것이 다 무슨 뜻이냐면, 뜻은 행하느냐 행하지 않느냐가 중요하고, 뜻을 어디에 두었느냐가 또한 중요하며, 그 뜻을 얻었느냐 잃었느냐가 중요하고, 그 뜻이 변했느냐 변하지 않았느냐가 또한 중요하며, 그 뜻을 의심하느냐 믿느냐가 중요하고, 그 뜻을 헤아리고, 실천하여 완수하고, 그 뜻으로써 다스리고, 세상을 빛나게 함이 중요하다는 것이다. 이러한 제 요소의 유무(有無)로써 효사를 읽었다는 뜻 외의 다름 아니다.

불가항력으로 주어진 환경 속에서 사람이 살아가는 데에도 그 사람의 뜻과 의지가 무엇보다 중요하듯이, 뜻을 바르게 세우고 바르게 노력하여 정진함을 주역에서도 최우선시했다는 증거로 받아들여진다. 여하튼, 뜻을 바른 곳에 바르게 세웠다면 초지일관하여 실천해 나가되 변하지 말고, 잃지 말며, 어지럽히지도 않아야 한다는 것이 상사 집필자의 한결같은 마음, 곧 믿음이라고 말할 수 있다.

혹자는 주역에서 뜻[志]이라면 의례 中道(중도) 곧 天道(천도)이자 聖人之道(성인지도)라고 말하기도 하는데 근원적으로 틀리지는 않으나 그 중도의 본체에 대해서 분명하게 설명할 수는 있어야 한다고 본다. 이 문제는 별도의 글이 필요하므로 여기서는 언급하지 않기로 하겠지만, 志가 正(정), 平(평), 信(신), 合(합), 則(칙), 中(중), 尙(상) 등의 의미로 연관되어 있으면서도 제한되어 있기에 중도(中道)와 무관한 것은 아니라고 말할 수 있다.

지(志)가 쓰인 55곳의 상사(象辭) 어구(語句)를 정리하여 밝혀 놓자면 아래와 같다. 참고하기 바란다.

志行正也(屯卦 初九象辭), 上合志也(小畜卦 六四象辭), 定民志(履卦 卦辭 大象辭), 志剛也(履卦 六三 象辭), 志行也(履卦 九四 象辭), 志在外也(泰卦 初九 象辭), 志在君也(否卦 初六 象辭), 志行也(否卦 九四 象辭), 志未得也(同人卦 上九 象辭), 信以發志也(大有卦 六五 象辭), 志未得也(謙卦 上六 象辭), 志窮凶

也(豫卦 初六 象辭), 志大行也(豫卦 九四 象辭),志舍下也(隨卦 六三 象辭), 志可則也(蠱卦 上九 象辭), 志行正也(臨卦 初九 象辭), 志在內也(臨卦 上六 象辭), 志未平也(觀卦 上九 象辭), 上得志也(賁卦 上九 象辭), 得志也(无妄卦 初九 象辭), 上合志也(大畜卦 九三 象辭), 志在外也(咸卦 初六 象辭), 志未也(咸卦 九五 象辭), 固志也(遯卦 六二 象辭), 以正志也(遯卦 九五 象辭), 衆允之志(晉卦 六三 象辭), 南狩之志(明夷卦 九三 象辭), 志未變也(家人卦 初九 象辭), 志行也(睽卦 九四 象辭), 志在內也(蹇卦 上六 象辭), 尙合志也(損卦 初九 象辭), 中以爲志也(損卦 九二 象辭), 大得志也(損卦 上九 象辭), 以益志也(益卦 六四 象辭), 大得志也(益卦 九五 象辭), 志不舍命也(姤卦 九五 象辭), 其志亂也(萃卦 初六 象辭), 志未光也(萃卦 九五 象辭), 上合志也(升卦 初六 象辭), 大得志也(升卦 六五 象辭), 君子以致命遂志(困卦 卦辭), 志在下也(困卦 九四 象辭), 志未得也(困卦 九五 象辭), 信志也(革卦 九四 象辭), 愆期之志(歸妹卦 九四 象辭), 信以發志也(豐卦 六二 象辭), 志窮災也(旅卦 初六象辭), 志疑也, 志治也(巽卦 初六 象辭), 志窮也(巽卦 九三 象辭), 信志也(兌卦 九二 象辭), 志在外也(渙卦 六三 象辭) 志未變也(中孚卦 初九 象辭), 志行也(未濟卦 九四 象辭) 등이 그것이다.

'含章(함장)'이란 용어에 대하여

주역(周易)의 괘사(卦辭)와 효사(爻辭) 가운데에는 '함장(含章)'이라는 아주 낯선 단어가 두 번 나온다. 중지곤괘(重地坤卦) 육삼(六三) 효사(爻辭)와 천풍구괘(天風姤卦) 구오(九五) 효사(爻辭)에서이다. 물론, 이 두 효사를 설명하는 상사(象辭)에서도 나오는데 그 함장의 뜻을 설명한 것이 아니라 함장의 이유를 설명한 것이기에 별 도움이 되지는 않는다고 본다. 관련 효사와 상사를 이곳에 붙여 보겠다.

六三, 含章可貞 或從王事 无成有終 : 重地坤卦
육삼, 뜻을 품고 곧게 나아가고, 또 왕사(나라를 통치하는 일)에 종사하지만, 끝은 있으나 완성하지 못한다.
象曰 '含章可貞' 以時發也 '或從王事'知光大也.
상에서 말했다. '뜻을 품고 곧게 나아간다' 함은 때를 맞추어 시작함이고, '또, 왕사에 종사함'이란 지혜가 크고 빛남이다.

위 중지곤괘의 육삼 효사의 '含章可貞'이라는 어구를『인문으로 읽는 주역』의 저자인 신원봉은 "아름다운 덕을 지니고도 드러내지 않고 곧음을 지킬 수 있으니"라고 번역했고,『정이천의 역전』을 완역한 심의용은 "안으로 아름다움을 머금어 올바름을 굳게 지킬 수 있으니"라고 번역했다.

九五, 以杞包瓜 含章 有隕自天 : 天風姤卦

구오, 구기자 잎으로 참외를 싸서 뜻을 품으니 하늘로부터 떨어짐이 있다.

象曰, '九五含章'中正也, '有隕自天'志不舍命也.

상에서 말했다. '구오가 뜻을 품었다' 함은 중도를 바르게 행함이요, '하늘로부터 떨어짐이 있다' 함은 하늘의 명을 버리지 않은 뜻(의지)이다.

위 천풍구괘의 구오 효사의 '含章'에 대해서 심의용은 "아름다운 빛깔을 머금으면"이라고 번역했고, 신원봉은 "빛나는 것을 품고 있으면"이라고 번역했다.

번역이 바르게 되고 안 되고를 떠나서 '함장(含章)'이라는 용어의 참 의미를 생각해 보자. '含章'은 머금을 '含'에 글

'章'의 합인데 굉장히 추상적인 의미의 조어(造語)이다. 이를 글자 그대로 해석하자면, '문장을 싸서 가지다', '문장을 머금다', '글이나 문장을 품다' 등으로 풀이할 수 있다. 그렇다면, '문장을 품는다'라는 말은 실재하는 글이나 문장이 아니라 의지(意志)·의중(意中)·뜻을 품다, 혹은 '지니다'로 쓰였을 가능성이 크다. 그래서 필자는 '含章'을 '뜻을 품다'로 해석하였다. 간단히 말해, 신원봉과 심의용은 앞에서는 章(장)을 '德(덕)' 또는 '아름다움'으로 해석했고, 뒤에서는 '빛나는 것'과 '아름다운 빛깔'이라고 해석했다.

분명한 사실은 중지곤 괘에서는 육삼 효(爻)의 성품(性品)을 말했고, 천풍구 괘에서는 구오 효의 성품을 표현한 것이라는 점이고, 육삼의 곧음이나 충정에는 이미 품은 뜻이 있었고, 구오가 오이든 참외든지 간에 그것을 구기자 잎으로 포장하여 맵시를 내는 정성을 쏟는 데에도 다 뜻이 있었다는 라는 점이다. 참고로, 杞(기)는 '枸杞'이고, 瓜(과)는 '住甛瓜(참외)'라고, 중국 자전에서는 풀이한다.

물론, 우리나라 주역 번역자들은 이 杞(기)를 버드나무, 소태나무, 구기자 등으로 각기 다르게 번역하기도 했지만, 크게 보면, 상관없다고 본다. 왜냐하면, 이들 나무의 줄기와 잎으로써 참외를 얼마든지 포장할 수 있기 때문이다. 그리고 瓜(과)를 한결같이 '오이'라고 번역했는데 중국인은 이 瓜(과)를 '住甛瓜'로 해석했다. 이는 우리가 한자 자전에 의존하여 번역하기 때문이다. 사실, 자전(字典)마다 한자(漢字)의 뜻풀이가 조금씩 다른 면이 있기에 같은 한자를 놓고도 다르게 해석되는 경향이 없지 않다. 중요한 것은 각 효(爻)의 품성을 바르게 이해함이고, 중국인의 문화적 습속을 이해하는 것은 정확한 번역을 하는 데에 도움이 될 것이다.

---

* 슘(함) : 머금다, 품다, 참다, 견디어내다, 싸다, 담다, 넣다, 싸서 가지다, 초목이 꽃을 피우다, 무궁주(無窮珠) 등의 뜻이 있음.
* 章(장) : 글, 문장, 악곡의 단락, 시문의 절, 단락, 구별, 기, 표지, 모범, 본보기, 조목, 법, 법식, 문채, 무늬, 도장, 인장, 큰 재목, 형체, 허둥거리는 모양, 크다, 성하다, 밝다, 밝히다, 나타나다, 드러나다 등의 뜻이 있음.

상도(常道)란 무엇인가

'상도(常道)'라는 용어는 '항도(恒道)'와 함께 쓰이는 경향이 있는데, 주로 불경(佛經)에서 많이 쓰인다. 그리고 주역(周易)에서도 사용되기는 하나 '상(常)'과 '항(恒)'이라는 글자로 쓰이는데, 상(常)은 둔괘(屯卦) 육이 상사, 수괘(需卦) 초구 상사, 사괘(師卦) 육사 상사, 감괘(坎卦) 대상사에서 각 한 차례씩 모두 4회 사용되었고, 항(恒)은 수괘(需卦) 초구효사 상사, 예괘(豫卦) 육오효사 상사, 항괘(恒卦)에서 9회, 가인괘(家人卦) 대상사, 익괘(益卦) 초구 상사, 귀매괘(歸妹卦) 초구 상사 등에서 총 14회나 사용되었다.

그런데 주역에서 상(常)은 '항상 변하지 않는 도리' 내지는 '항상 지켜져야 하는 도리' 등의 의미인 '상도(常道)'라는 의미로도 쓰인 바가 있고, 대개는 '변하지 않는다', '항상 있는' 등의 의미로 쓰였다. 그리고 항(恒)은 뇌풍항괘(雷風恒卦)에서 많이 사용되었는데 이때 항은 '오래간다'라는 의미의 '구

(久)'로 쓰였다.

주역에서는 '常(상) = 恒(항)'의 의미가 있고, '恒(항) = 久(구)'의 의미가 전제되지만 대체로, '늘 존재하되 변하지 않는다', '언제나 변하지 않고 한결같다' 등의 불변(不變)·상존(常存)의 의미로 쓰인다. 그래서 상도(常道)와 항도(恒道)로서 주야(晝夜), 사시(四時) 변화를 천지(天地)의 상도(常道)로 얘기했고, 이에 맞추어 사람도 상도가 있어야 한다는 것이 주역의 기본적 관점이다.

그렇다면, 사람의 상도는 무엇일까? 이에 관해서 구체적으로 설명하는 내용은 없으나 관련 내용을 유추해서 말하자면, '때에 맞추어 혹은 상황에 맞추어 처신하는 인간 도리'를 말함인데 그것이 구체적으로 무엇이냐고 묻는다면, 64개 괘라고 하는 시대적·자연적 상황이 드리워졌을 때 그에 맞추어서 처신하고 문제를 타개해 나가는 삶의 기술이라고 말할 수 있다. 그 삶의 기술의 핵심이 바로 다름 아닌 인의예지(仁·義·禮·智)이고, 신지덕(信·志·德)이다.

불경(佛經)에서도 '상도(常道)'라는 용어가 여러 경문에서 쓰였는데 그것들을 간략하게 정리해서 말하자면 이러하다.

곧, 상도는 말이 없고(파사론), 영원히 변하지 않는 무위(無 爲)이며(출삼장기집, 산화엄경론), 하늘이 내린 것이며(집사 문불응배속등사), 현묘하고(어제소요영), 여여하고 변치 않 는 도(道)이며(어제비장전, 당호법사문법림별전), 하늘에 순 종하는 것(변정론, 광홍명집)이며, 생멸(生滅)하지 않는 마음 이라(대장알람집)고 했다. 한마디로 말해서, '하늘의 뜻을 믿 고 따름이며, 생멸이 없어서 변할 것도 없는 무위(無爲)'라는 뜻이다.

그러나 먹고 살기 위해서 경쟁하며 하루하루를 살아가는 보통 사람들에게는 나라의 법이 곧 훌륭한 상도가 되며, 나 아가 자연의 질서에 맞추어 살아가는 노력 일체가 되리라 본 다.

그렇다면, 우리는 어떤 생각으로 어떤 노력을 해야 하는 가? 이 점에 관해서는 이 책의 160페이지에서 하나의 팁으 로 소개하니 직접 확인할 수 있다. 참고하기 바란다.

'何可長也'와 '何可久也'의 의미

　주역(周易)에서는 '何可長也(하가장야)'와 '何可久也(하가구야)'라는 말이 각각 4회, 3회 쓰였는데 7회 모두 소상사(小象辭)에서만 사용되었다. '何可長也(하가장야)'는 둔괘(屯卦) 상육 상사, 비괘(否卦) 상구 상사, 예괘(豫卦) 상육 상사, 중부괘(中孚卦) 상구 상사에서 사용되었고, '何可久也(하가구야)'는 대과괘(大過卦) 구오 상사, 이괘(離卦) 구삼 상사, 기제괘(旣濟卦) 상육 상사에서 사용되었다. 7회 가운데 5회가 상효(上爻 : 상구, 상육)에서 사용되었고, 2회가 구삼 구오의 상사에서 각각 1회씩 사용되었다.

　둘 다 '길게 가지 않는다', '오래 가지 않는다'라는 뜻인데 둔괘(屯卦)에서는 상육이 처한, 피눈물을 흘리는 절망적인 상황이 오래 가지 않는다는 뜻으로 쓰였고, 비괘(否卦)에서는 상구가 처한, 먼저 막히고 나중에 풀린다는 상황이 오래 가지 않는다는 뜻으로 사용되었다. 그리고 예괘(豫卦)에서는 상

육이 처한, '어두운 기쁨'에 빠져 있는 상황이 오래 가지 않는
다는 뜻이고, 중부괘(中孚卦)에서는 상구가 처한, 흉한 상황
이 오래 가지 않는다는 뜻으로 사용되었다. 그러니까 상효가
운명적으로 가지는 험난함, 흉함 등이 길게 가지 않는다는
뜻으로 상사 집필자는 해석하였다.

그리고 대과괘(大過卦)에서는 구오가 처한, 늙은 부인이 젊
은 사내를 얻어서 누리는 즐거움이 오래 가지 않으므로 허물
이 되지는 않으나 명예롭지 못함은 오래 가지 못하기 때문이
라는 것이고, 이괘(離卦)에서는 구삼이 처한, 기울어진 해가
걸려있는 상황이 오래 가지 않는다는 뜻으로 사용되었고, 기
제괘에서는 상육이 처한, 여우가 그 머리까지 물에 젖는 위
험한 상황이 그리 오래 가지 않는다는 뜻으로 사용되었다.

이들 일곱 개의 효사(爻辭)와 관련해서 이 두 용어의 의미
를 생각하면, 오래 가지 않는다는 것은 각 효가 처한 상황이
좋은 것이든 나쁜 것이든 오래 가지 않으니 자기 성찰을 통
해서 문제를 해결, 극복하라는 의미로 받아들여진다. 여기서
한 가지 분명한 사실은 오래 가지 않기 때문에 좋을 수도 있
고 나쁠 수도 있으니 상황 판단을 신중하게 잘 해야 한다는
점이다.

'征'의 의미에 관하여

주역(周易)의 괘사(卦辭)·효사(爻辭)·상사(象辭) 가운데에 '征(정)'이라는 단어가 모두 27회 사용되었는데 괘사에서 1회, 효사에서 18회, 상사에서 8회 각각 사용되었다. 이 중에는 '侵伐(침벌)'이라는 단어로 겸괘(謙卦) 육오 효사와 상사에서 각각 1회씩 사용, 포함되어 있다. 그리고 '伐(벌)'이라는 단어도 모두 4회 사용되었는데 3회는 진괘(晉卦) 상구 효사, 기제괘(既濟卦) 구삼 효사, 미제괘(未濟卦) 구사 효사에서 각각 사용되었고, 1회는 진괘(晉卦) 상구 상사에서 사용되었다. 이처럼 '치다'라는 의미가 있는 '征(정)'과 '伐(벌)'을 괘효사(卦爻辭)에서만 23회나 사용했다.

그런데 재미있는 사실은, 23회 가운데 12회가 흉(凶)하고, 5회가 길(吉)하며, 5회가 필요하여 수단으로써 불가피하게 사용함[用]이고, 기타 모호한 벌(伐)이 1회라는 점이다. 결과적으로 정과 벌의 길흉이 반반이라는 뜻인데 이는 당대, 그러니까 64괘에 괘사와 효사가 붙여진, 중국 상말주초(商末周初) 시기에 주 문왕과 주공의 시각에서 본 정치 군사적 상황이 반영된 것이라고 말할 수 있다. 그리고 정벌(征伐)을 쓴다는 것은 통치자[君, 王] 시각이며, 국가를 다스림에 있어서 전략적으로 필요하다고 판단하여 선택하는 국가적 행위로서 대사(大事)였다. 물론, 오늘날은 용납되지 않는 일이지만 말이다. 더더욱 재미있는 것은, 이 征(정)과 벌(伐)을 두고 성인지도(聖人之道)를 근원으로 하여 소인지도(小人之道)를 치며 나아가는 것이라며 애써 도학적 의미를 부여하며 강조하는 한국 사람들이 있다는 사실이다.

주역의 '64괘'라는 것은 내 개인의 의지에 상관없이 주어지는, 그래서 모든 사람이 동시에 당면하는 시대적 상황이 64가지가 있다는 뜻이고, '6효(爻)'라고 하는 것은 그 당면한 시대적 상황 속에 놓인 개별적인, 아니 정확히 말하면, 여섯 부류의 사람들이 처한 각기 다른 작은 상황이기도 하고, 동시에 한 사람에게 주어지는 음양 관계의 때에 따라서 변하는 여섯 가지 유형의 작은 상황이라는 점을 염두에 두어야 한다. 이 점을 전제하고서 보면, 주역 속 인간이 처한 상황이라는 것들이 당대 인간사회의 풍속을 그대로 반영하고 있음을 확인할 수 있다. 곧, 제사(祭祀), 사냥, 혼구(婚媾), 첩살이, 공

동우물 사용, 잔치, 권선징악(형벌) 등이 그 증거이다. '정벌'
도 이들 가운데 하나일 뿐이다.

---

*征(정)과 伐(벌)이 사용된 괘효사 및 상사 정리

①上九, 既雨既处, 尚德载；妇贞厉, 月几望；君子征凶.
　《象》曰："既雨既处", 德积载也；"君子征凶", 有所疑也.: 소축괘(小畜卦)
②初九, 拔茅茹, 以其汇, 征吉.
　《象》曰：拔茅征吉, 志在外也.: 이괘(履卦)
③六五, 不富, 以其邻利用侵伐, 无不利.
　《象》曰："利用侵伐", 征不服也.
　上六, 鸣谦, 利用行师, 征邑国.
　《象》曰："鸣谦", 志未得也；"可用行师", 征邑国也.: 겸괘(謙卦)
④上六, 迷复, 凶, 有灾眚. 用行师, 终有大败；以其国, 君凶. 至于十年不
　克征.: 복괘(復卦)
⑤六二, 颠颐, 拂经, 于丘颐, 征凶.
　《象》曰：六二"征凶", 行失类也.: 이괘(頤卦)
⑥上九, 王用出征, 用嘉折首, 获匪其丑, 无咎.
　《象》曰："王用出征", 以正邦也.: 이괘(離卦)
⑦初九, 壮于趾, 征凶；有孚.: 대장괘(大壯卦)
⑧九二, 利贞, 征凶；弗损益之.: 손괘(損卦)
⑨升：元亨, 用见大人, 勿恤, 南征吉.: 승괘(升卦)
⑩九二, 困于酒食, 朱绂方来, 利用享祀；征凶, 无咎.

上六, 困于葛藟, 于臲卼；日动悔有悔, 征吉. : 곤괘(困卦)

⑪六二, 己日乃革之, 征吉, 无咎.

九三, 征凶, 贞厉；革言三就, 有孚.

上六, 君子豹变, 小人革面；征凶, 居贞吉. : 혁괘(革卦)

⑫上六, 震索索, 视矍矍, 征凶；震不于其躬, 于其邻, 无咎；婚媾有言. : 진
괘(震卦)

⑬九三, 鸿渐于陆, 夫征不复, 妇孕不育, 凶；利御寇.

《象》曰："夫征不复", 离群丑也；"妇孕不育", 失其道也；"利用御寇", 顺
相保也. : 점괘(漸卦)

⑭归妹：征凶, 无攸利.

初九, 归妹以娣, 跛能履, 征吉. : 귀매괘(歸妹卦)

⑮六三, 未济, 征凶, 利涉大川.

《象》曰："未济, 征凶", 位不当也. : 미제괘(未濟卦)

⑯上九, 晋其角, 维用伐邑, 厉右, 无咎；贞吝.

《象》曰："维用伐邑", 道未光也. : 진괘(晉卦)

⑰九三, 高宗伐鬼方, 三年克之；小人勿用. : 기제괘(旣濟卦)

⑱九四, 贞吉, 悔亡；震用伐鬼方, 三年有赏于大国. : 미제괘(未濟卦)

주역(周易)에서의 질병(疾病)

주역 본문에서 '疾病(질병: jí bìng)'이라는 단어가 쓰이지는 않았지만 '病(병)'과 관련된 단어로 '疾(질)'이라는 단어가 여러 차례 쓰였다. 주로 효사(爻辭)에서 쓰였고, 이를 설명하는 소상사(小象辭)에서도 사용되었다. 그리고 한 차례 괘사(卦辭)에서도 사용되었는데 이들을 정리해 밝혀 놓자면 아래와 같다.

①예괘(豫卦)

六五, 贞疾, 恒不死. (貞疾恒, 不死.)

《象》曰：六五 "贞疾", 乘剛也；"恒不死", 中未亡也.

육오, 마음이 곧으나 괴로움이 항상 있고 (그렇다고) 죽지는 않는다.

상에서 말했다. "육오에게 있는 곧은 마음의 괴로움은 강(구사효)을 올라탐이고, 항상 괴로우나 죽지 않는다 함은 중도를 아직 잃지 않았음이다."

②복괘(复卦)

复 : 亨. 出入无疾, 朋来无咎. 反复其道, 七日来复. 利有攸往.

'돌아오는' 지뢰복괘는 형통하다. 들고나옴에 흠이 없으며, 벗이 오니 무구하다. 그 도(양효= 건도)가 돌아옴을 반복하니 7일에 회복한다. 갈 바가 있으면 이롭다.

③무망괘(无妄卦)

九五, 无妄之疾, 勿药有喜.

구오, 거짓과 어그러짐이 없는 이의 병은 약을 쓰지 마라. 기쁨이 있으리다.

④돈괘(遯卦)

九三, 系(係)遯, 有疾厉, 畜臣妾, 吉.

《象》曰 : "系遯之厉", 有疾惫也. "畜臣妾吉", 不可大事也.

구삼, 얽매인 물러남으로 병이 있어 위태롭다. 신하와 첩을 두는 게 좋다.

상에서 말했다. "얽매인 물러남의 위태로움이란 병을 앓음이다. '신하와 첩을 두는 게 좋다' 함은 큰일을 할 수 없음이다."

⑤명이괘(明夷卦)

九三, 明夷于南狩, 得其大首 ; 不可疾, 贞.

구삼, 지혜나 지략을 숨겨야 남쪽으로 정벌 나가서 그 우두머리를 잡는다. 민첩한 (행동은) 불가하나 곧다.

⑥손괘(損卦)

六四, 损其疾, 使遄有喜. 无咎.

《象》曰：“损其疾”, 亦可喜也.

육사, 그 병을 덜어내되 빠르게 하면 기쁨이 있다. 무구하다.

상에서 말했다. “'그 병을 덜어낸다' 함은 역시 기쁠 수 있다.”

⑦정괘(鼎卦)

九二, 鼎有实；我仇有疾, 不我能即, 吉.

《象》曰：“鼎有实”, 慎所之也；“我仇有疾”, 终无尤也.

구이, 솥에 음식이 있으나 나의 짝(상대)에게 병이 있으니 내가 응당 가까이하지 않음이 길하다.

상에서 말했다. “'솥에 음식이 있다' 함은 나아감을 신중히 함이다. '내 짝에게 병이 있다' 함은 끝내면 근심이 없어짐이다.”

⑧풍괘(豐卦)

六二, 丰其蔀, 日中见斗, 往得疑疾；有孚发若, 吉.

육이, 그 덮개가 넉넉하여 해가 중천에 떠 있음에도 북두칠성이 보인다. 나아가면 의심받고 근심하게 된다. 믿음으로 나아가면 좋다.

⑨태괘(兌卦)

九四, 商兌, 未宁, 介疾有喜.

구사, 기쁨을 헤아리느라 평안하지 않다. 기쁨이 있으나 신경 쓰이는 근심이 있다.

보다시피, 모두 아홉 개의 괘에서 효사, 상사, 괘사 등에서 '疾(질)'이라는 글자가 사용되었는데 면밀하게 살피면, 문제의 이 '疾(질)'은 근심 걱정이 많고 오래 가는 마음의 병을 포함하고 있으며, 어떤 병인지는 구체적으로 알 수 없으나 위태로운 병도 포함되어 있다. 이뿐만 아니라, 전염되는 질병까지도 포함되어 있는데, 이 '疾(질)'이 '病(병)'이 아니라 '흠', '결점' 정도로도 쓰였고, '민첩하다'라는 뜻으로도 쓰이기도 했다. 이 둘을 제외하면 모두 일곱 번 사용된 셈이다.

유행성 전염병을 '疫病(역병:yì bìng)'이라고 하는데 정괘(鼎卦) 구이(九二) 효사(爻辭)에서 언급된 병이 이에 해당한다. "솥에 음식이 가득 차 있으나 나의 짝(상대)에게 병이 있으니 내가 응당 가까이하지 않음이 길하다."라는 문장이 바로 그것이다. 전염병이 옮아 피해를 보지 않으려면 현재의 '코비도19' 상황처럼 감염자와 격리되어야 하고, 밀착 접촉되지 않아야 하기 때문이다. 그렇다면, 왜, 구이(九二)의 짝인 육오(六五)는 감염되었을까? 화풍정괘(火風鼎卦)의 괘상(卦象)을 뚫어지게 쳐다보아도 그 이유는 알 수 없다. 설령, 계사전(繫辭傳)의 언급대로 구이의 짝을 구사(九四)라고 해도 마찬가지이다.

그리고 위태로운 병은 돈괘(遯卦)에서 언급되었는데 구체적인 병명은 알 수 없으나 그 병이 위태롭다는 것이고, 다만, 그럴 때는 신하와 첩을 두는 게 좋다는 조언이 딸려 있다. 역시 구삼효가 왜 위태로운 병이 걸렸는지 괘상(卦象)을 보고는 설명하기 어렵다. 이미 주어진 조건으로 괘효사(卦爻辭)를 신뢰하며 믿어야 하는지 알 수 없다. 괘의 의미를 전제하고서 그 안에서 존재하는 음양의 관계나 양태를 설명한 것이 효사인데 아직 나의 눈에는 그 당위가 보이지 않는다. 이런 내게 변화가 생기면 그때 가서 다시 얘기하기로 하고, 병[疾]을 일으키는 한 인자로 근심[患, 憂]이 있다는 사실을 지적하는 것으로써 이글을 맺는다.

*患(환)이 사용된 예문 :

①송괘(訟卦)
　九二, 不克讼, 归而逋, 其邑人三百户, 无眚.
　《象》曰：“不克讼, 归逋窜也”; 自下讼上, 患至掇也.

②기제괘(旣濟卦)
　既济：亨小, 利贞; 初吉终乱.
　《象》曰：“水在火上, 既济; 君子以思患而预防之.

[한자 풀이]
* 疾(질) : 병, 질병, 괴로움, 아픔, 흠, 결점, 불구자, 높은 소리, 해독을 끼치
　는 것, 빨리, 급히, 신속하게, 병을 앓다, 걸리다, 괴롭다 괴로워하다, 해치
　다, 해롭게 하다, 근심하다, 나쁘다, 불길하다, 미워하다, 증오하다, 꺼리
　다, 시기하다, 빠르다, 신속하다, 진력하다, 민첩하다 등의 뜻이 있으나 여
　기서는 '병', '흠', '민첩하다' 등으로 해석하였음.
* 妄(망) : 망령되다, 어그러지다, 허망하다, 헛되다, 속이다, 잊다, 잊어버리
　다, 거짓, 제멋대로, 함부로, 대개, 모두, 널리 등의 뜻이 있으나 여기서는
　'거짓', '어그러지다'로 해석하였음.
* 系(계) : 매다, 이어매다, 묶다, 잇다, 얽다, 매달다, 매달리다, 끈, 줄, 혈통,
　핏줄, 죄수, 실마리 등의 뜻이 있으나 여기서는 '얽다'로 해석하였음.
* 係(계) = 系(계)
* 憊(비) : 고단하다, 고달프다, 피곤하다, 앓다 등의 뜻이 있으나 여기서는
　'앓다'로 해석하였음.
* 狩(수) : 사냥하다, 정벌하다, 토벌하다, 제왕이 쫓겨나가다, 순시하다, 사
　냥, 짐승, 순행, 임지, 임소 등의 뜻이 있으나 여기서는 '정벌하다'로 해석
　하였음.
* 遄(천) : 빠르다, 빠르게 등의 뜻이 있음.

* 仇(구) : 원수, 적, 짝, 동반자, 상대, 해치다, 죽이다, 거만하다, 원망하다, 짝하다, 잔질하다, 술을 푸다, 술을 떠내다 등의 뜻이 있으나 여기서는 '상대', '짝'으로 해석하였음.

* 卽(즉) : 곧, 이제, 만약, 혹은, 가깝다, 가까이하다, 나아가다, 끝나다, 죽다, 불똥 등의 뜻이 있으나 여기서는 '가까이하다'로 해석하였음.

* 尤(우) : 더욱, 한층 더, 오히려, 도리어, 허물 과실, 결점, 원한, 원망, 훌륭한 사람, 뛰어난 것, 으뜸, 탓하다, 원망하다, 힐책하다, 같지 않다, 멀리 떨어지다, 나쁘다, 너무 심하다, 주저하다, 망설이다, 가까이하다, 마음을 사로잡다 등의 뜻이 있으나 여기서는 '허물', '과실' 등으로 해석하였음.

* 菩(부) : 빈지문, 차양, 덮개, 일흔여섯 해, 작다, 덮이다, 덮다, 어둡다, 희미하다 등의 뜻이 있으나 여기서는 '차양', '덮개' 등으로 해석하였음.

* 若(약) : 같다, 어리다, 이와 같다, 좇다, 너, 만약, 및, 이에, 바닷귀신, 어조사, 성의 하나, 반야, 난야(사찰) 등의 뜻이 있으나 여기서는 어조사로 해석하였음.

* 商(상) : 장사, 장사하는 사람, 가을, 금, 서쪽, 못, 오음의 하나, 나라 이름, 헤아리다, 짐작하여 알다, 장사하다 등의 뜻이 있으나 여기서는 '헤아리다'로 해석하였음.

* 介(개, 알) : 사이에 끼다, 사이에 들다, 소개하다, 깔끔하다, 얌전하다, 의지하다, 크다, 크게 하다, 작다, 적다, 묵다 머무르다, 모시다, 강직하다, 굳게 지키다, 착하다, 돕다, 마음에 두다, 신경을 쓰다, 갑옷, 딱딱한 껍질, 경계선, 한계, 본분, 정조, 절의, 미세한 것, 사소한 것, 몸짓, 다음 가는 차례, 돕는 사람, 시중, 도움, 근처, 부근, 홀로, 외로이 낱, 갑자기 등의 뜻이 있으나 여기서는 '신경을 쓰다'로 해석하였음.

'艱'의 의미에 관하여

역문(易文)에서 한자(漢字) 해독은 꽤 어렵다. 그래서 상당히 신경이 쓰이는 게 사실이다. 급하게 글을 쓰다 보면 자칫, 실수하게도 된다. 필자는 개인적으로 문제의 이 '艱(간)'에서 실수를 한 적이 있다. 무조건 '어렵다', '힘들다'라는 의미로 해석했었다.

주역에서 '艱(간)'은 모두 여덟 번 나오는데 한 번은 괘사(卦辭)에서 나오고, 두 번은 상사(象辭)에서 나온다. 그리고 나머지 다섯 번은 爻辭(효사)에서 나온다. 그러니까, 실제로는 여섯 번 쓰인 셈이다. 그 예문을 모두 정리해 놓으면 아래와 같다.

문제의 '간(艱=艰)'이 구체적으로 어떤 의미로 쓰였는지를 확인해보고자 한다.

①九三, 无平不陂, 无往不复 ; 艰贞无咎, 勿悔恤其孚, 于食有福.

-지천태괘

구삼, 평평하고 비탈지지 아니함이 없고, 가고 돌아오지 않음이 없으니, 괴로우나 곧으면(참으면) 무구하다. 그 믿음으로 후회하고 근심하지 않으니 먹는 복이 있으리라.

*艱 : 苦(괴롭다)

②初九, 无交害, 匪咎 ; 艰则无咎. -화천대유괘

초구, 허물이 아니면 교류(교제)로 인한 해로움이 없다. 화환(禍患)이면 허물이 되지 않는다.

*艱 : 禍患(재앙이나 사고로 인한 근심)

③九四, 噬干子, 得金矢 ; 利艰贞, 吉. -화뢰서합괘

☞九四, 噬乾胏, 得金矢, 利艰贞, 吉(한국).

구사, 나무줄기(또는 대나무 줄기)를 씹으며, 쇠로 만든 화살을 얻는다. 어렵더라도 곧으면 이롭고 길하다.

구사, 뼈에 붙은 마른고기를 씹으며, 쇠로 만든 화살을 얻는다. 어렵더라도 곧으면 이롭고 길하다.

*艱(간) : 難(어렵다)

④《象》曰 : "利艰贞, 吉", 未光也.

'상'에서 말했다. '어렵더라도 곧으면 이롭고 길하다' 함은 빛나지 않음이다.

⑤九三, 良马逐, 利艰贞. 日闲舆卫, 利有攸往. −산천대축괘

구삼, 좋은 말로써 뒤쫓아감이니 어렵더라도 곧으면(끝까지 가면) 이롭다.

날마다 자신을 보위하고 수레를 호위하면 나아갈 바가 있어 이롭다.

*艰(간) : 難(어렵다)

⑥上六, 羝羊触藩, 不能退, 不能遂, 无攸利 ; 艰则吉. −뇌천대장괘

상육, 숫양이 울타리에 봉착하여 물러설 수도 없고 나아갈 수도 없으니 이로울 게 없다. 괴롭고 어려운즉 길하다.

*艰(간) : 苦難(괴롭고 힘들다)

⑦《象》曰 : "不能退, 不能遂", 不详也 ; "艰则吉"咎不长也.

'상'에서 이르기를, "물러설 수도, 나아갈 수도 없음이란 자세하게 알지 못함이며, 어려운즉 길함이란 것은 허물이 오래가지 않음이다."

⑧明夷 : 利艰贞. −지화명이괘 괘사

괴롭고 힘들어도 곧으면(계속 밀고 나아가면) 이롭다.

*艰(간) : 苦難(괴롭고 힘들다)

위 해석이 옳다면, 주역에서 '艰'은 苦(괴로움)이고, 苦難(괴롭고 힘듦)이며, 禍患(사고나 재난으로 인한 근심)이고, 難(어려움) 등의 의미로 쓰였으며, 작은 차이이지만 해당 괘의 주인공 격인 爻(효)의 상황을 고려하여 번역해야 더 온전한 해석이 된다. 참고로, 우리의 자전(字典)에서는 '艰(간)'이 어렵다, 괴롭다, 가난하다, 험악하다, 당고(當故), 고생 등의 뜻이 있다고 정리되었으나 현재 중국에서는 禍患(화환), 灾难(재난), 困难(곤란), 難(난) 등으로 풀이한다.

주역에서 음양을 빼어버리면 남는 것

주역에서는 모든 현상, 모든 존재가 다 '음양(陰陽)의 작용'
이라고 말한다. 음양의 작용을 다른 말로 바꾸어 표현하면
'천지(天地)의 작용' 또는 '천지지도(天地之道)의 작용'이라고
도 한다. 이때 하늘에서 가장 중요한 것은 빛나는 일월성신
(日月星辰)이고, 땅에서 가장 중요한 것은 사람을 비롯한 수
많은 생명(生命)이 살아간다는 사실이다. 이 두 가지가 전제
되어 주역의 모든 사유가 진행되는데, 우리가 '자연현상(自然
現象)'이라고 말하는 주야(晝夜)의 변화, 사계절의 변화, 천둥
번개 비바람 등 온갖 기상(氣象)의 변화, 그리고 이런 변화 가
운데에서 각기 살아가는 생명의 질서나 생태적 특징까지도
천지의 작용 곧 음양의 작용으로 이해하고 있다.

그래서 주역에서는 '하늘'과 '땅'에 관해 각별한 의미를 부
여한다. 곧, 하늘은 뜻을 내고, 땅은 그 뜻을 받들어 실현한
다는 관계로 인식했다. 그래서 자연적인 하늘은 '天(천)'이라
고 부르지만, 의중이 있고 뜻을 내는 하늘이기에 '乾(건)'이라

고 부른다. 따라서 乾은 움직이어 작용하는 주체로서 강(剛)하고, 튼튼하며(健), 위대하다(大)는 성품(性品)을 갖는다. 그렇듯, 자연적인 땅은 '地(지)'라고 부르지만, 하늘의 뜻을 받들어 실현하는, 의중과 뜻을 내는 땅이기에 '坤(곤)'이라고 부른다. 따라서 地는 하늘의 뜻을 받들어 순종하며, 유순하며, 넓다(廣)는 성품을 갖는다. 쉽게 말해서, 건(乾)과 곤(坤)은 인성(人性)이 부여된, 일하는 주체로서 희망적인 존재이다. 이러한 인식이 깔려있기에 천지(天地) 건곤(乾坤)을 역(易)의 문(門)이라고 한다.

주역에서는 그 하늘과 땅의 관계처럼 사람도 하늘과 땅의 뜻과 관계를 본받아 받들며 살아야 한다는 것이다. 이때 하늘의 뜻을 '天道(천도)', 혹은 '건도(乾道)'라고 하고, 땅의 뜻을 '地道(지도)', 혹은 '곤도(坤道)'라고 한다. 천도가 무엇이고, 지도가 구체적으로 무엇인지는 밝혀 놓고 있지는 않으나 '天道·地道', 혹은 '건곤지도(乾坤之道)'라는 말을 쓰면서 하늘이 밝고(明) 바르게(正) 뜻을 내면 땅이 부드럽고(柔) 순하게 따라야 한다(順從)고 한다. 그러면서도 강(剛)한 하늘이 유(柔)한 땅 아래로 내려오는, 하늘 입장에서는 스스로 자신을 낮추어 겸손하고, 땅 입장에서는 섬김을 받는, 양자 간의 소통(疏通)·교류(交流)·화합(和合)의 관계를 좋다고 여긴다.

그처럼, 사람은 하늘과 땅의 조화로운 관계와 뜻을 헤아리고(知), 그에 맞추어 예(禮)를 세우고(禮), 어짊을 베풀며(仁), 올바름을 실천해야 한다(義)는 것이다. 이런 생각을 하는 것이 곧 사람으로서 마땅한 뜻(志)이어야 하며, 그 뜻을 실현하기 위해서는 천지 사이의 관계와 그 질서를 믿고, 사람과 사람 사이에서도 같은 믿음(信, 孚)이 있어야 하며, 가능한 한 덕(德)을 많이 쌓고 베풀어야 한다는 것이다. 그러니까, 자연계의 음양 관계를 천지 관계로 동일시하고, 그 천지 관계를 통해서 인간 사회에서는 仁·義·禮·智와 志·信·德을 갖추어야 한다는 것이 주역의 철학적 주장 내용이다. 주역 본문 가운데 이렇게 정리되어 쓰여있는 것은 아나 주역을 다 읽고 나서 분석해 보면 이러한 주장이 주역 밑바닥에 깔려있고 강조되고 있음을 알 수 있다는 뜻이다.

결국, 복잡하고 난해한 주역을 골백번 읽으면 유가(儒家) 철학의 핵심인 인의예지(仁義禮智)와 지신덕(志信德)이라는 가르침, 곧 일곱 가지 덕목이 요구사항처럼 드러난다는 뜻이다. 바로 이점 때문에 음양 관계를 통해서 사람의 처세법을 설명하는 주역에 공자 사상의 옷이 입혀져 있다고 말했던 것인데, 주역에서 음양(陰陽)과 수(數)와 상(象)을 빼어버리면 이 내용만 남는다.

제2부

옛사람들의 반짝거리는 지혜

지천태괘(地天泰卦) 구이효사(九二爻辭)에 이런 멋진 말이 있다. "包荒 用馮河 不遐遺 朋亡 得尙于中行"이 그것이다. 이 문장을 우리말로 바꾸면, '거친 것을 너그럽게 받아들이고, 말을 타고서 신속히 강을 건너가야 하고, 멀리 있는 것을 버리지 않으며, 패거리를 버리면 중도를 행함에 높임(숭상)을 받는다.'라는 뜻이다. 이를 좀 더 자세하게 풀어서 설명해 보자.

첫째, '포황(包荒)'이란 것은, 나와는 다르지만 거친 사람까지도 너그럽게 받아들여서 포용(包容)하라는 뜻이다. 이는 대인관계(對人關係)를 말함인데 우리가 살면서 이것을 실천하기란 그리 쉽지가 않다. 성격이 다르고, 행동의 양식이 다르며, 습관이 다르고, 머릿속에 들어있는 지력(知力)과 관심까지 다르다면 자주 만나기 싫고, 대화하기도 어려워진다. 그래서 자연스럽게 거리를 두며, 끝내는 배척하게 된다. 결과적으로, 사람은 자기 수준과 자기 욕구에 맞는 사람끼리 만나는 관계를 유지 발전시켜 가는 경향이 짙다. 그러함에도 불구하고, 거친 사람을 포용하라고 한다.

둘째, '용빙하(用馮河)'란 것은, 말을 타고서 빠른 속도로 강을 건너가는 일이 필요함이다. 물이 흐르는 강을 건너가는 일은 옛사람에게는 용기와 결단이 필요한, 어려운 일 가운데 하나였다. 그래서 주역(周易)에서는 이와 유사한 '섭대천(涉大川:큰 강을 걸어서 감)'이라는 말이 자주 쓰인다. 사람이 어떤 상황에 봉착했을 때, 맨발로 가든 말을 타고 가든지 간에 강을 건너는 일이 필요하다거나 그것이 이롭다거나 하여 길을 제시하고 있다. 여기에서도 말을 타고서 신속하게 강을 건너감이 필요하다는 것이다. 이를 일반적인 상황으로 바꾸어 말하면, 그 어떤 대사(大事)가 필요하다면 위험이 따르더라도 용기와 결단을 내려서 감행해야 한다는 뜻이다. 일종의 일을 처리하는 진취적인 태도를 말함이다.

셋째, '불하유(不遐遺)'란 것은, 멀리 있는 것을 버리지 말라는 뜻이다. 멀리 떨어져 있다는 것은 나와 거리가 있다는 뜻이고, 나와 거리가 있다는 것은 서로 잘 알지 못하는 관계를 뜻할 것이다. 그래서 멀리 있는 사람이 능력과 인품이 잘 갖추어져 있음에도 불구하고 내가 잘 모른다는 이유에서, 나와 친하지 않다는 이유에서 무관심하거나 배제하지 말고 필요하다면 언제든 등용하여 쓰라는 뜻이 아닐까 싶다. 그리고 그런 사람을 인지하고 있어도 멀리 있다는 이유에서 자칫 순위가 밀리게 되고, 소홀하게 대할 수도 있는데 그런 실수를 범하지 말고 잘 챙기라는 뜻이 포함되어 있다고 본다. 이렇게 확대해석하면, 오늘날의 조직 관리 차원에서 인사(人事)를 시행할 때 기회를 균등하게 주라는 뜻이라고도 볼 수 있다.

  넷째, '붕망(朋亡)'이라고 하는 것은, 무리를 지어 패를 이룬 집단을 무시하거나 버리라는 뜻이다. 정치적으로 말하면, 각종 이익집단이나 붕당(朋黨)이 해당하는데 그들이 나와 가깝더라도 버림으로써 그들로부터 영향을 받거나 휘둘리지 말라는 뜻이다. 오늘날 조직의 리더나 국가 통치자로서 공동목표나 공동선(共同善)을 위한 대의(大義)가 정해졌다면 공명정대하게 그것을 추구하라는 뜻으로도 해석할 수 있다. 그러나 이 또한 쉽지 않은 일이다. 오늘날 우리가 두 눈으로 똑똑히 보듯이, 국민이 직접 선거로써 뽑은 대통령, 국회의원, 각급 지자체장 등을 보면 자신이 당선되도록 물심양면으로 도와준 사람들에게 어떠한 방식으로든 특혜를 주려고 하지 않던가. 이런 마당에 이리저리 얽힌 혈연(血緣)·지연(地緣)·학연(學緣) 등을 배제한다는 것은 정말이지, 여간 어려운 일이 아닐 것이다.

사실, 이 네 가지는 오늘날에도 절실한 덕목들이다. 그런데 어떻게 기원전 사람들이 만든 주역에서 이를 군자(君子)의 덕목으로 길을 안내하며, 요구할 수 있었는가. 실로, 놀라운 일이 아닐 수 없다. 실행해 옮기기 어려운 네 가지를 결행(決行)함으로써 중도(中道)를 행하여 많은 사람으로부터 군자가 존경을 받고 숭상함을 받게 된다는 것이다. 나는 이 구절을 읽으면서 옛사람들의 반짝거리는 지혜를 체감했다.

주역(周易)의 하늘을 생각하며

하늘에는 음(陰)과 양(陽)이 있다고 한다. 그 음양을 두고 주역(周易)에서는 '도(道)'라고 부른다. 이 하늘의 도를 '천도(天道)'라고도 하는데 천도는 땅으로 내려와 '강유(剛柔)'로 나타난다고 한다. 이 강(剛)과 유(柔)는 땅에서 서로 밀고 당기고 섞이며 조화를 부리어서 만물(萬物)을 낳는다고 말한다. 그래서 하늘은 큰 시작을 주관한다[乾知大始:周易 繫辭 上 제1장]고 했다. 다시 말해, 하늘이 근원을 두루 다스린다는 뜻이다.

이렇게 하늘을 인지한 옛사람들은 하늘의 덕성(德性)을 '강건(剛健:굳세고 튼튼함)'으로 보았다. 굳세고 튼튼한 하늘은 지상의 만물을 낳고 성장시키기 위해서 구름을 움직이어 비[雨]를 베풀어서 만물을 적심으로써 형태를 갖추게 했고[雲行雨施 品物流形:重天乾卦 彖辭], 땅과 함께 순리대로 움직이어서 해와 달이 지나치지 않고, 사시(四時)가 어긋나지 않는다고도 했다[天地以順動 故日月不過 而四時不忒:雷地豫卦 象辭]. 그래서 우리 인간은 마땅히 그 천도를 믿고 본받으며 살아야 한다고 강조했다.

하늘의 도를 믿고 따르는 것이 곧 순종(順從)인데 이 순종을 인도(人道)의 핵심으로 여기며, 인도의 요체(要諦)로서 '인의예지신(仁義禮智信)'을 말했다는 사실은 거의 누구나가 다 안다. 주역에서 건(乾)의 품성을 '원·형·이·정(元·亨·利·貞)'으로 규정했는데, 공자는 원(元)을 선(善)이 증장(增長)하는 것으로[善之長也] 해석했고, 형(亨)을 아름다움이 모이는 것으로[嘉之會也] 해석했으며, 또한, 이(利)를 도리가 응하는 것으로[義之和也] 해석했고, 정(貞)을 일의 몸통으로[事之幹也] 해석함으로써 원형이정(元亨利貞)을 인례의지(仁禮義智)로 각각 연계시켜 놓았다.

하늘의 음양(陰陽)이 땅에서는 강유(剛柔)로 나타나듯, 하늘의 원형이정(元亨利貞)이 땅에서는 인례의지(仁禮義智)로 나타난다고 보았고, 이를 온전히 깨닫고 실천하는 것이 곧 하늘과 사람이 하나가 되는, 이른바 '천인합일(天人合一)'이 실현되는 이상세계로 여긴 것이다. 공자는 바로 이것을 위해서 복희씨가 만든 괘상(卦象)을 보고서 대상사(大象辭)를 지었고, 주 문왕이 붙인 괘사(卦辭)를 읽고서 단사(彖辭)를 지었으며, 주공이 붙였다는 효사(爻辭)를 읽고서 소상사(小象辭)를 일일이 지어 붙였다. 물론, 공자는 이 외에도 계사(繫辭)와 서괘전(序卦傳)과 잡괘전(雜卦傳), 설괘전(說卦傳), 문언전(文言傳) 등을 지어서 스스로 이해하고 터득한 주역에 이론적인 뼈대를 세우고 살을 붙여 놓았는데 역시 그답게 성인(聖人)과 군자(君子)의 관계에서 각각의 역할을 분별해 보이는 데에 초점을 맞추었던 것으로 판단된다. 그래서 점서(占書)로 출발했던 역(易)이 경서(經書)로 바뀐 듯 보인다.

들리지 않고 보이지도 않는 하늘의 뜻[→象]과 땅의 호응(呼應)을 복희씨가 혜안으로써 알아차리고서 처음으로 문자(文字)가 아닌 음양만을 구분한 도식(圖式)으로 그려냄으로써 형상화(形像化)한 것이 괘(卦)이고, 그 괘상(卦象)에 나타난 천지(天地) 사이의 변화 이치를 식별하고서 주 문왕과 그의 아들인 주공이 괘사와 효사를 각각 문장으로써 붙여 놓았는데 이를 공자가 두루 보고서 사람이 살면서 마땅히 지켜야 하는 도리로 해석하면서 비로소 오늘날 우리가 읽는 주역이 완성된 것이다.

어쨌든, 이들의 '하늘'에 대한 신뢰는 대단했던 것 같다.

‘하늘이 도와서 불리할 것이 없으므로 길하다[自天祐之 吉無不利:火天大有卦 上九爻辭]’라는 말까지 쓰는 것을 보면 하늘의 도에 순종함으로써 그 하늘의 도움을 받는다는, 너무나 인간적인 인식(認識)이 깔려있음을 엿볼 수 있다. ‘하늘이 스스로 돕는 자를 돕는다’라는 우리 속담(俗談)도 바로 여기에서 비롯된 것이 아닐까 싶다.

　주역(周易)의 영향인지는 단정적으로 말할 수 없으나 우리 머릿속에는 하늘에 대한 고정관념이 박혀있다. 그것은 곧, 높고[高] 존엄하며[尊], 착하고[善] 자비로우며[仁], 일정한 질서에 따라 움직이며[順理=順行], 변함없이[不變] 영원[永遠 = 恒 = 常]하며, 바르기에[正] 벌(罰)을 주기도 한다는 ‘암묵적 믿음’이다. 이런 믿음이 있기에 우리 입에서는 천벌(天罰)·천형(天刑)·천혜(天惠)·하늘의 은총 등의 말이 터져 나오는 것이고, ‘죽는 날까지 하늘을 우러러 한 점 부끄럼이 없기를’이라는 시귀(詩句)까지도 나올 수 있었다고 본다.

　어디, 이뿐이겠는가. 땅에서 많은 사람이 나라를 세워 살아가듯이 하늘에서도 사람과 비슷거나 다른 존재가 살아간다고 상상하며, 하늘에도 백성이 있고 나라가 있고[天國], 그 나라를 통치하는 하느님[天主, 上帝, 한울님 등]도 있을 것이라고 여기며 믿어왔다. 심지어는, 그 하느님이 땅 위의 인간 세상을 직간접으로 통치한다고 믿으며, 그 하느님과 인간의 관계를 구체적으로 발전시켜 온 것이 바로 오늘날의 종교(宗敎)라고 생각한다. 그 이름이야 뭐라 부르든 상관없다만 이처럼 인간이 사유(思惟)로써 스스로 만들어 쌓아 올린 '관념의 탑' 혹은 '관념의 집'에 머물면서 자위하며, 의지하며, 기도하며, 원하는 바를 구하는 것이다.

그러나 이제는 냉정하게 '하늘'을 바라볼 필요가 있다. 공자가 인지한, 주야(晝夜)의 변화는 지구 자전(自轉)의 결과이고, 사계절이 어긋남이 없다는 사시불특(四時不忒)은 지구 공전(公轉)의 결과이며, 달이 기울고 차는 것도 역시 달의 지구 공전 결과일 따름이다. 결국은, 요즈음 말로 치면, 태양과 지구와 달과의 관계로 나타나는, 혹은 주어지는 지구 환경일 뿐이며, 물론, 그것은 지구상의 생명에게 지대한 영향을 미치는 절대적 조건이자 변수일 따름이다. 절대적 조건이라고 함은 주야와 사계절의 변화에 맞추어 지구상의 모든 생명체가 태어났고 또한 살아가고 있다는 뜻이며, 변수라고 함은 사실상 그조차 변할 수 있다는 점을 말함이다.

솔직히 말해, 하늘이 존재하기에 인간이 살 수 있는 것은 분명하다. 그렇다고 하늘이 인간을 위해서 존재하지는 않는다. 그리고 하늘은 인간의 삶을 간섭하고 싶지도 않으며, 그냥 존재할 뿐이다. 그런 하늘에, 태양계의 공간에 변화가 생긴다면 당연히 지구 환경은 물론이고 지구의 존립에도 영향을 미칠 수도 있다. 지구 자전축의 기울기만 조금 변해도 지구와 태양과의 거리가 조금만 가까워져도 지구 환경은 엄청난 변화를 맞게 되고 동시에 생명체의 생태에도 변화를 초래한다. 끊임없이 지구 안밖의 변수들이 지구에 영향을 미치게 마련인데 우리는 살아가는 데에 아직은 큰 지장을 받지 않기에 그것을 무시할 뿐이다. 그렇다고 대변화가 없으란 법은 없다.

그러나 오늘을 사는 내게 중요한 것은, 내가 인지한 하늘의 법도[天道]와 내가 인지한 땅의 법도[地道]에 맞추어서 나의 법도를 세우고, 다듬어가며, 실천하는 일이다. 이것이 아니라면 굳이 주역을 공부할 이유도 없고, 자연현상의 인과관계를 통찰하려고 애쓸 필요도 없으리라 본다.

망령됨을 경계하라는 하늘의 우레

　때아닌 바람이 불고 먹구름이 몰려온다. 날씨가 심상치 않아 보인다. 머지않아 큰비가 쏟아질 모양이다. 나는 일찍 귀가하여 집에서 저녁 식사를 하고, 창가에 앉아 따뜻한 차 한 잔을 마시면서 오늘 하다 만 일들을 잠시 생각하며 하늘을 올려다본다. 어느새 사위(四圍)가 어두워졌는지 인접한 아파트와 거리의 가로등 불빛이 보이기 시작한다.

　찻잔을 물리고 나의 작은 방으로 들어와 일찍 잠자리에 들으려는데 돌연, 번쩍번쩍 번개가 가까운 곳에서 치는 것 같은데 한참 후에야 우르릉 쾅쾅 천둥소리가 멀리에서부터 오는 듯 작은 소리가 점점 커지며 울리는데 창문이 흔들릴 정도이다. 천둥은 이내 여운을 남기며 꼬리를 감추는가 싶더니 또다시 요란스럽게 번쩍번쩍하는 번개를 뒤따르며 아파트 건물 사이에서 공명(共鳴) 되는지 꽤 위협적으로 들린다.

나는 실내등을 끄고 어둠 속에 홀로 반듯하게 누워서 계속되는 번쩍임과 천둥소리의 간격을 감지하면서 번개 치는 곳의 원근(遠近)을 헤아려본다. '이놈은 아주 멀리서 크게 시작됐구나. 아, 이 녀석은 아주 가까이에서 작게 터졌구나.'라고 중얼거리듯 생각하며, 번개에 이어 울리는 입체적인 천둥소리를 들으면서 그 번개가 내려꽂히는 땅 위의 상황을 떠올려본다. 이따금 지척에서 치는 번개에 곧바로 이어 들리는 요란한 천둥소리에 깜짝 놀라며 나는 돋는 소름을 느끼면서, 별의별 생각을 다 한다.

그동안 살면서 남의 가슴에 못 박은 일은 없었는지, 터무니없는 말을 큰소리로 내뱉고 행동한 적은 없었는지, 혹 양심적으로라도 지은, 크고 작은 죄나 부끄러움은 없었는지 새삼 자신을 돌아보며, 예전에 보았던 벼락 맞은 나무를 떠올리고, 들판에서 일하다가 논두렁에서, 혹은 산행길 바위 위에서서 벼락을 맞고 죽은 사람들까지 잠잠한 기억의 밑바닥에서 건져 올린다.

참, 이상도 하지. 하늘에서 커다란 구름 뭉치가 서로 부딪혀 전기가 발생하고, 그 전기가 지상으로 내리꽂히는데 이고압의 전기가 물질(物質)에 변화를 가져오고, 쉽사리 이해되지는 않으나 이미 실험으로 입증된 사실, 곧 단백질에 지나지 않는 물질이 전기적 충격으로 생명체가 된다니 경이로울 따름이다. 그래, 번개가 생명의 진화(進化)를 촉발했다고들 하는데 내가 다 몰라서 그렇지 자연현상은 고맙지 아니한 것이 없어 보인다. 그런데 나는 왜, 천둥소리를 들으며 무의식적인 두려움이 절로 드는가. 그 역동적인 힘에 내가 짓눌렸기 때문일까.

요즈음, 내가 읽고 있는 주역(周易)에서는, 하늘 아래에서 우레가 치는 상(象:모양)을 보고 '천뢰무망(天雷無妄)'이라고 하지 않는가. '무망(無妄)'이라 하면, 글자 그대로 '망령됨이 없음'이다. 망령(妄靈)이란 사람이 늙거나 정신이 흐려져서 정상에서 벗어난 말과 행동함을 일컬을 것이다. 한마디로 말해, 뇌 기능의 장애로 생기는 비정상적인 사유와 그로 인해서 수반되는 언행(言行)일 것이다. 물론, 주역에서는 이를 확대해석하여 하늘의 도[天道]를 벗어난, 하늘의 도에 어긋난, 마음·생각·행동 일체를 망령됨이라고 하는 경향이 짙다. 물론, 그 '하늘의 도(道)가 무엇이냐?'라고 물으면 속 시원히 대답해줘야 하겠지만 여기에서 가장 간단하게 줄여서 말한다면, 언제나, 변하지 않고, 어긋나지 않으며, 올바르고, 선하며 어질고, 성실하게 노력하는 자세 등을 유지함이라고 말할 수 있다. 하늘이 그러하니 우리 인간도 그런 하늘을 본받아 살아야 한다고 주장하는 것이 역(易)에서의 십익(十翼) 집필자의 의중이다.

여하튼, 하늘 아래에서 천둥 번개가 치는 현상을 무망(無妄)으로 이해하고 받아들인 옛 주나라 문왕이 머리를 좀 쓴 것 같다는 생각을 하면서 나는 혼자서 피식 웃고 있다. 오늘, 요란한 천둥 번개에 내가 놀라고 스스로 자신의 삶을 되돌아보지 않았는가. 지축을 울리는 우레가 사람을 깜짝깜짝 놀라게 해서 망령됨을 쫓아내라는 하늘의 뜻이자 하늘의 명령으로 읽히니 말이다. 오늘따라 원하건대, 세월과 더불어서 몸이야 늙을지라도 모두가 망령됨이 없는, 이른바 무망지심(無妄之心)으로 살면 참 좋겠다는 부질없는 생각을 해본다. 실은, 이런 기원도 욕심이고, 이 욕심조차도 사실상 망령에 지나지 않기 때문이다.

'愼言語節飮食'이라는 말 앞에서

오늘은 조금 피곤하다. 아침 8시 이전에 병원에 도착해서 채혈하고, 한 시간 후인 9시 조금 지나서 담당 의사의 첫 진료를 받고서 혈압약을 처방받은 날이기 때문일까. 나는 점심을 먹고 곧바로 목욕탕으로 가서 샤워하고 돌아와 막 사무실 책상 앞에 앉았다. 그리고는 요 며칠 동안 나의 머릿속에서 떠나지 않았던, 나를 무겁게 짓누르던, 그 말을 백지 위에 크게 써 놓고, 한참을 쳐다본다. 그러나 여전히 나른한 것 같은 기분에 냉장고 문을 열고 시원한 백포도주 한 잔을 따라와 천천히 몇 차례 끊어 마셨다. 조금은 상쾌해지는 것 같았다.

예의 그 말인즉 '愼言語節飮食(신언어절음식)'이라는 말씀이다. 이 말은 주역(周易) 산뢰이괘(山雷頤卦) 대상사(大象辭)에 나오는 말이다. 그러니까, 말을 삼가서하고, 음식을 절제해서 먹고 마시라는 뜻이다. 이 두 가지는 일상 속에서 기본적인 것으로 실천되어야 하는데 실은 잘 지켜지지 않는다.

평생 시를 쓰고 문학평론을 써왔으며, 그 외에도 적지 않은 책을 펴낸 사람으로서 나름대로는 열심히 살아왔다고 자부하는데 이 단순한 말 앞에서 왜 이렇게 절절 매이는지 모르겠다.

　솔직하게, 지나온 삶을 되돌아보면, 나는 이 두 가지에 대해서 자신이 없다. 시(詩)라고 하는 것은 그 본성이 절제된 언어이기에 대개는 큰 문제가 되지 않는다고 판단되나 평론(評論)은 조금 다른 것 같다. 알량한 지식으로써 남들의 문학작품을 이리저리 재단(裁斷)하고, 그 과정에서 말을 너무 쉽게 하지 않았나 하는 생각도 들고, 설령, 그 말이 전적으로 옳다고 하더라도 그 옳은 말들이 상대방에게 깊은 상처를 남기는 경우도 적지 않았으니 말을 함에 있어서 신중하지 못함이 있었고, 삼가서 말하지 못함이 없지 않았고 할 수 있다. 특히, 어느 주간신문의 주평과 월간문학의 월평을 쓸 때도 그렇거니와 평문 속에서 적지 아니한 시인들의 작품에 관하여 혹평(酷評)을 서슴지 않았던 일들이 마음에 걸린다. 더욱이 어느 문학지에서 필화사건도 있었고, 어느 신춘문예 당선자의 하소연도 있었다만, 그야 그렇다 치고, 가장 가까이에서 살아온 가족들에게 마음의 상처를 남겼던 말들은 또 얼마나 있었던가를 생각하면 스스로 부끄러워지고 마는 게 사실이다. 아마도, 과거의 이런 일들 때문에 '말함에 있어 신중하게 해야 한다'는 옛사람의 말 앞에서 쉬이 지나치지 못하고 자꾸만 망설여지는 것이리라.

나는 의욕적으로 많은 일을 하며 살아왔다고 스스로 생각한다. 그동안 평론집과 시집을 각각 열 종 이상씩 펴내고, 기타 종교적 에세이집, 논픽션, 명상법, 여행기 등이 열 종 이상이 되니 난 정말이지 쉬지 않고 무언가를 써댔다. 아무 일도 하지 않고 있을 때가 가장 불안했고 안절부절못했다. 글 쓰면서 주야(晝夜) 바꾸기를 밥 먹듯이 했고, 때를 잊고 글 쓰느라 규칙적이지 못한 생활로 신체적인 건강까지 심히 위협받았다. 이런 생활로 폭음(暴飮)에 폭식(暴食)이 잦았고, 위산역류까지도 있었고, 가수면 상태에서 책을 읽고 원고를 쓰기도 했다. 이런 비정상적인 생활로 그 굵은 머리털도 가늘어지고 성기어졌으며, 시력까지 나빠지는 상황으로 급전되었다. 사람들은 말하기 쉽게 자연스러운 노화(老化)라고들 했지만 내 눈에는 급속도로 늙어가는 내가 보였고, 내 몸에 적신호가 켜지면서 한쪽 구석이 무너지는 조짐까지도 보였다. '명상법'이란 책까지 쓴 사람으로서 이것은 체면이 말이 아니었다.

게다가, 미각이 보통 사람들보다 예민한 편이었고, 식탁에서는 유난히 깔끔을 떨었다. 술을 한 잔 마셔도 분위기를 따졌고, 안주를 각별하게 의식했다. 그리고 폭음을 즐겼다. 어느새 술은 스트레스를 푸는 수단이 되기도 했는데 알코올 도수 43% 이상 되는 술을 한 자리에서 내 입으로만 털어 넣는 양이 600밀리 리터 이상이 되는 호기도 꽤 많이 부렸고, 시원한 맥주도 참 많이 마셨다. 혀끝에 닿는 감촉을 무던히 즐겼다는 뜻이다. 그렇다고 내 혀를 미워할 수도 없었다.

이런 절제되지 못한 생활과 글쓰기는 건강했던 나의 몸을 무너뜨리기 시작했고, 급기야는 고혈압 환자가 되었으며, 60대가 되어서부터는 신장 기능도 평균 이하로 떨어졌다고 해서 충격을 받고, 그 뒤로 조심조심 살아가고 있으니 '절음식(節飮食)'이라는 말 앞에서 어찌 자유로울 수가 있겠는가. 폭음(暴飮)과 폭식(暴食)이 죄(罪)라면 나는 죄를 많이 지은 사람이다. 물론, 지금은 딱히 마시고 싶을 때만 소량씩 마시며 그 맛을 각별하게 음미하지만 지난 글쓰기 인생 사십 년 가까운 세월 속에서 스스로 몸과 마음을 망가뜨린 죄인으로서 '먹고 마시는 일에 절제해야 한다'는 옛사람의 상식적인 말 앞에서 심히 부끄러워지고 만다.

불길처럼 의욕적으로 살았다는 점에서 위안이 되기는 하나 품격을 갖추지 못한 대가로 수명이 짧아져도 웃으면서 받아들여야 할 줄로 믿고 자가최면을 자주 건다. 이제 철이 조금 들었으니 지금부터라도 남아있는 생명의 불길을 조금은 격조 있게 써야지 않을까 싶고, 그것이 또한 자연스러운 현상이라고 나는 믿는다. 나의 아버지는 시골교회 장로가 되기 전에 그 좋아하던 술을 뚝 끊어버렸고, 나이 90에 깨끗한 모습으로 돌아가셨는데 나는 아직도 술을 끊지 못했고, 어쩌면, 절주(節酒)는 있을지언정 끊지는 못할 것 같다는 생각이 든다. 이것이 슬픔이 아니라 희망이 되기를 기대할 뿐이다.

멈춤에 관하여

움직임(動)이 있으면 멈춤(止)이 있고, 멈춤이 있으면 움직임이 있게 마련이다. 이것이 인간사이다. 그 움직임의 이치를 밝힌 것이 주역의 중뢰진괘(重雷震卦)라고 하면 그 멈춤의 이치를 밝힌 것이 중산간괘(重山艮卦)라고 할 수 있다.

나는 중산간괘 괘사(卦辭)를 읽으면서 적이 놀라웠다. 그 표현이 너무 시적(詩的)이면서도 불교(佛敎)의 '止(지)'와 적잖이 닮아있다는 생각에서이다. 그래서 잠시 화두 삼아 마음에 담아두고서 곰곰이 생각해 보았다.

"그 등에서 멈추면 그 몸을 얻지 못하고, 그 뜰을 거닐어도 그 사람을 보지 못하기에 허물이 없다(艮其背不獲其身 行其庭不見其人 无咎)."라는 이 모호한 문장이 바로 그것이다. 이 문장의 주어가 생략되어 있는데 그 자리에 '나(我)'를 넣어서 이 뜻을 새기면 더 명료해지리라 본다.

곧, 내가 내 몸의 뒤편인 등(背)에서 가는 걸음이나 하던 일 등 일체의 활동을 멈추면 세상과 내가 조용해질 것이다. 그곳에는 감각기관으로 인지되는 대상이 없고, 그럼으로써 욕구가 크게 생기지 않으며, 또한 앞으로 넘어갈 수도 없는, 높고 견고한 벽에 가로막혀 있기 때문이다. 그래서 진정한 멈춤이 고요함만을 동반한 채 머물러 있을 뿐이다. 설령, 그런 내가 정원을 걷는다고 해도 그런 나조차 만날 수 없으니 복잡한 세상사와 번뇌의 근원인 자신으로부터 단절되어 마음 편하게 머물 수 있으니 허물이 있을 리 없다. 불교에서 말하는 '무아(無我)'의 경지와 흡사하다.

주역은 매우 현실적으로 인간사의 길흉(吉凶)의 정도와 유불리(有不利)를 분별하지만, 이 대목에서만큼은 무욕(無欲)·무념(無念)·무상(無想)·무아(無我) 등을 추구하는 불교의 선(禪)과 맥이 닿아있다고 보이기에 나의 눈길이 오래 머물렀다.

이 중산간괘 괘상(卦象)처럼 높고 험한 산이 겹쳐있을 때는, 가던 걸음을 멈추고서 잠시 생각해 볼 필요가 있다. 내가 과연 이 산을 넘고 또 그 앞산을 무사히 넘어갈 수 있는지, 아니면 우회하거나 아예 포기해야 하는지를 두고 말이다. 언제든 반드시 넘어가야만 하는 산이라면 충분한 시간을 갖고서 준비하며, 내 능력과 내가 취할 수 있는 방도와 그 감행 시기 등을 신중하게 생각하고 결정해야 할 줄로 믿는다.

이처럼 움직임을 위해서 필요하다면 멈추어야 하는 것이 중산간괘(重山艮卦)의 '간(艮)'이다. 간은 지(止)이며, 이 멈춤에도 방법상의 수준이라고 할 수 있는 급수(級數)가 있다. 실제로 이 괘에서는 그것을 신체 부위에 빗대어서 설명하고 있고, 그에 따른 결과로서 길흉의 정도를 말하고 있다. 한마디로 말하면, 세상 사람이 멈춤을 어떻게 실행해야 하는지 그 다양한 조건과 양태를 설명했다고 보면 크게 틀리지 않는다.

그러나 불교에서의 지(止)는 '아나반나 삼매'*에 들기 위한 과정으로서 몸의 움직임을 비롯하여 숨쉬기와 사유(思惟)까지도 멈추는, 다시 말해서 모든 움직임을 멈추고 자신조차도 하나의 관찰 대상으로 여기고서 있는 그대로를 내려다보는 전제조건이다.

여하튼, 특정 상황에서 어떻게 처신해야 해(害)나 재앙(災殃)이 되지 않고 길(吉)하며, 이로운가 분별하기를 좋아하는 주역에서 이 멈춤의 당위와 이치를 나름대로 설명하고 있다는 점에서 대단히 흥미로웠다. 그런데 한 가지 재미있는 사실은, 멈추어야 할 때가 있고 움직이어야 할 때가 따로 있는데 그때의 마땅함을 좇아야 한다는 점이다. 이것을 두고 주역에서는 '시의성(時宜性)'이라는 말을 쓰는데 비단 멈추는 일 말고도 모든 일이 때에 마땅해야 한다고 강조한다. 그만큼 현실사회에서 이해득실(利害得失)을 따진다는 뜻이다. "멈추어야 할 때 멈추고, 행해야 할 때 행하여 그때를 놓치지 않는 동정(動靜)의 이치가 빛나서 밝다(時止則止 時行則行 動靜不失其時 其道光明)."라고 말한 공자의 말씀이 그 단서라면 단서가 된다.

---

*아나반나(阿那般那) 삼매

팔리어 'ānāpāna'에 대한 한자 표기가 '阿那般那(아나반나)'이다. '아나'는 들숨, '파나'는 날숨을 뜻한다는데 결과적으로 호흡[息]이란 뜻이다. 따라서 이 '아나반나(阿那般那) 삼매'란 '숨쉬기 삼매'라는 쉬운 말로 바꾸어 말할 수 있다. 불경(佛經) 가운데 「좌선삼매경」에서 그 구체적인 방법론이 소개되는데 너무나 복잡하여 이곳에 다 옮겨 놓을 수 없다. 해당 경에 따르면, '정신작용[思覺]'이 지나치게 많은 사람이 그 번뇌를 물리치기 위해서 수행해야 하는 법문으로서 제시되고 있는 것이 바로 이 '아나반나(阿那般那) 삼매'인데 그 세부적인 내용에 관해서는 필자의 다른 저서 『썩은 지식의 부자와 작은 실천』(2017, 신세림출판사, 520면)을 참고하기 바란다.

虛筐(허광), 빈 광주리를 생각하다

　주역(周易) 뇌택귀매괘(雷澤歸妹卦)의 상육효사(上六爻辭)에 '筐(광)'이라는 단어가 나온다. '광주리'를 뜻하는데 요즈음 젊은이들이 그 광주리를 아는지 모르겠다. '광주리'라고 하면, 흔히 싸리나무나 대나무나 버드나무 등을 가공하여 만든, 윗지름이 크고 아랫지름이 조금 작은 키 낮은 원통형의 그릇이다. 대개는 여러 가지 과일을 비롯한 농산물을 담아서 머리에 이고 여성들이 운반하는 도구로 활용하는 비교적 큰 그릇이다.

　해당 원문에서는 여인이 결혼식을 올리기 전에 신랑 될 사람과 함께 제사(祭祀) 의식(儀式)을 치르기 위해서, 여인은 광주리를 이어받긴 했는데 그 속에 아무것도 없는, 빈 광주리였다는 것이고, 남자는 양(羊)의 목을 따서(목을 베어서) 피를 받아 제사를 지내려고 하나 피가 나오지 않는다는 비유적인 표현으로써 두 사람의 결혼생활이 쉽지 않을 것이라는, 불길한 상황을 설명하고 있다.

여인이 이어받았다는 광주리는 옛사람에게는 일종의 집안 살림을 도맡아 하는 권한이자 책임을 상징하는 물건이 아닌가 싶다. 그런데 그런 권한을 승계받았으나 실속이 없는, 그러니까, 빈 껍데기뿐인 살림살이였다니 안타까운 상황이다.

주역 원문에서는 '여인이 이어받았다는 광주리가 무실하다[女承筐无實]'라는 말로써 표현되었는데 상사(象辭) 집필자가 이를 '虛筐(허광)'으로 받았다. 나는 이 '빈 광주리'라는 뜻의 '허광'이라는 낱말 앞에서 왠지 모르게 오래 머무르며 적지 아니한 생각을 하느라 간밤에 잠까지 설쳤다. 그 이유인즉 아버지가 할아버지에게서 물려받은 광주리를 떠올리고, 내가 아버지한테서 물려받은 광주리를 또한 떠올렸으며, 장차 내가 아들에게 물려줄 광주리를 떠올릴 수밖에 없었기 때문이다.

이 광주리를 요즈음 말로 실감 나게 바꾼다면, 아마도, '통장(通帳)'이 되지 않을까 싶다만 돈이 들어있지 않은 통장을 인계받았다면 여간 실망스럽거나 절망스럽지 않았을 것이다. 다만, 얼마라도, 하다못해 최소한의 종잣돈이라도 들어

있었더라면 좋으련만 그조차 없는 상황이라면 그 누구라도 난감했을 것이라는 생각이 든다.

돈이 많은 사람이야 여유를 부리면서, 때로는 거드름을 피우고, 때로는 큰소리치며 당당하게 자식에게 그 통장의 돈을 물려줄 것이다. 그런가 하면, 없는 사람은 무일푼의 빈 광주리에 빚까지 얹어서 대물림해 주는 수도 있다고 생각하니 마음이 착잡해지곤 한다.

평생 돈이 되지 못하는 글만 쓰고 산 나로서는 하나뿐인 아들에게 물려줄 통장에 돈도 없지만 그렇다고 빚을 넘겨줄 정도는 아니다. 그저 사는 동안 정신적으로나 물질적으로 피해를 주지 않아야 한다는 믿음으로 현재까지는 잘 살아왔다. 그러함에도 불구하고, 빈 광주리라는 단어 앞에서 자꾸만 마음이 쓰인다.

돌이켜보면, 나의 아버지도 90세를 일기로 돌아가시기까지 2년 동안 요양원 생활을 하셨고, 그곳에 머무는 동안 세 차례 병원에 입원 치료를 받았으나 요양원 생활비로부터 모든 병원 진료비까지 다 당신의 돈으로 해결하였다. 심지어는 당신의 장례비까지도 말이다. 그러니 자식들은 아버지 때문에 돈을 쓸 일은 전혀 없었다. 그저 찾아뵙느라 오고 가는 교통비에 시간과 아버지를 진실로 염려하는 마음을 냈을 뿐이다.

그러나 자식들은 늘 불안한 마음으로 요양원과 병원을 왔다 갔다 하는 수고로움을 감수해야 했다. 물론, 자식 된 도리로서 마땅히 해야 할 일이라 믿었기에 누구도 불평불만 없이 아버지의 마지막 2년 동안을 비교적 가깝게 지켜볼 수 있었다. 한 사람의 일생이 끝나는 순간까지 일어나는 일들을 감안(勘案)한다면 나도 내가 아들에게 물려줄 광주리에는 노구의 몸을 관리 치료할 경비와 장례비 정도는 들어있어야 한다는 현실적인 생각이 드는 것도 사실이다. 만약, 그조차 없다면 아들에게 경제적 피해와 함께 정신적인 부담을 안겨주는 일이 되고 말 것이기 때문이다.

하지만, 광주리에 담겨있어야 할 것이 어찌 꼭 돈뿐이겠는가. 그 돈보다 더 중요하고 값진 것이 있다면 장례까지 다 치르고 난 뒤에 자식들의 머릿속에 남아있을 '나'란 존재의 의미일 것이다. 마지막 숨을 거두기까지 나의 일거일동이 아들의 눈에 깨끗하고 아름다운 한 송이 꽃처럼 좋은 인상으로 남는다면 얼마나 좋을까. 어떤 면에서는 그것을 뛰어넘어서 존경심이 절로 날 정도로 훌륭한 삶을 살아야 한다. 그러려면, 사는 동안 몸과 마음을 가지런히 해야 하고, 아버지로서 부족함이 없는 삶을 살아야 하는데 그것이 어찌 쉽게 이루어진단 말인가. 그것이야말로 돈 벌기보다도 더 어려운 일일 것이다.

늘 곁에서 지켜보는 아들과 며느리를 비롯하여 가까이 살아온 이웃으로부터 좋은 말을 듣고, 존경을 받는다는 것은 대단히 어려운 일로 진정 성공한 삶, 성공한 인생이라고 해도 결단코 틀리지 않을 것이다. 아들에게 물려줄 광주리에 비록, 돈은 없지만 이런 성공적인 삶이 담기기를 기대해 보면서 잠시 눈을 감고 '허광(虛筐)'이라는 단어의 고삐를 풀어 놓는다.

'등구설(滕口說)'이란 말의 의미를 새기며

'등구설(滕口說)'이라는 말이 있다. 잘 쓰이지 않는 낱말이라 다소 낯설겠으나 그 의미를 새겨 볼 만하다. 물 솟을 滕에, 입 口에, 말씀 說이다. 滕에는 '물이 솟다', '물이 끓어 오르다', '거리낌 없이 말하다' 등의 뜻이 있고, 說에는 '이야기하다', '변명하다' 등의 뜻이 있다. 따라서 물이 솟듯 입으로 변명이나 늘어놓는, 그러니까, 그저 입으로만 장황하게 말하는 것을 일컫는다.

원래, 이 말은 주역(周易) 택산함괘(澤山咸卦) 상육(上六) 효사(爻辭)의 상사(象辭)에 나온다. 곧, "上六, 咸其輔, 頰, 舌(상육 효사). 象曰 : 咸其輔, 頰, 舌, 滕口说也(상사)."에서이다. 이 함괘(咸卦)에서 '咸(함)'이란 '느끼어 호응함'이다. 어떤 느낌을 받아서 마음이 그에 따라 움직이는 감응(感應)이 곧 咸이라는 뜻이다. 이런 감응이 있을 때는 기쁨[說=悅]이 수반되게 마련이다.

그런데 그 감응이 엄지발가락[拇]에만 있거나 장딴지[腓]에만 있고, 넓적다리, 정강이[股]에만 있거나, 등[脢]에만 있고, 광대뼈[輔]·뺨[頰]·혀[舌] 등에만 있다고 상상해 보라. 바로 이런 내용을 담아내고 있는 괘(卦)가 함괘이고, 그것을 설명하고 있는 말이 함괘의 효사(爻辭)이다.

문제는, 감응이 있으려면 감응을 주고받는 대상이 있어야 한다. 느낌을 주는 주체로서 대상이 있어야 하고, 그 느낌을 받아 움직이는 객체로서 대상이 있어야 한다. 그렇다면, 함괘에서 그 대상은 무엇일까? 당연히 양(陽)과 음(陰)이란 기운(氣運)이고, 남자(男子)와 여자(女子)이며, 성인(聖人)과 군자(君子)이고, 군자(君子)와 소인(小人)이며, 강(剛)과 유(柔)이다. 한마디로 말해서, 강(剛)이 아래로 내려오고 유(柔)가 위로 올라가 서로 감응하여 기쁨으로 머물러 있는 상태라는 것이다. 대단히 함축적이고 비유적인 표현이다.

음양(陰陽)의 감응을 남녀의 교감(交感)으로 빗대어 표현한 것이 바로 이 함괘이니 이야기를 마저 해보자. 그 감응이, 그 교감이 신체의 부분(部分)에서만 이루어지면 온전하지 않다. 온전한 감응과 온전한 교감이란 신체의 부분이 아니라 전체(全體)이어야 하고, 또한, 신체만이 아니라 마음[心=精神]의 영역까지 함께 움직이어야 진정한 감응과 진정한 교감이 이루어지고, 그래야 만이 온전하다는 것이다. 해당 괘에서 직접 대놓고 이렇게 주장하는 것은 아니지만 유추 해석하면 그렇다는 뜻이다.

사람과 사람 사이에 이루어지는 교류도, 사랑도, 그 어떤 관계도 다 마찬가지이다. 심지어 이윤을 추구하는 상거래도 마찬가지이다. '진정(眞情)'이 빠지면 온전한 것이라고는 할 수 없다. 진정이 있는데 서로 약속한 것을 쉬이 저버리며, 진정이 있는데 말만 앞세우며 실천하지 못하겠는가. 진정이 없기에 그것들이 가능하다. 술 한잔 기분 좋게 마시며 떠들어댔던 말들이 오간 데 없이 공허한 메아리로 돌아온다면 이 또한 등구설(滕口說)에 지나지 않는다. 필요하지도 않은 말을 번잡스럽게 늘어놓는 장광설(長廣舌)도, 쓸데없는 수다를 늘어놓는 요설(饒舌)도 다 등구설에 지나지 않는다.

택산함괘(澤山咸卦) 구사효(九四爻)처럼, 진정으로 그립고 그리워서 자주 왕래하면 벗이 너의 생각을 따르게(憧憧往來, 朋從爾思) 되는 것처럼, 진정은 사람 사이에 신뢰를 쌓고, 신뢰는 상대방의 마음을 움직인다. 그래서 진실하지 않은 거짓말이나 불필요한 말을 하지 말아야 하며, 꼭 필요한 말을 아껴서 하되, 말을 했으면 반드시 실천하는 믿음을 줘야 사람과 사람 사이의 좋은 관계를 이루는 데에 도움이 되리라 본다.

● 이시환의 팁

우리는 어떤 생각, 어떤 마음으로 살아야 하는가?

1. 우리는 '지구'라고 하는 커다란 생명체의 등에 업히고 품에 안기어 살아가고 있음을 분명하게 인지할 필요가 있다. '지구 생명'이란 말이 점점 체감되어 옴을 느껴라.
2. 우리가 산다는 것은 저마다 욕구를 충족시키기 위한 제반 활동에 지나지 않으며, 그것이 다른 사람 다른 생명에게 피해를 끼쳐서는 안 된다는 점을 또한 분명하게 인지할 필요가 있다. 결국, '상생(相生)'만이 내 생명을 보장받는다.
3. 태양을 중심으로 기울어진 지구가 돌면서, 그리고 지구 자전축을 중심으로 스스로 돌면서 계절과 낮과 밤을 부리어놓는데 지구상의 모든 생명체의 생체리듬이 이 지구의 '自公'에 맞추어져 있다. 따라서 그 자연질서를 거스르지 않는 삶을 사는 게 무엇보다 중요하다. 생체리듬이 신체적·정신적 건강에 직간접으로 영향을 미치기 때문이다.
4. 사람과 사람 사이의 관계가 나의 감정 나의 생각 등에 영향을 미치고, 경우에 따라서는 나의 행복과 불행의 인자가 되기도 한다. 따라서 서로에게 좋은 '관계(關係)'가 형성되도록 내가 먼저 노력할 필요가 있다.
5. 좋은 관계를 위한 노력의 핵심은, 상대방에 관한 관심, 이해, 배려, 베풂 등으로 이어지는 자기희생적 삶이다. 이것이 예수의 이타적 사랑이고, 부처의 자비에 근거한 보시이다.
6. 내가 평생 해온 시와 문학평론 등 글쓰기도 자신과 이웃을 위한 욕구 충족 활동이었음을 자각하고 좀 더 유연해질 필요가 있다고 생각하며 반성한다.
7. 내가 가는 곳이 어디인지를, 바꿔 말해, 삶의 궁극적 목적이 무엇인지를 먼저 생각하고, 매 순간순간의 일상에 정성을 기울이는 태도와 실천적 노력이 중요하다.
8. 사람을 포함한 모든 생명은 살기 위해서 죽을 수는 있어도 죽기 위해서 살지는 않는다. 따라서 죽음을 걱정할 필요가 없다. 지금, 이 순간 살아서 무언가를 느끼고 사유할 수 있다는 사실보다 중요한 것이 없음을 자각하라.
9. 인간의 온갖 욕구를 충족시키기 위한 활동으로 땅이 오염되고, 물이 오염되며, 대기가 오염되어 가는데 그것은 곧 사람의 생명을 위협하는, 잘 보이지 않는 살인 무기로 점점 가까이 다가올 것이다.
10. 소비가 미덕이 아니고, 경기부양이 살길이 아니라 삶의 본질을 깨닫고, 우리의 욕구를 억제하고 통제하는 일이 미덕이고 살길이다.

울창주(鬱鬯酒)에 관하여

　주역 64괘 가운데에 '마시는 술[酒]'과 관련해서는 딱 네 곳에서 나온다. ①'酒食(주식:술과 밥)'이라는 단어가 수천수괘(水天需卦) 구오(九五) 효사(爻辭)와 택수곤괘(澤水困卦) 구이(九二) 효사(爻辭)에서, ②'樽酒(준주:술통 속의 술)'라는 단어가 중수감괘(重水坎卦) 육사(六四) 효사(爻辭)에서, ③'飮酒(음주)'라는 단어가 화수미제괘(火水未濟卦) 상구(上九) 효사(爻辭)에서 각각 나온다. 이들 외에 술의 종류로서 '울창주(鬱鬯酒)'라는 뜻의 술 이름인 '鬯(창)'이 수천수괘(水天需卦) 괘사(卦辭)에서 딱 한 차례 나온다. 이를 정리하자면 아래와 같다.

　①九五, 需于酒食, 貞吉. : 수천수괘(水天需卦) 구오(九五) 효사
　　(爻辭)

　②九二, 困于酒食, 朱紱方來, 利用享祀 ; 征凶, 无咎. : 택수곤괘
　　(澤水困卦)구이(九二) 효사(爻辭)

　③六四, 樽酒, 簋貳, 用缶, 納約自牖, 終无咎. : 중수감괘(重水坎

卦) 육사(六四) 효사(爻辭)

④上九, 有孚于飮酒, 无咎 ; 濡其首, 有孚失是.: 화수미제괘(火水
未濟卦) 상구(上九) 효사(爻辭)

⑤震 : 亨. 震来虩虩, 笑言哑哑 ; 震驚百里, 不喪匕鬯. : 중뢰진
괘(重雷震卦) 괘사(卦辭)

위 다섯 문장만을 보아도, 고대사회에서 사람들이 술을 얼
마나 가까이했나를 짐작할 수 있다. 술과 음식을 즐기면서
기다리는 행위나, 한 동이의 술과 두 그릇의 안주를 질그릇
에 담아 들창으로 들이는 습속(習俗)이나, 음주(飮酒)에도 믿
음 곧 절제와 신뢰가 있으면 허물이 되지 않으나 그 머리까
지 적실 양이면 옳지 않다는 과음(過飮)에 대한 경계나, 술과
음식이 궁할 때도 있다는 말 등이 시사하고 암시하는, 그 의
미가 증거라고 할 수 있다.

그리고 구체적인 술의 종류가 수천수괘 괘사에 나오는데
'鬯(창)'이 그것이다. 이 창(鬯)을 우리는 제사 지낼 때 신(神)
을 부르기 위해서 쓰는 '울창주(鬱鬯酒)'라고 말하는데, 중국
에서는 그냥 '창주(鬯酒:chàng jiǔ)'라고 부른다. 이 창주(鬯
酒)는 중국 고대 상(商)나라 때부터 음용되었다는데 검은 기
장[黍(서)]으로써 발효시켜 만든, 향이 진한 술이라고 전해진

다. 대개, 국가의 경축행사나 제사 등이 있을 때 사용되었다고 하며, 왕이 신하에게 주는 하사품목으로도 사용되었다고 한다.

우리의 한국고전용어사전에는 '울창주(鬱鬯酒)'에 대해서 '울금향(鬱金香)을 넣어 빚은 향기 나는 술로서 제사(祭祀) 때에 강신(降神)에 사용했다'라고 기록되어 있다. 그런가 하면, 국어사전에서는 뜬금없이 '튤립을 넣어서 빚은, 향기 나는 술로 제사의 강신에 쓴다'라고 설명한다. 사전이라고 해서 반드시 바르다고 말할 수 없으니 판단은 신중하게 할 필요가 있다고 본다.

여하튼, 중뢰진괘에서 울창주는, 아무리 천둥 번개가 쳐 두려운 상황이 전개되더라도 제사 때에 쓰는 숟가락과 울창주 같은 귀한 것들을 잃어버려서는 안 된다는 의미로 사용되었다. 그러니까, 우레가 진동하여 백 리를 놀라게 해도 혼비백산(魂飛魄散)할 것이 아니라 정신을 바짝 차리고 중심을 지켜야 한다는 뜻으로 해석된다.

옛사람들에게 귀한 울창주 대신에 오늘날은 '울금주(鬱金酒)'라는 말을 만들어 써서 더 유행시키고 있는데 이때 울금주는 강황(薑黃: 학명: Curcuma aromatica)이나 울금(鬱金: 학명: Curcuma longa)을 넣어서 빚은 술을 가리킨다. 이들은 다 생강과에 속한 다년초로서 그 뿌리가 생강 모양의 황색으로 뿌리줄기(강황)나 덩이뿌리(울금)를 사용하는데 차(茶), 술[酒], 약재(藥材), 향신료(香辛料), 염색재(染色材) 등으로 널리 쓰이고 있다.

현재 우리나라에서 나오는 울금주는 여러 가지가 있는데 다 울금의 약리작용을 염두에 둔 것으로 전남 진도 산이 유명하다. 울금을 넣어 빚은 술은 그 빛깔이 아주 노래서 옛사람들은 부(富)와 귀한 것의 상징인 황금(黃金)을 떠올렸을 것으로 추측되지만 알 수 없다.

뇌물의 원조 '관어(貫魚)'에 관하여

주역 스물세 번째 괘인 산지박괘에 '관어(貫魚)'라는 용어
가 나온다. 가는 줄이나 꼬챙이에 꿴 물고기 꾸러미를 말한
다. 옛날에는 마땅한 그릇이 없고, 설령, 있다손 치더라도 그
것이 너무 귀하기에 주변에서 쉽게 구할 수 있는 나뭇가지를
꼬챙이나 줄로 만들어서 잡은 물고기를 꿰어 집으로 가져갔
고, 특별히 귀한 사람에게 드릴 때도 또한 그렇게 했다. 여기
서 귀한 사람이란 평소 존경하거나 사랑과 은혜를 입어서 감
사해야 할 사람이 될 수도 있고, 또, 무언가 개인적으로 부탁
한 도움을 해결해줄 수 있는 사람이 될 수도 있을 것이다. 전
자는 '사례(謝禮)'가 될 것이고, 후자라면 '청탁(請託)'이 될
것이다.

누군가로부터 아주 귀한, 크고 실한 물고기들이 꿴 꾸러
미를 건네받았다고 하자. 그때 선물을 받은 사람의 기분은
어떨 것이며, 또, 직접 들고 와 선물한 그 사람에 대해서는 어

떤 생각이 들겠는가. 물론, 두 사람 사이의 관계에서 결정될 일이지만 기본적으로는 고맙고, 감사한 마음이 드는 것은 부정할 수 없는 인지상정(人之常情)일 것이다.

이 물고기를 주고받음에 우리가 알 수 없는 암묵적인 조건이 붙어 있으면 청탁이 되는 것이고, 평소에 존경하고 감사하는 마음으로 조건 없이 드리는 것이라면 사례가 되겠지만, 문제는 사례와 청탁 사이에는 늘 연결고리가 상존한다는 사실이고, 그것들도 합당한 게 있고, 부정한 게 있다는 사실이다.

옛사람들이 감사의 표시로 주고받았던 '물고기 꿰미'가 변하여 골프채가 되고, 자동차가 되고, 아파트가 되고, 돈다발이 든 사과 상자가 된 지 오래되었고, 요즈음엔 비트코인이 되기도 한다. 그동안 사람도 바뀌고, 사례품도 바뀌어 버렸는데, 그대로 내버려 둔다면 그 끝은 망국(亡國)의 길인지라 궁여지책으로 우리는 지난 2015년에 「부정청탁 및 금품 등 수수의 금지에 관한 법률」을 제정하였다만 여전히 비밀리에 주고받는 사례 청탁은 끊이지 않는다.

주역에서는 "贯鱼, 以宫人宠, 无不利. 象曰 以宫人宠, 终无

尤也."라 하여 "꿴 물고기로써 궁궐 사람이 사랑함이니 유리하다(불리할 바 없다). 상에서 이르기를 '궁궐 사람이 사랑함이란 마침내 근심 걱정이 사라져 없음이라'고 기록되었다. 한마디로 말해, '관어(貫魚)'는 뇌물(賂物)이고, 그 뇌물의 덕으로 불리함이 없어지고, 마침내 그 귀인(貴人=宮人=上)의 도움으로 근심 걱정이 없어진다는 것이다.

주역(周易)이 얼마나 이해타산(利害打算)을 밝히는, 고대 중국인의 현실적인 처세술(處世術)인가를 여실히 보여주는 증거 가운데 또 하나라고 생각한다. 상괘(上卦)가 산(山)이요, 하괘(下卦)가 땅(地)인 산지박괘(山地剝卦) 괘상(卦象)을 놓고 중천건괘(重天乾卦)의 양효(陽爻)가 밑에서부터 차례로 음효(陰爻)로 바뀌어 가는 모양새를 전제하고서 성장하는 음효의 세력에 밀려서 양효가 깎이고, 벗겨져 소멸해가는 것으로 해석한 것이다.

여하튼, 너른 땅에 우뚝 솟은 산이 아니라 소인(小人)들로 가득한 세상에 군자(君子)가 빌붙어 살면서 온갖 세파에 시달리어 점점 밀려나고 자리에서조차 쫓겨나가는, 힘없고, 권위조차 서지 않는 주인공을 오늘을 사는 보통 사람들로 바꾸어 생각해 보라. 경쟁이 치열한 직장에서 돌연 명퇴 요구를 받는 중년이나 직장 구하기가 하늘의 별 따기처럼 어려운 궁지로 몰린 젊은이들로 말이다. 흙수저를 들고 있는 그들에게는 하찮은 물고기 꿰미, 관어(貫魚)조차 그림의 떡일 것이다.

'석과(碩果)'란 무엇인가?

  '碩果(석과)'라는 단어가 산지박괘(山地剝卦) 상구(上九) 효사(爻辭)에 나오는데 이 석과는 과연 무엇을 두고 말함인가? 글자 그대로 해석하자면, 클 碩에 열매 果이므로 '큰 열매'라는 뜻이다. 그런데 이 碩(석)에는 크다, 머리가 크다, 차다, 충실하다, 단단하다 등의 뜻이 내포되어 있다. 사실, 우리는 단순히 큰 과일을 두고 '석과'라고는 하지는 않는다. 일상에서 잘 쓰이지 않는 말이라는 뜻이다.

  해당 괘(卦)에서는 "上九, 碩果不食, 君子得輿, 小人剝廬."이라고 쓰였다. 그러니까, 직역하면, '상구, 크고 단단한 과일은 먹히지 않음이니, 군자는 수레를 얻고, 소인은 초가지붕을 벗겨낸다.'라는 뜻이다. 대체, 이게 무슨 말인가? 쉽게 이해되지 않는다. 이 문장의 진의(眞意)를 판단하는데 하나의 단서가 있긴 한데 그것은 관련 상사(象辭)이다. 곧 "《象》曰 : '君子得輿', 民所載也 ; '小人剝廬', 終不可用也."라는 말이다.

"상에서 말했다. '군자가 수레를 얻는다 함'이란 백성이 싣는 바가 있음이고(백성이 수레에 실어서 바침이고), '소인이 초가지붕을 벗겨낸다' 함은 끝내 사용할 수 없음이다."라는 뜻이다. 이 상사 내용과 연계해서 앞의 효사 의미를 분별, 판단해야 한다.

'碩果不食'에서 碩果는 목적어이고, 不食은 '먹지 않는다' 혹은 '먹이지 않는다'라는 의미의 동사이다. 주어가 생략된 것으로 보면 일반적인 사실을 말했다고 보인다. 그런데 '군자는 수레를 얻고, 소인은 초가지붕을 벗긴다'라고 했다. 군자가 수레를 얻는다는 것은 백성이 수레에 짐을 싣는다는 것이고, 소인이 초가지붕을 벗겨낸다는 것은 더는 쓸 수 없기 때문이라는 것이다.

그렇다면, '석과'와 '군자'와 '소인' 사이에 어떤 관계가 있는 것일까? 이에 관한 판단이 대단히 중요하다. 먹이지 않는 석과는 과연 무엇일까? 석과는 그냥 열매가 아니다. 크고, 단단하고, 속이 꽉 찬, 실한 열매이다. 그런데 그것을 먹이지 않는다는 것이다. 이때 먹이지 않는, 먹지 않는 석과는 단순히 열매나 과실이 아니라 속뜻을 숨기고 있는 비유어(譬喩語)이다. 무엇을 숨겼을까? 그것은 주역에서 천(天)·강(剛)·대(大)·

지(知)·존(尊)·덕(德)·군자(君子) 등으로 빗대어지는 '양(陽)'
이다.

비록, 양효(陽爻) 다섯 개가 차례로 밑에서부터 하나씩 음
효(陰爻)로 변해 없어졌지만, 그래서 소인(小人)으로 넘쳐나
는 가운데 하나밖에 남지 않지만, 게다가, 머지않아서 이 하
나조차도 밀려나 사라질 운명에 처했지만 결단코 그들에게
(陰의 勢力) 먹히어[蝕] 온전히 멸하는 것이 아니다. 설령, 이
하나만 남은 양이 쫓겨나 음(陰)으로 가득한 중지곤(重地坤)
이 되어도 때가 되면 양(陽)이 점진적으로 돌아오게 된다는
'12피괘설'에 입각한 천도(天道)에 대한 믿음이 전제되어 이
같은 효사가 붙었다고 판단된다.

백성들의 신뢰와 지원을 받으며 돌아오는 양(陽)을 두고,
더 구체적으로 말하면, 지뢰복괘(地雷復卦)의 초구(初九)가
해당하지만, 군자가 수레를 얻는다는 말을 한 것이 아닌가
싶다. 군자가 때에 맞추어 재기하여 본래의 자리로 복귀할
때에 소인은 자기 집의 초가지붕을 벗겨내고 새로 올린다는
의미로 쓰인 것 같다.

따라서 '석과(碩果)'란 깎이고 벗겨져 없어지는 시대적 상

황 속에서 하나 남은, 유일한 군자를 빗댄 비유어일 따름이다. 그리고 '碩果不食'에서 食은 '먹다', '먹이다' 뜻이 아닌 '蝕(식)'의 의미로 쓰였다. 원래는 '碩果不蝕'이라고 쓰였어야 했는데 '碩果不食'으로 잘못 표기한 것으로 판단된다.(물론, 이런 주장을 하는 사람은 필자뿐이다.)

그러함에도 불구하고, 오늘날은 주역에 잘못 표기된 이 '석과불식(碩果不食)'이란 낱말이 잘못 전해져서, 더 엄밀하게 말하자면, 蝕(식)의 의미를 食(식)으로도 쓸 수 있기에 그렇게 표기했더라도 해석만큼은 '蝕(식)'으로 했었어야 옳았는데 주역을 공부한 모든 사람이 그러지 못해서 "큰 과실은 다 먹지 않고 남긴다는 뜻으로, 자기만의 욕심을 버리고 자손에게 복을 끼쳐 줌을 이르는 말"로 풀이되어 사용되고 있다. 이는 주역의 내용과는 무관한 말이 되었음을 밝혀 두는 바이다.

지나온 길 되돌아보기

밤새 하얀 눈이 내려 쌓인 산길을 이른 아침부터 조심조심 홀로 걷는다. 얼마쯤 걸었을까, 뒤에서 인기척이 들리는 듯 싶어 잠시 가던 걸음을 멈추고서 뒤돌아보나 사람은 보이지 않고, 내 발자국만이 고스란히 찍혀있다. 동행하는 이도 없는 한 사람의 발자국이기에 조금은 외로워 보인다만 뒤에 오는 사람들은 이 발자국을 따라올 것이기에 처음 길을 내는 내 수고로움과 약간의 모험이 가상해 보이기까지 하다.

그 말 없는 발자국들을 물끄러미 내려다보면서 나는 잠시 생각에 잠긴다. 지금껏 살아오는 동안에 남겼던 내 인생의 발자국들은 다 어디에 찍혀있는가. 새삼, 내가 걸어온 길을 떠올려보니 역시 그 쓸쓸함이 아니면 그 무모한 의연함인 듯 싶다.

사람은 누구나 스스로 설정한 자신의 목표를 향해 부단히 전진한다마는 어느 시점에서 문득 걸어온 길을 돌아보면 목표달성 여부와 관계없이 아득해 보이면서 만감이 교차할 것이다. 참 잘 했다고 스스로 칭찬할 만한 일도 있을 터이고, 생각하면 할수록 부끄러워지는 일도 있을 터이다. 그런가 하면, 아슬아슬 위태로운 위기의 순간도 있었을 것이고, 심히 비탄에 잠기는 고통스러운 나날도 있었을 것이다. 물론, 사람마다 정도 차이는 있겠으나 저마다 희로애락을 몸소 느끼며 부단히 걸어왔음에는 틀림없을 것이다.

나를 낳아 길러준 부모님도 이제 다 돌아가시고, 내가 결혼하여 자식 낳고 기른 아이가 성장하여 독립하니 어느새 내 나이 육십 대 중반이라. 비록, '백세시대'라고는 하나 창의적인 노력을 기울이며 의욕적으로 살 수 있는 날은 이십 년 정도 남아있다고 생각하니 시간이 아까워지고 건강이 최대 관심사가 되어버린다.

그러나 나이가 나이인지라 몸은 굼뜨고, 생각하고 판단하는 데에도 민첩성이 예전 같지는 않다. 그래서 나이에 맞는 일을 해야 하고, 매사에 무리해서는 안 될 줄을 안다. 어쩌면, 이제 지나온 길을 돌아보며 곰곰이 생각해 보는 습관을 지녀야 할 것 같다. 주역(周易)에서도 '시리(視履: 걸어온 길 돌아보기)'라는 말이 쓰이고 있다마는 한 걸음 한 걸음 더 나아가는데 실수나 허물이 없도록 신중할 필요가 있으니 말이다.

　내가 자주 산길을 홀로 걷는 것도 자신을 되돌아보는 시간을 자연스럽게 갖기 위함이다. 걸으면서 지난 한주의 삶을 되돌아보기도 하며, 지난 일 년의 삶을 떠올리며 현재의 나를 재확인하고 새로운 내일을 기약하기 위해서이다. 뉘우칠 일이 있다면 반성하고, 앞으로 더욱 다져야 할 일이 있다면 굳게 하고, 다가오는 일에 대해서는 예견하고 빈틈없이 준비하는 자세와 노력이 필요하다. 그래야 만이 호랑이 꼬리를 밟고서도 물리지 않는, 서로 믿는, 좋은 관계의 사람이 될 수 있고, 또한 꼬리를 밟히었어도 불구하고 그 사람을 물지 않는 호랑이 같은, 내가 스스로 믿음직한 길이 되어야 할 것이다.[1] 지나치지도 않고 부족하지도 않은 올바름으로써 말이다.

---

1) 주역(周易) 천택리괘(天澤履卦) 괘사(卦辭) '履虎尾不咥人 亨'에서 차용하였음.

그릇 속의 벌레

바람이 의욕을 갖고 전진하는데 큰 산이 앞을 가로막고 있다면 어떻게 될까? 물론, 바람의 세기나 산의 높이 등 여러 요인에 이해서 결징되셌지만 바람은 산 옆으로 돌아가거나 아니면 산을 넘어갈 것이다. 비록, 바람이 돌아가고 넘어간다고 해도 산은 바람이 가고자 하는 길에 한낱 장애물로서 역할을 한다는 사실만은 틀림없다. 이런 산과 바람의 관계를 빗대어 인간사를, 아니, 통치자의 도리를 설명하는 것이 주역(周易)의 열여덟 번째 괘인 산풍고괘(山風蠱卦)이다.

蠱(고)라! 蠱는 뱃속 벌레, 기생충, 곡식 벌레, 독기(毒氣), 굿, 정신병, 일, 미혹하다, 주문을 외다, 의심하다, 경계하다 등의 뜻이 있다. 글자의 모양을 보면, 皿(명) 위에 虫(충) 세 마리가 모여 있다. 그릇 속에서 벌레가 꿈틀대는 형상이다. 상상만 해도 징그러운 모습이다.

여기에서 '그릇'은 우리가 살면서 만들어온 사회 제도, 관습, 정책 등이라고 한다면 그 속에 있는 '벌레'는 그 사회 제도, 관습, 정책 속에서 기생하며, 우리에게 해(害)를 끼치는 인자(因子) 곧, 그 부작용, 그 병폐라는 뜻이다. 따라서 그릇 속에서 꿈틀대는 벌레를 일일이 들어내어 죽여야 한다. 만일, 그릇에서 벌레가 떨어지지 않을 때는 어쩔 수 없이 그릇을 통째로 버려야 한다. 하지만 그 그릇은 다름 아닌 우리 선대(先代)가 만든 것이다. 이런 상황에서 우리는 어떻게 해야 할까?

당연히 신중하게 검토해야 한다. 그릇이 현재의 우리에게 필요한 것인지 불필요한 것인지를 따지고, 꼭 필요한 것이라면 그 속에서 기생하는 벌레들을 하나하나 잡아내야 한다. 그런데 그릇을 만든 사람과 기생충의 눈들이 우리를 빤히 쳐다보고 있다. 그들이 나의 아버지이고, 어머니고, 할아버지이고, 할머니라면 어떻게 할 것인가? 그들이 아직 멀쩡히 살아있어 눈을 부릅뜨고 노려보듯 지켜본다면 우리는 그들의 눈을 무시하고 과감하게 기생충을 박멸하거나 그릇을 깨어버릴 수 있겠는가. 물론, 쉽지 않은 일이다.

그러나 그들의 눈치를 보더라도 기생충을 하나하나 잡아

내는 일은 절대적으로 필요하다. 이것이 선대가 만든 그릇의 수정이요 보완이다. 그러나 그릇을 깨어버리는 것은 개혁(改革)이다. 필요하다면 개혁도 불사해야 하지만 개혁은 자칫 반발을 불러오기 쉽다. 왜냐하면, 사람이란 대개 전통에 안주하는 경향이 있는 데다가 그에 따른 기득권층이 이미 형성되었기 때문이다.

따라서 그릇에 변화를 주려면 명분이 있어야 하고, 그 뜻이 또한 분명해야 하며, 널리 공감하게 하는 과정과 절차가 있어야 한다. 그래서 변화와 개혁은 어려운 일이다. 그래서 점진적인 변화를 부단히 꾀하는, 안정적인 길을 선택해야 자타가 고개를 끄덕이며 쉬이 함께 가는 길이 된다.

세상을 뒤흔들어 놓는 강력한 바람보다는 거칠지 않고 만물에 두루 생기를 불어넣는 부드럽고도 따뜻한, 아니, 깨끗한 바람이 이 땅에 불기를 기대한다. 법이 있어도 무법천지처럼 보이는 정치판의 그릇 속을 들여다보면 그 벌레들이 시글시글하다. 그렇다고, 한순간에 그릇을 왕창 깨뜨려버릴 수도 없다. 우리가 다 한통속이 되었기 때문이다. 그래서 그 안에 기생하는 벌레를 잡아내는 일조차 버거운 상황이 되어 있다.

우리는 얼마나 더 논쟁을 하며 파란을 겪어야 하는가. 우리는 얼마나 더 인내심을 발휘하며 합리적인 노력을 기울여야 하는가. 전 국민이 눈을 크게 뜨고 정치권에서 만들어 내는 그릇 속을 살펴야 하는 이유이다.

제3부

중천건괘의 괘사와
효사를 통해서 본 역문(易文) 해독 문제

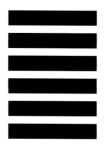

　위아래가 모두 하늘인 중천건괘(重天乾卦)의 괘사(卦辭)와 효사(爻辭)를 먼저 읽어 보자. 물론, 괘사는 주 문왕이 붙였다고 하며, 효사는 주 문왕의 아들 주공이 붙였다고 전해진다. 솔직히 말해, 괘·효사(卦·爻辭)를 누가 언제 붙였는지는 여기서 그리 중요하지 않다. 지금 내 손에 들린 아래 괘·효사(卦·爻辭)를 읽고 먼저 우리말로 번역해 보자.

　乾 : 元, 亨, 利, 貞.
　初九爻 潛龍勿用

九二爻 見龍在田 利見大人

九三爻 君子終日乾乾 夕惕若 厲無咎

九四爻 或躍在淵 無咎

九五爻 飛龍在天 利見大人

上九爻 亢龍有悔

用九爻 見羣龍無首 吉

보는 바와 같이 괘·효사만을 떼어 놓으면 아주 간단하다. 그러나 너무나 함축적이고 비유적인 표현이라는 점에서 해독과 번역의 문제가 있다. 그래서 중국사람끼리도 다르게 해석할 뿐 아니라 별도의 해설이 필요하다. 하물며, 이것을 우리가 우리말로 번역함에 있어서랴. 공자(孔子:기원전 551~기원전 479) 시기에 주역의 괘·효사를 읽고서 나름대로 이해하기 쉽게 설명을 붙였는데 그것이 바로 단왈(彖曰)로 시작하는 단사(彖辭), 상왈(象曰)로 시작하는 상사(象辭)이다. 그런데 이 괘효사를 읽고 이러쿵저러쿵 해석한 사람이 어찌 단·상사 집필자뿐이겠는가? 단·상사를 포함하여 괘·효사를 읽고 설명하는 글 곧 소위, '역전(易傳)'은 많다.

위 중천건괘 괘효사를 우리말로 직역해 보자.

하늘 : 근원, 형통함, 이로움, 곧음.

초구효, (물에) 잠긴 용이니 쓰지 말라.

구이효, 밭에서 용을 만남(이니) 대인을 만나는 이로움(이다.)

구삼효, 군자가 종일 건성건성 일하고, 저녁에 근심하나 노력하면 무구하다.

구사효, 혹, 연못에서 뛰어오르나 허물이 없다.

구오효, 하늘에서 나는 용(이니) 대인을 만나는 이로움(이다.)

상구효, 높이 (오른) 용이라 뉘우침이 있다(후회한다).

용구효, 우두머리가 없는 용의 무리를 만남이니 길하다.

*(　) 속의 말은 생략된 말이거나 대체 가능한 말이다.

필자 방에 있는 주역 전문가들의 책 세 종[1]을 보아도 필자의 위 번역과는 적잖이 다르다. 물론, 그들의 번역은 거의 유사하다. 그렇다면, 필자가 읽은 세 종의 책 가운데서 그래도 원본에 가깝다고 판단되는 정이천(程伊川) 주해 주역을 심의용이 우리말로 번역한 내용을 이곳에 옮겨 보겠다.

---

1) ①주역(정이천 주해, 심의용 옮김), 2020년 1판 4쇄, ②인문으로 읽는 주역(신원봉 지음), 2015 초판 3쇄. ③낭송주역(고은주 풀어읽음, 우응순 감수), 2020 초판 2쇄.

건은 만물을 시작케 하는 근원이고, 만물을 형통하게 성장시키고, 만물을 촉진시켜 이롭게 하고, 만물을 곧게 완성시킨다.

초구효는 잠긴 용이니 쓰지 말라.

구이효는 드러난 용이 밭에 있으니 대인을 만나는 것이 이롭다.

구삼효는 군자가 종일토록 그침이 없이 힘쓰고, 저녁에는 두려운 듯이 하면, 위태롭더라도 허물은 없다.

구사효는 설혹 뛰어올라 연못에 있어도, 허물이 없다.

구오효는 날이오른 용이 하늘에 있으니, 대인을 만나는 것이 이롭다.

상구효는 너무 높이 올라간 용이니 후회가 있다.

용구효는 여러 용을 보지만 우두머리가 되려하지 않으면 길하다.

"건은 만물을 시작케 하는 근원이고, 만물을 형통하게 성장시키고, 만물을 촉진시켜 이롭게 하고, 만물을 곧게 완성시킨다."라는 문장은, '乾 : 元, 亨, 利, 貞.'에 대한 번역과 설명을 합쳐 놓은 것이다. 절대다수의 사람들은 이 말을 그대로 갖다가 의심의 여지 없이 사용하고 있다.

그리고 '見龍在田, 或躍在淵, 飛龍在天' 등의 어구에서 '在[zài]'는 사람이나 사물의 위치를 표시하는 개사(介辭)이다.

우리말로 치자면 동사(動詞)가 아니고 처소격 조사(助詞)에 가깝다. 그런데 모두가 '있다'라는 뜻의 동사로 읽었다.

그리고 見[jiàn]도 '보다', '나타나다', '보이다' 등의 뜻이 아니라 '만나다'의 뜻으로 더 많이 쓰인다. 혹자는 '보다'라는 의미의 見(견), 觀(관), 視(시) 등과 구분해서 철학적 의미를 부여하려고 애쓰는데 여기서는 그럴 필요가 없다. '見龍在田 利見大人'을 그저 '밭에서 용을 만남(이니) 대인을 만나는 이로움(이다).'라고 단순하게 해석해야 옳다.

그리고 '飛龍在天 利見大人'에서 '날아오른 용이 하늘에 있으니, 대인을 만나는 것이 이롭다.'가 아니라 '하늘에서 나는 용이니 대인을 만나면 이롭다.'가 되어야 옳다.

그리고 '見群龍無首 吉'을 '여러 용을 보지만 우두머리가 되려 하지 않으면 길하다.'라고 모두가 한결같이 번역했지만, 그 어디에도 '되려고 하지 않으면'이라는 뜻의 漢字(한자)가 없다. 그래서 '우두머리가 없는 용의 무리를 만나니 길하다.'라고 번역해야 옳다.

그리고 '君子終日乾乾 夕惕若厲 無咎'를 '군자가 종일토록 그침이 없이 힘쓰고, 저녁에는 두려운 듯이 하면, 위태롭더라도 허물은 없다.'라고 번역했는데 필자는 완전히 다르게 번역한다. "군자가 종일 건성건성 일하고, 저녁에 근심하니 노력하면 무구하다."라고. 여기서 惕(척)은 두려워하다, 근심하다, 삼가다, 빠르다, 놀라다 등의 뜻이 있으나 여기서는 '근심하다'로 해석하였고, 厲(려)는 갈다, 괴롭다, 힘쓰다, 높다, 사납다, 위태롭다, 빠르다, 맑다, 미워하다 등의 뜻이 있으나 여기서는 '힘쓰다'로 해석하였다.

사실, 필자의 번역은 문언전(文言傳)이나 상사(象辭), 그리고 중국의 해설문 등의 해석과 정반대이다. 그럼에도 불구하고, 이렇게 번역한 데에는 '괘상'과 '문맥' 때문이다. 이 부분에 대해서는 이 책의 제4부 「주역에서 매끄럽지 못한 우리말 번역의 실례·34」(p.362)에서 확인할 수 있다.

괘효사를 비롯하여 역문(易文)에 대한 우리말 번역이 어려운 데에는 여러 가지 이유가 있지만 가장 중요한 것은 비유적인 언어로 표현되었다는 점과 많은 말들이 생략되어 자칫 오역하기 쉽게 되어있다는 점이다. 위 중천건괘의 괘효사에서 보듯이, 위아래가 모두 하늘뿐인, 다시 말하면, 양(陽)의 기운으로 가득한 상황을 보고서, 그것의 움직임, 그것의 작용(作用), 그것의 역할(役割), 그것의 성향 등을 '용(龍)'과 '대인(大人)'과 '군자(君子)'라고 하는 세 개의 키워드로써 설명한다는 사실이다. 그래서 더 헷갈리는데, 이를 피하지 못함은 보이지 않는 건(乾)의 성품과 기능(機能)을 쉽게 설명하려다 보니 결과적으로 비유적이고 함축적인 표현이 불가피했던 것으로 보인다.

음양 부호로 도식되는 괘상(卦象)이 바로 해당 괘의 성품과 기능을 내장한 그릇[器]이라고 말할 수 있는데 그것을 설명하는 과정에서 인성이 부여되어 인간사(人間事)로 바뀌어져 표현된다는 점이다. 물론, 여기에도 근원적인 이유가 있다. 그것은 주역 자체가 인간 삶에서 지혜롭게 처신하기 위함이지 천지의 음양 자체를 탐구한 것이 아닐 뿐더러 평생 인륜(人倫)을 탐구한 공자를 비롯한 유가(儒家)의 눈에는 음양의 작용이라는 자연현상조차도 인륜을 설명하는 도구와 수단으로 보였고, 또 활용되었다는 점이다.

여하튼, 위 괘효사의 내용이 중천건(重天乾)의 성품과 기능을 설명한 것이라는 점을 염두에 두고 비유어를 새겨야 할 줄로 믿는다. 그러면 번역된 같은 문장을 놓고도 다르게 해석될 수 있다고 본다.

나는 특별한 지인으로부터 주역 관련 책 다섯 종을 두 번에 걸쳐서 선물 받고 피할 수 없이 뒤늦게 공부하고 있는 초급자이다. 그런데 우리말로 번역된 책을 원문과 함께 비교해 가며 읽는데 너무나 어지럽다는 생각이 들어서 이런 글쓰기를 참지 못하고 있다. 만일, 이 중천건괘의 괘효사 번역 한 건만을 보고서 나의 번역이 옳다면 우리나라 주역은 전면 재검토될 필요가 있다고 본다. 이 책의 제4부「주역에서 매끄럽지 못한 우리말 번역의 실례를 공개하며」에서 밝힌 34건의 예문 번역에서 일일이 확인해 보기 바란다.

중천건괘의 괘효사 해설

위아래가 모두 하늘뿐인 중천건괘(重天乾卦)의 괘사(卦辭)와 효사(爻辭)를 먼저 읽고, 필자 나름의 해설을 하고자 한다. 물론, 정이천·주희 등 많은 사람이 해설했다. 하지만 그들의 해설을 완전히 무시하고서 굳이 필자 나름의 해설을 하고자 함은 그것들이 너무 복잡해서 읽기조차 피곤하기 때문이다. 먼저, 괘효사를 읽어 보자.

卦辭 :

乾 : 元, 亨, 利, 貞.

[하늘 : 근원, 형통함, 이로움, 곧음.]

爻辭 :

初九爻 潛龍勿用

[초구효, 물에 잠긴 용은 쓰지 말라.]

九二爻 見龍在田 利見大人

[구이효, 밭에서 용을 만남(은) 대인을 만나는 이로움(이다.)]

九三爻 君子終日乾乾 夕惕若 厲無咎

[구삼효, 군자가 종일 건성건성 일하고, 저녁에 걱정하나 노력하면 허물이 없다.]

[구삼효, 군자가 종일 자강불식 노력하고, 저녁에 걱정함은 힘씀이니 허물이 없다.]

九四爻 或躍在淵 無咎

[구사효, 혹, 연못에서 뛰어오르나 허물이 없다.]

九五爻 飛龍在天 利見大人

[구오효, 하늘에서 나는 용(은) 대인을 만나는 이로움(이다.)]

上九爻 亢龍有悔

[상구효, 높이 있는 용은 뉘우침이 있다.]

用九爻 見羣龍無首 吉

[용구효, 우두머리가 없는 용의 무리를 만남이니 길하다.]

사람의 기준에서 볼 때, 하늘[天]은 해와 달과 별이 있고, 그들의 빛이 있으며, 지상의 모든 생명체는 그 빛의 영향을 받는다. 특히, 해의 빛은 열과 함께 지대한 영향을 미친다. 땅의 모든 생명이 그 덕으로 살아간다고 해도 지나치지 않을 정도이다. 그래서 양(陽)의 기운으로 인지된다. 바로, 그 양의 기운을 가진 하늘을 '건(乾)'이라고 부른다. 그 건은 땅[地]에 영향을 적극적으로 미치는데 그런 건의 주체성을 강조하여, 그러니까, 건이 스스로 일한다[行]고 생각하여서 건의 구실, 건의 작용, 건의 역할 등을 생각해 볼 수 있다. 동시에 건이 본래부터 가지고 있는 속성이란 것과 일할 때 나타나는 경향이나 특성까지도 생각해 볼 수 있다. 이것을 '성품(性品)', '성정(性情)'이라는 말로 표현하고, 그 기능, 곧 공로를 '덕성(德性)'이라는 말로써 표현한다.

이를 전제로 괘·효사(卦·爻辭)를 필자 임의로 설명해 보고자 한다. 양의 기운으로서 일하는 하늘을 '건(乾)'이라 부르고, 그 건은 모든 존재하는 것의 근원(根源)이자 근본(根本)이며 위대하다[元=根+大]. 건이 하는 일은 빈틈이 없이 완벽하고[亨], 그 일은 모든 생명에게 이로우며[利], 일하는 자세와 마음은 언제나 곧고 바르다[貞=剛+正].

　이러한 속성을 지닌 건이 위아래로 겹쳐져 있어서 양을 표시한 효가 여섯 개로 가득 채워진 모양새이다. 그런데 그 여섯 개의 효 하나하나에 각각의 의미가 부여되어 있되 용(龍)의 성장·발달과정으로 빗대어 놓았다. 그러니까, 물속에서 머무는 용[潛龍]이, 땅 위로 나오기도 하고[田龍], 군자가 게으름을 피우듯이 하루를 건성건성 보내기도 하고[怠龍], 혹 연못에서 뛰어오르기를 시도하고[躍龍], 마침내 하늘을 날기도 하며[飛龍], 너무 높이 올라가서 다시 내려올 수밖에 없는 상황에 놓이기도 한다[亢龍]. 이렇게 여섯 마리의 용으로 건을 빗대어 놓았는데[乾→龍] 이들 용의 무리에는 우두머리가 없어서 좋다는 것이다. 그러니까, 건은 높고 낮은 자리가 정해짐이 없이 한결같은, 순일(純一)한 성품이라는 뜻이다. 하늘의 양 기운인 건을 눈으로는 볼 수 없고, 손으로도 만질 수 없으니 어쩌면, 궁여지책으로 그렇게라도 설명할 수밖에 없었으리라고 본다.

그런데 '대인(大人)'과 '군자(君子)'가 나오고, 사용하지 말라[勿用]거나 대인을 만나는 이로움[利見大人]이라거나, 저녁에 근심 걱정을 심히 해도 노력하면 허물이 되지 않는다[夕惕若 厲無咎]는 등 인간사(人間事)의 정황으로 설명함으로써 건을 드러낸 것인지 아니면 인간사의 도리를 乾과 용(龍)을 끌어들여 설명한 것인지 헷갈리게 되어있다. 이 또한 괘효사를 붙인 사람[문왕과 주공]의 애당초 목적이 '애민(愛民)'에 있었기 때문이 아니었을까 싶다. 쉽게 말하면, 하늘의 법도나 이치[주역에서는 '象(상)'이라는 말이 쓰임]를 드러내어서 설명하는 것도 다 인간 삶을 위함이라는 대전제가 깔려있기 때문일 것이다.

구삼효 효사 해석을 두 가지로 했는데 문제의 '乾乾'이라는 말을 처음 대하는 순간, 필자는 '건성 건성'으로 읽었다. 실제로 乾에는 그런 뜻이 있다. 게다가, 하괘의 상효인 만큼 교만한 자리라서 자연스레 그렇게 읽히었던 것이다. 그런데 그 누구도 이렇게 해석하는 사람이 없었다. 심지어 중국인이 설명한 백화문에서도 열심히 노력하는 모습으로 해석했다. 그래서 필자는 상반되는 두 가지로 해석해 놓았음을 밝힌다. 독자 여러분도 한 번 생각해 보기 바란다.

수뢰둔괘의 괘효사를 읽으며

　위는 수(水)요, 아래는 뇌(雷)이다. 물 아래에 우레가 있다
는 뜻이다. 우레가 물속에 있기에 우레 기준에서 보면 꽉 막
혀있는 형국이다. 우레는 하늘에 있어야 제구실을 하는데 물
속에 갇혀 있기에 제구실하기가 어렵다는 뜻이다. 그래서 이
'屯'이 진(陳) 칠 '둔' 자인데 어려울 '준' 자로 읽는 이도 있긴
있으나, 대개는 '둔'으로 읽으면서 '막히다' 혹은 '어렵다'라
는 뜻으로 풀이한다. 필자는 어떠한 선입견 없이, 심지어는
단사(彖辭), 대소상사(大小象辭)까지도 배제한 채 있는 그대
로 고정불변처럼 여겨지는 괘효사를 먼저 읽고, 이것의 의미

를 생각해 보고자 한다. 굳이, 이런 시도를 하는 것은 다른 괘들을 읽는 데에도 똑같이 적용되어야 할 원칙이 있어야 한다고 생각하기 때문이다. 만일, 그것이 없다면 우리는 64괘를 읽을 때마다 다른, 그때그때 필요해서 꿰어맞추는 식으로 이런저런 궤변을 앞세우게 될 것이다. 만일, 그렇게 된다면, 주역은 한낱 일방통행식으로 주입되는 하나의 커다란 '관념의 집'에 지나지 않을 것이다. 이런 전제하에서, 수뢰둔(水雷屯)의 괘사와 효사를 먼저 읽어 보고자 한다.

卦辭：

屯：元, 亨, 利, 貞：勿用有攸往, 利建侯(중국표기).

막힘 : 근원, 형통함, 이로움, 곧음 : 갈 바가 있어도 쓰지 말고(가지 말고), 제후를 세우는 것이 이롭다.

屯, 元亨, 利貞. 勿用有攸往, 利建侯(한국표기).

둔, 크게 형통함, 곧아야 이롭다. 갈 바가 있어도 쓰지 말고(가지 말고), 제후를 세우는 것이 이롭다.

爻辭：

初九爻 磐桓 利居貞 利建侯

초구효, 머뭇거리나 올곧게 머물러야 이로우며 제후를 세움이 이롭다.

六二爻 屯如邅如 乘馬班如 匪寇婚媾 女子貞不字 十年乃字

육이효, 멈칫멈칫 주저하다가 말에 올라타 서성거리듯이 도둑이 아니고 혼인을 (구한다). 여자가 마음이 곧아서 결혼하지 않으나 십 년 (만에) 마침내 결혼한다.

六三爻 卽鹿無虞 惟入于林中 君子幾 不如舍 往吝

육삼효, 아무 생각(염려함) 없이 사슴에게 나아가(접근하다) 홀로 숲속에 들어감이라. 군자가 기미를 (보고도 행위를) 버리지(멈추지) 않은가 같으니 행하며(나아가면) 크게 후회한다.

六四爻 乘馬班如 求婚媾 往吉 無不利

육사효, 말에 올라타 서성거리듯이 혼인을 원하기에 가면(혼인하면) 불리할 것 없어 길하다.

九五爻 屯其膏 小貞吉 大貞凶

구오효, 그 은혜가 막히어 작은 (일을) 밀어붙임은 길하나 큰 (일을) 밀어붙임은 흉하다.

上六爻 乘馬班如 泣血漣如

상육효, 말을 올라타 서성거림 같고 피눈물을 흘림과 같다.

*위 괘효사 번역문에서 괄호 안의 말은 생략되었거나 같은 의미로 판단하여 필자가 임의로 넣었다. 참고로, '往吝(왕린)'에서 '吝(린)' 자는 원래는 '인색하다'라는 뜻인데 '悔吝(회린)'이라는 단어로 곧잘 쓰이고, 독자적으로도 자주 쓰이는데, 이때 悔(회)와 연계되었다는 점을 고려하여 그 의미가 제한된다는 점을 생각해서 후회함을 넘어서서 '크게 후회한다', '한탄하다'라는 뜻으로 풀이하였음을 밝힌다. 그리고 괘사에서 사용된 문장부호와 띄어쓰기가 중국과 우리가 달라서 양쪽을 표기하였고 양쪽 문장을 해석하였다.

자, 이렇게 괘사와 효사를 번역해 놓고 보면, 역(易)의 문(門)이라 하는 중천건(重天乾)과 중지곤(重地坤)에 있는 '원형이정(元亨利貞)'이라는 성품이 이 '둔(屯)'에서도 그대로 유지되는데 다만, '이(利)'와 '정(貞)'에 조건이 하나씩 붙어 있다는 점이 다르다. 곧, 이롭긴 한데 제후를 세워야 이롭다는 것이고, 갈 바가 있어도 가지 않음이 옳다는 조건이다. 아마도, 이런 전제하에서, 다시 말해, 이런 범주 안에서 효사가 붙었으리라 보는데 아직은 판단하기에는 이르다. 그래서 일단 유보해 두자.

먼저, 괘상[卦象:괘의 모습]을 보자. 밑에서부터 '양효-음효-음효-음효-양효-음효'로 구성되었다. 그런데 문제는 효사에서 보듯이, 이 괘의 전체적인 모습과 육효를 인간사(人間

事)의 어떤 정황(情況)으로 바꾸어서 그 의미들을 설명한다는 사실이다. 곧, 괘사에서는 앞으로 나아가고 싶어도 가지 말라고 하면서 제후를 세우는 것이 이롭다고 했다. 이것이 인간사가 아니고 무엇이랴. 게다가, 각 효사를 보라.

①초구효, 머뭇거리나 올곧게 머물러야 이로우며 제후를 세움이 이롭다.

②육이효, 멈칫멈칫 주저하다가 말에 올라타 서성거리듯이 도둑이 아니고 혼인을 (구한다). 여자가 마음이 곧아서 결혼하지 않으나 십 년 (만에) 마침내 결혼한다.

③육삼효, 아무 생각(염려함) 없이 사슴에게 나아가(접근하다) 홀로 숲속에 들어감이라. 군자가 기미를 (보고도 행위를) 버리지(멈추지) 않음과 같으니 행하면(나아가면) 한탄한다.

④육사효, 말에 올라타 서성거리듯이 혼인을 원하기에 가면(혼인하면) 불리할 것 없어 길하다.

⑤구오효, 그 은혜가 막히어 작은 (일을) 밀어붙임은 길하나 큰 (일을) 밀어붙임은 흉하다.

⑥상육효, 말을 올라타 서성거림 같고 피눈물을 흘림과 같다.

초구효(初九爻)부터 상육효(上六爻)까지 여섯 개의 효 모두가 인간사를 말하고 있다. 그것도 얼핏 보면 같은 한 사람의 인간사인 것 같기도 하고, 아닌 것 같기도 하다. 조금 따져 들어가 보면, 여섯 개의 효사 안에는 올곧게 머무르며 제후를 세워야 이로운 사람이 있고, 말을 타고서 서성거리며 혼인을 구하는(청혼하는) 사람도 있다. 그리고 사슴을 잡겠다고 홀로 숲속으로 들어가는 무모한 사람도 있고, 은혜를 베풀고자 하지만 그조차 잘 안되는 신분의 사람도 있다. 그리고 이들과 직간접으로 연관된 여자도 있고, 군자도 있다. 그렇다면, 한 사람의 인간사적 정황을 설명한 것은 아니라고 본다. 여러 사람이 처한, 혹은 처할 수 있는 정황으로 판단할 수 있다. 그래서 괘는 다수의 사람에게 주어진 객관적인 상황으로 외적 변수에 의해서 결정된 환경이라면, 효는 그 주어진 상황에서 살아가는 구성원 각자가 처한, 더 구체적인 정황 내지는 개인 삶의 양태로 이해된다.

다시, 그렇다면, 우리는 이 괘사와 효사를 전적으로 신뢰해야만 하는가? 음양(陰陽)의 결합상태인 괘상을 보고서 인간사의 정황으로 바꾸어 일방적으로 설명한 -물론, 이 설명에는 경험적 사실과 발생 가능한 개연성이 직간접으로 녹아들어 있다고 판단되지만- 괘사와 효사를 의심의 여지 없이 믿고 생각하며, 그것으로써 설명되는 상황과 정황 속에 내가 놓였을 때를 간주하고서 어떻게 처신해야 하는가를 고민해야 하는가?

물론, 이 물음은 주역의 필요성과 당위를 묻는 말이기도 하다. 이에 대한 답도 유보해 두자.

여하튼, 음양이 그 수(數)와 위치(位置)로써 결합상태를 보여주는 괘상(卦象)을 보고서 어떻게, 왜, 이런 괘효사(卦爻辭)가 붙었는지 몹시 궁금하다. 괘효사가 없다고 생각하고 나는 이 괘에 담긴 함의(含意)를 읽어낼 수는 없을까? 만약, 읽어낸다면 같은 내용일까? 아니면, 전혀 다른 내용일까? 만약, 같은 내용으로 가능하다면 수뢰둔에서 수(水)와 뇌(雷)의 위치가 뒤바뀐 상태의, 다시 말해, 상하가 교역된 괘를 보고도 '뇌수(雷水) 해(解)'라고 말해야 옳다. 하지만 현재의 나로서는, 뇌(雷)는 그 덕성이 움직임[動]이고, 물[水]은 험난함과 하늘의 은택 두 가지가 그 덕성이라 했으니, 험함에서 움직였기에 그 험난함에서 '벗어난다', '풀린다' 정도까지는 유추해 볼 수 있다. 물론, 한자(漢字)를 어느 정도 아느냐에 따라서 '해(解)' 자를 쓸 수도 있고, 다른 자(字)를 떠올려 쓸 수도 있을 것이다. 문제는 '각 효사까지 유사하게라도 붙일 수 있을까?'인데, 솔직히 말해, 현재로서는 어렵다고 판단된다. 아직 효를 읽는 데에 익숙해져 있지 않기 때문이다. 그러나 변할 수도 있음은 배제하지 않는다.

주역을 설명하는 책이나 강연자는 한결같이 이 괘(수뢰둔 뿐 아니라 모든 괘)를 설명하는데 괘사(卦辭)와 효사(爻辭)와 단사(彖辭), 대소상사(大小象辭)를 기본으로 하고, 그 외에 다른 해설자들의 견해까지 참고한다. 그런데 여기에는 몇 가지 기본 공식과도 같은, 공유되는 인식(認識)이 있다. 바로 그것을 전제하지 않고는 효를 읽을 수가 없다. 지금까지 필자가 이해한, 그 공유되는 인식을 소개한다.

첫째, 64괘를 만드는 팔괘(八卦)에 부여된 덕성을 전제하지 않는다면 괘사를 받아들이기 어렵고, 그럼으로써 효사를 온전히 읽을 수 없다. 그래서 팔괘의 덕성은 단단히 고정된 말뚝과도 같다. 이 수뢰둔에서 보면, 위에는 수괘(水卦)가 있고, 아래에는 뇌괘(雷卦)가 있다. 수(水)는 '하늘의 은택'이라는 뜻과 '험난함'이라는 두 가지 함의가 있는데 이것이 수의 덕성(德性)이다. 그리고 뇌(雷)는 움직임[動]이라는 함의가 있는데 이것이 그 덕성이라고 한다. 그래서 움직이어야 하는 우레가 물속에 갇혀 있어서 움직이기 어렵다는 것으로 이해해야 한다. 그런데 많은 사람은 단사(彖辭)의 견해[1]를 받아들여 천지(天地)의 합덕(合德)으로 물(物)이 처음 생기는 것이기에

---

1) 彖曰屯 剛柔始交而難生 動乎險中 大亨貞 雷雨之動 滿盈 天造草昧宜建候 而不寧
(수뢰둔괘에 대한 공자의 彖辭임)

어렵다는 것으로 설명한다.

둘째, 초효(初爻)에서 상효(上爻)까지 여섯 개의 효를 읽는데 각 효를 사람으로 빗대어서[爻→人] 인간사회의 직위직책상의 계급과 연령(年齡)을 대입한다. 예컨대, 초효부터 천민(백성), 저급관리, 제후, 고급관리, 최고 통치자(임금), 국사(國師) 등으로 여기고, 또 10대, 20대, 30대, 40대, 50대, 60대로 여긴다. 이뿐만 아니라, 효(爻)가 양효(陽爻)이면 강(剛)하고 건(健)하며, 남성이라는 의미로 받아들인다. 그렇듯, 음효(陰爻)이면 유(柔)하고 순(順)하며, 여성이라는 의미로 받아들인다.

셋째, 각 효의 자리가 음양의 자리에 부합되느냐의 여부에 따라서 정위(正位)냐 부정위(不正位)냐를 따지며 해당 효가 처한 정황에 반영한다. 그렇듯, 상괘(上卦)와 하괘(下卦) 사이에 효의 짝이 있는데 물론, 이 짝은 천지인 삼재가 관련됨으로써 초효(初爻)와 사효(四爻)가, 이효(二爻)와 오효(五爻)가, 삼효(三爻)와 상효(上爻)가 각각 짝이 되는데 이 짝들이 음양으로 조화를 이루느냐 이루지 못하느냐에 따라서 길흉을 해당 효가 처한 정황에 반영한다. 역에서는 대체로 음양의 조화를 길(吉)로 보며 좋아한다. 그러나 '반드시'는 아니다. 서로 밀어내는 관계도 있다.

넷째, 육효 가운데 주인공 격이 되는 효가 있는데 -이 괘에서는 구오효이다- 그 효와 다른 효와의 관계를 놓고 볼 때 거리 곧 원근(遠近) 정도를 따져서 길흉의 정도를 판단하기도 한다.

다섯째, 이효(二爻)와 오효(五爻)는 삼재(三才)를 전제할 때 본래부터 사람의 자리로서 하늘과 땅 사이 중간에 있는 자리로 중도(中道)를 얻었다고 해서 대단히 중시하며, 삼효(三爻)와 상효(上爻)를 두고는 그 중도를 넘어선 자리로 간주하여 교만(驕慢)·오만(傲慢)·아집(我執)·독선(獨善)을 갖는 자리로 해석하며, 또한 중도를 천도(天道), 건도(乾道), 성인지도(聖人之道) 등으로 그 의미를 부여한다. 그러면서 그 중도의 핵심을 '원형(元亨)과 이정(利貞)'이라고 말한다. 여기서 원형은 크게 형통함이고, 이정은 바르게 처신함으로써 생기는 이로움이다. 이를 더 줄여서 말한다면, 형(亨)과 정(貞)으로 압축된다. 여기서 형(亨)이란 '능(能:능력)'이요 '통(通:통함)'이라면, 정(貞)이란 '정(正:올바름)'이자 '의(義:옳음)'라고 필자는 판단한다.

이처럼, 상하(上下) 괘의 성품(性品=德性)과 두 괘 사이의 상관성을 따지고, 나아가, 육효 간의 상관관계와 그 위상(位相)과 성정(性情)을 함축적으로 설명한 것이 곧 괘사이고 효사이다. 다만, 인간사로 빗대어서 비유적으로 말했기에 그 속에는 괘효사를 붙인 이들의 경험적 사실과 앞으로 발생할 수 있는 인간사의 개연성까지 내재되어 있다고 볼 수 있다. 그래서 전제한 '관념의 체계'라는 질서 위에서 해석하는 방법론이 공식처럼 굳어진 것으로 판단된다.

우리의 주역에서는 한문 번역에서 다소의 차이를 보일 수는 있는데 대개는 그 틀 안에서 해석하기 때문에 거의 비슷비슷할 수밖에 없다. 그러나 괘상(卦象)을 놓고 오래오래 생각하고 묵상하다 보면 각 효사와 다른 내용으로 새로운 효사를 붙일 수도 있다고 판단된다. 중요한 것은 괘상(卦象)이 함축하고 있는 천지인(天地人) 사이에 주어진 상황을 어떻게 이해하고, 그 안에서 각 효 간의 상호작용을 이야기로 구축하는 일이 될 것이기 때문이다.

산천대축괘 재해석

산천대축괘(山天大畜卦) 괘사(卦辭)에 '不家食吉(불가식길)'이라는 말이 나온다. '집에서 밥을 먹지 않음이 길하다'라는 뜻이다. 이것이 과연 무슨 말일까? 사람이 집밥을 먹지 않음이 이롭다니 이것이 진정 무슨 뜻일까? 나는 한참을 생각했다. 게다가, '대축(大畜)'이란 용어에서 畜(축)이 짐승, 가축, 쌓다, 모으다, 제지하다, 말리다 등의 뜻이 있고, 기를 '휵'으로도 읽히는데 그 의미조차 분명하게 통일되지 않은 것 같아 혼란스럽기 그지없다.

‘大畜(대축)’에 관하여 심의용은 ‘큰 것으로 길들임’으로 해석했고, 신원봉은 ‘德(덕)의 축적’으로 해석했다. 그런가 하면 고은주는 ‘양이 저지하여 크게 축적함’이라고 양다리를 걸쳐서 해석했다. 이처럼 괘의 의미에서부터도 그 해석이 명료하지가 않다.

글자 그대로 해석하자면, ‘大畜(대축)’은 크게 쌓는다, 크게 모은다, 크게 기른다 등의 의미가 있는 것으로 판단하기 쉽다. 필자도 사실은 그랬다. 그렇다면, 무엇을 쌓고 기른다는 말일까? 사실, 그 목적어조차도 분명하지가 않다. 괘사(卦辭)와 육효사(六爻辭)를 다 읽어 보아도 그 목적어를 분명하게 유추해낼 수가 없으니 말이다.

그렇다면, 각 효사(爻辭)에 붙어 있는 소상사(小象辭)를 읽으면 알 수 있을까? 역시, 분명하게 드러나지는 않는다. 다만, 단사(彖辭) 대상사(大象辭)에 그 단서가 하나씩 있다. 곧, ‘不家食吉’養賢也 라는 단사 문구와, ‘天在山中大畜 君子 以多識前言往行 以畜其德’이라는 대상사 문구가 그것이다. “‘집에서 밥을 먹지 않음이 길하다’라는 것은 현인(賢人)을 양성함이다”라는 내용과 “하늘이 산 가운데 있음이 대축이라, 군자는 이로써 선현들의 언행을 많이 알아서 그 덕을 쌓아야 한다.”라는 내용이다. 이들 단서를 통해서 그 목적어를 유추해 보자면, 크게 쌓고, 크게 기르는 것이 다름 아닌 덕(德)이고 현인(賢人)이라고 말할 수 있다. 하지만 이것이 정답이라고 단정 지어 말할 수는 없다. 왜냐하면, 육효사의 내용과는 전혀 무관하기 때문이다. 육효사를 자세하게 읽어 보면 알게 되지만, 畜(축)이 쌓고 모으는 것이 아니라 '제지하다', '기르다', 더 정확히 말하면 '제지하여 기르다'라는 뜻에 더 가깝게 사용되었기 때문이다.

만약에 畜(축)을 '쌓고 기른다'라는 의미로 사용했다면, 괘명(卦名)과 괘사에 맞게 육효사도 붙어야 하는데 필자 눈에는 전혀 그렇지가 않다. 괘사와 효사를 해석하는 사람들이 그 본문의 유기성보다는 소위, 공자가 붙였다는 단사와 상사를 비롯하여 십익(十翼)의 내용에 맞추어서 해석하다 보니 효사 따로 괘사 따로 해석되는 오류를 범하게 되는데 사실, 이것은 매우 중요한 문제이다.

'不家食吉'이라는 문구에 관해서도 『인문으로 읽는 주역』의 저자인 신원봉은 "재능 있는 사람을 내버려 두지 않고 국가가 녹을 주며 길러낸다."라는 말로 해석하였다. 그리고 유명한 중국 정이천의 역전을 완역한 심의용은 畜(축)을 '止(지:그치다)'와 '聚(취:모이다)'로 해석하면서, "궁벽한 곳에 처하여 홀로 집에서 밥을 먹으면 도가 막혀 정체되므로 '집에서 밥을 먹지 않으면 길하다'라고 했다."

글쎄올시다! 나는 처음부터 생각을 달리했다. 대축은 '산 가운데 하늘이 있는' 게 아니라 '하늘 위로 높이 솟은 산'이기에 '크게 쌓음'이고, '많이 쌓음'이라고 생각했다. 무엇을 그렇게 많이 모으고 많이 쌓을까? 그것은 사람이 원하는 바 모두 것이 해당한다고 생각했다. 돈이든 물질이든 덕이든 도이든지 간에 말이다.

그런데 이렇게 판단한 필자에게도 문제가 생겼다. 괘사와 효사만을 떼어내어 읽어 보니 축이 모으고 쌓는 것이 아니라 짐승의 본능적 야성을 제지하여 목적에 맞게 기르는 내용이 지배적임을 알았기 때문이다. 보라, 산천대축괘 괘사와 효사를!

大畜：利贞；不家食吉, 利涉大川.

初九, 有厉, 利己.

九二, 輿说輹.

九三, 良马逐, 利艰贞. 日闲舆卫, 利有攸往.

六四, 童牛之牿, 元吉.

六五, 豮豕之牙, 吉.

上九, 何天之衢, 亨.

크게 기름 : 이롭고 곧다. 집에서 먹지 않음이 이롭고, 큰 강을 건넘이 이롭다.

초구, 노력하니 이롭다. (위험이 있으니 그만둠이 이롭다.)

구이, 수레의 바퀴살이 빠졌다.

구삼, 좋은 말로써 뒤쫓아감이니 어렵더라도 곧으면(끝까지 가면) 이롭다. 날마다 자신을 보위하고 수레를 호위하면 나아갈 바가 있어 이롭다.

구사, 송아지의 뿔막이 나무이니 크게 길하다.

육오, 불깐 돼지의 어금니이니 길하다.

상구, 하늘의 네거리이니 형통하다.

위 괘사(卦辭)와 효사(爻辭)를 읽으면, '畜(축)'이 '쌓는다', '모으다'라기보다는 '기르다', '제지하다'가 더 가깝다는 것을 확인할 수 있다. 말(馬)과 수레(輿)를 이용하고, 돼지와 소를 기르는데 그 방법과 수단이 '大(대)'이다. 그런데 이 大(대)

를 큰 것, 예컨대 돼지 불알을 까는 일이나 송아지 뿔에 보호대를 치는 일이다. 이것을 괘상(卦象)으로 바꾸어 해석하면, 강건(剛健)한 하늘을 머물러 그치는(止) 산(山)이 누르는 형국으로써이다. 굳이, 육효로써 말하자면, "剛上而尙賢 能止健大正也(강이 올라가 현인을 숭상하고 건에 머무름이 크게 바르다)"라는 단사(彖辭) 내용에 근거하여 상구(上九)를 생각해 볼수는 있다.

그러나 단사(彖辭) 상사(象辭) 기타 괘효사(卦爻辭)를 설명한 내용을 모조리 배제하고서 괘효사만을 편견 없이 읽으면, 훨씬 주역이 솔직해진다. 흔히, 주역을 공부했다는 사람들은 이 대축괘(大畜卦)에서 크게 모으고 쌓는 것은 정신적인 덕(德)이고 도(道)인 반면 소축괘(小畜卦)에서 모으고 쌓는 것은 물질적인 재물(財物)이라고 말하지만, 역시, '글쎄올시다!' 이다. 쉽게 동의할 수 없다는 뜻이다.

굳이, 필자 생각을 밝히자면 이러하다. 곧, 통치자 시각에서 이 대축괘를 읽으면, '大畜(대축)'이라는 용어는 위험을 무릅쓰고 감행해야 하는 국가적인 큰일(涉大川→征伐 등)을 준비하는 차원에서 인재를 크게 기르고 많이 양성하며, 그 소요물자를 크게 비축함이 될 것이다. 그러니까, 결국엔 인재를 기르고 양성하고 모으고 쌓는다는 의미가 畜(축)에 다 들어가 있는 셈이 된다. 백성의 시각에서 이 대축괘를 읽으면, 큰일에 대비하여 소나 돼지의 야성을 잘 제지하여 기르고, 고장이 난 수레를 고치고, 좋은 말을 활용하는 등 재물이나 지혜 등을 하늘 높이 솟은 산처럼 비축(備蓄)함이다.

따라서 '不家食吉(불가식길)'이라는 말 역시 군자(君子) 시각에서 보면, 어떤 국가적 목적 달성을 위해서 동원된 사람들에게 제공하는 식사가 이롭다고 해석할 것이고, 백성 시각에서 본다면, 집에서 한가롭게 밥을 먹을 시간이나 여유를 갖지 못한 채 활동 중에 야외에서 대충 먹는, 분주한 삶이 길하다는 것으로 해석될 것이다. 군자나 백성 개개인이나 다같이 큰일을 준비하고 대비하는 시기이자 상황이므로. 물론, 이러한 해석은 필자의 주관적인 판단이다.

뇌천대장괘 재해석

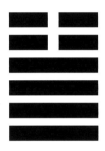

　주역에는 대장괘가 있다. '대장'이라고 얼핏 들으면 우리
는 대개 어떤 무리의 우두머리를 뜻하는 '大將(대장)'을 떠올
리기 쉽다. 주역에서는 그런 대장이 아니라 '크게 씩씩하다'
라는 '大壯(대장)'이다. 물론, 양적으로는 크고, 많은 씩씩함
이지만 질적으로는 '바른(正)' 씩씩함이다. 그렇다면, '씩씩하
다'라는 것은 무엇인가? 힘이 세고, 의지가 강한 상태가 겉으
로 드러남이다. 이런 씩씩함의 양태와 이치를 담아내고 있는
것이 바로 천둥·번개가 하늘 위에서 치는 뇌천대장괘(雷天大
壯卦)이다.

하늘 위에서 우레 치는 모습을 상상하면 가히 씩씩하다고 느낄 수 있을 것 같다. 그런데 이 괘사(卦辭)와 효사(爻辭)와 상사(象辭)에 관해 번역된 우리말이 더 어렵고, 그에 대한 설명이 또한 어려워서 읽어도 무슨 말인지 이해하고 동감하기가 쉽지 않다. 먼저, 원문을 소개하고 그 밑으로 우리말 번역을 붙이겠다. 물론, 우리말 번역은 필자의 것이다.

大壯 : 利贞.

크게 씩씩함 : 곧고 이롭다.

《象》曰 : 雷在天上, 大壯 ; 君子以非礼弗履.

상에서 말했다. 하늘 위에 우레가 있음이 크게 씩씩함이니 군자 이로써 예가 아니면 행하지 말라.

初九, 壯于趾, 征凶 ; 有孚.

초구, 발의 씩씩함이니 믿음이 있어도 정벌에 나가면 흉하다.

《象》曰 : "壯于趾" 孚穷也.

상에서 말했다. 발의 씩씩함이란 그 믿음이 궁하다.

九二, 贞吉.

구이, 곧기에 길하다.

《象》曰 : 九二 "贞吉", 以中也.

상에서 말했다. 구이, 곧기에 길하다는 것은 중도로써이다.

九三, 小人用壯, 君子用罔 ; 貞厲, 羝羊触藩, 羸其角.

구삼, 소인은 씩씩함을 쓰나 군자는 그물을 사용한다. 숫양이 울타리에 봉착해서 곧게 힘쓰면 그 뿔이 고달프다.

《象》曰 : 小人用壯, 君子罔也.

상에서 말했다. 소인은 씩씩함을 쓰나 군자는 그물을 사용한다는 것은 (~ 함이다.)

*여기에는 말이 누락(漏落) 되었다고 판단된다. 누락된 문구가 있다는 것은 잘못 쓰여진 글자도 얼마든지 있을 수 있다는 뜻이기도 하다. 그래서 더욱 주의 깊게 읽어야 한다.

九四, 貞吉, 悔亡 ; 藩决不羸, 壯于大舆之輹.

구사, 곧기에 길하고 뉘우침이 없다. 수레의 바퀴가 튼튼하여 울타리가 터져서 고달프지 않다.

《象》曰 : "藩决不羸", 尚往也.

상에서 말했다. 울타리가 터져서 고달프지 않음이란 더욱더 나아감이다.

六五, 丧羊于易, 无悔.

육오, 들판에서 양을 잃으나 후회하지는 않는다.

《象》曰：“丧羊于易”, 位不当也.

상에서 말했다. 들판에서 양을 잃음이란 자리가 부당함이다.

上六, 羝羊触藩, 不能退, 不能遂, 无攸利；艰则吉.

상육, 숫양이 울타리에 봉착하여 물러설 수도 없고 나아갈 수도 없으니 이로울 게 없다. 어려운즉 길하다.

《象》曰：“不能退, 不能遂”, 不详也；“艰则吉”咎不长也.

상에서 말했다. 물러설 수도, 나아갈 수도 없음이란 자세하게 알지 못함이며, 어려운즉 길함이란 것은 허물이 오래가지 않음이다.

위 원문과 나의 번역문을 읽고 나면 적어도 세 가지 의심이 들어야 한다. 그 하나는, 초구에서 ‘믿음이 있다는데 왜 정흉(征凶)인가?’이고, 그 둘은 육오의 ‘상양우역(喪羊于易)’에서 ‘易’이 정자(正字)인가, 오자(誤字)인가이다. 나는 오자라고 판단하고, 그 원자(原字)를 추측해보자면 ‘들판’, ‘일구지 않은 땅’ 등의 뜻이 있는 ‘場(장)’이 아닌가 싶다. 그래서 나는 ‘于易’을 ‘들판에서’라고 번역했다. 그리고 그 셋은 육오의 들판에서 양을 잃고도 후회함이 없다는 이유와, 상육에서 ‘무유리(无有利)’라면서 ‘간즉길(艱則吉)’이라 한 모순에 대한 의심이다. 어려운데 불리(不利)하지 않고 왜, 길(吉)할까? 양을 잃어버렸는데도 왜 후회하지 않을까? 상식적으로 이해되지 않는 대목들이다. 물론, 관련 상사에서 그 어려움이 오래가지 않고, 그 자리가 부당하기 때문이라고 설명하지만 모호하기 짝이 없다.

씩씩하게 나아가야 하는 시대적 상황 속에서도, 그 시간 변화에 따라서 어렵기도 하고 쉽기도 하며, 흉하기도 하고 길하기도 하며, 동시에 힘과 용기를 앞세워 과감(발의 씩씩함)한 양태를 보이기도 하고, 머리를 써서 지략(智略:그물 사용)을 펼치기도 함을 뿔을 가진 양(羊)과 소인(小人)·균자(君子) 등을 빗대어서 이 대장괘가 담아내고 있다.

흔한 얘기로, 장수(將帥) 가운데에도 '용장(勇將)'이 있고, '지장(智將)'이 있으며, '덕장(德將)'도 있다만은 씩씩함의 본질은 용장만의 것도 아니고, 지장만의 것도 아니며, 덕장만의 것도 아니라는 사실이다. 물론, 일차적으로 힘과 기운에 있고, 이차적으로 앎(知)과 그것의 활용(智)에 있으며, 때에 맞추어 그것의 부림에 있다 할 것이다.

중뢰진괘 재해석

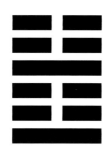

주역 64개 괘 가운데 51번째 괘로 '중뢰진괘(重雷震卦)'가
있다. 이 괘는 천둥(雷) 번개(電), 그리고 낙뢰(落雷)라고 하는
자연현상과 관련되어 있다. 한자(漢字)로는 우레, 천둥을 뜻
하는 '雷(뇌)'와 벼락을 뜻하는 '震(진)' 등 두 글자가 사용되
었다.

물론, 옛사람들인지라 천둥 번개의 발생 메커니즘에 대해
서 자세하게 인지했을 리는 없으나 이 천둥 번개가 거듭되는
현실적 상황을 전제하고서 그 안에서 살아가는 사람들의 작

은 경우 수와 어떻게 하면 재앙을 피할 수 있는지를 나름대로 모색한 것이 중뢰진괘라고 할 수 있다.

요즘 사람들이야 대다수가 알고 있는 바이지만 강력한 바람으로 구름(雲)이 요동칠 때 작은, 물방울과 얼음 알갱이(氷)들의 마찰로 인해서 생기는, 전하(電荷)가 분리된 구름인 '뇌운(雷雲)'의 양전하와 음전하가 만나 강력한 전기(電)를 발생하고, 이 전기가 방전(放電)되는 과정에서 생기는 아주 밝은 불빛을 '번개'라고 한다. 이 번개는 지상으로 떨어지기도 하고(落雷), 공중에서 혹은 구름 속에서 혹은 구름 덩이 사이에서 소멸하기도 하는데, 방전 시에 생기는 고온(高溫)으로 주변의 공기가 급속 팽창하면서 충격파음이 생기는데 이것을 두고 '천둥'이라고 한다.

천둥과 번개는 그 굉음과 벼락으로 인해서 생명과 재산에 피해를 안겨줄 수도 있기에 옛사람에게나 요즘 사람에게나 똑같이 두려움의 대상이지만 자연현상이다. 특히, 전기는 생명 진화(進化)와 관련된 것으로 입증되기도 했다. 여하튼, 천둥 번개가 거듭되는 상황을 주역에서는 어떻게 설명하고 있는지 그 괘효사(卦爻辭)부터 읽어보자.

震：亨. 震来虩虩, 笑言哑哑；震惊百里, 不丧匕鬯.

《象》曰："洊雷, 震；君子以恐惧修省.

初九, 震来虩；虩, 后笑言哑哑；吉.

《象》曰："震来虩虩", 恐致福也；"笑言哑哑", 后有则也.

六二, 震来, 厉；亿丧贝, 跻于九陵, 勿逐, 七日得.

《象》曰："震来厉", 乘刚也.

六三, 震苏苏, 震行无眚.

《象》曰："震苏苏", 位不当也.

九四, 震遂泥.

《象》曰："震遂泥", 未光也.

六五, 震往来, 厉；亿无丧, 有事.

《象》曰："震往来厉", 危行也；其事在中, 大无丧也.

上六, 震索索, 视矍矍, 征凶；震不于其躬, 于其邻, 无咎；婚媾
有言.

《象》曰："震索索", 中未得也；虽凶无咎, 畏邻戒也.

위 문장이 현재 중국인들이 사용하는 주역의 중뢰진괘 괘사(卦辭)와 효사(爻辭), 그리고 상사(象辭)이다. 이를 우리말로 번역하면 아래와 같다. 물론, 아래 번역문은 필자의 것이다. 주역을 번역한 적지 아니한 분들의 번역과는 적잖이 다르다. 우리의 의성어(擬聲語)나 의태어(擬態語)에 해당하는 중어(中語)의 형용사를 잘못 번역했고, 致(치)와 隣(린)을 잘못 번역했다고 필자는 판단한다. 이 글을 읽는 분들은 편견 없이 원문과 번역문을 대조해 가며 신중하게 판단해 보기 바란다.

진 : 형통하다. 천둥 번개가 치니 두렵다. 웃으면서 말한다. 천둥 번개가 백 리를 놀라게 하나 숟가락과 제주(祭酒)를 잃지 말라.
　상에서 이르기를, "연이은 천둥 번개가 진이니 군자는 이로써 두려운 (마음으로 자신을) 반성하며 닦는다."(라고 했다.)

　초구, 천둥 번개가 치니 두려우나 후에는 웃으면서 말함이니 길하다.
　상에서 이르기를, "'천둥 번개가 치니 두렵다'라는 것은 두려움이 복을 부르고(가져오고), '웃으면서 말한다'라는 것은 후에 법도가 있음이라."(라고 했다.)

육이, 천둥 번개가 쳐 위태로우니 재물 잃음을 기억하여 깊고 높은 언덕에 오르나 좇지 마라. 7일에 얻는다.

상에서 이르기를, "'천둥 번개가 쳐 위태롭다'라는 것은 강(剛)을 탔음이라."(라고 했다.)

육삼, 천둥 번개로 벌벌 떠는 (자세로) 나아감이니 재앙이 없다.

상에서 이르기를, "'천둥 번개로 벌벌 떤다'라는 것은 자리가 부당함이라."(라고 했다.)

구사, 천둥 번개(벼락)가 진흙밭에 떨어지다.

상에서 이르기를, "'벼락이 진흙밭에 떨어짐'이란 빛나지 못함이다."(라고 했다.)

육오, 천둥 번개가 오고 감이니 위태로우나 기억하여 잃음이 없고, 할 일이 있다.

상에서 이르기를, "'천둥 번개가 오고 가서 위태롭다'라는 것은 행함이 위험하고, 그 일이 중도에 있어서 크게 잃음이 없다."(라고 했다.)

*사실, 이 상사는 "'크게 잃음이 없다'라는 것은 그 일이 중도에 있음이라('大无丧' 其事在中也)."라고 붙었어야 했는데 잘못 기술된 것으로 판단된다.

상육, 천둥 번개에 얼굴이 창백해지고 눈을 두리번거림이니 정벌하면 흉하다. 벼락이 그 몸이 아니고 그 인접한 곳으로 떨어지면 무구하다. 혼사 (관련) 말이 있다.

상에서 이르기를, "'천둥 번개에 안색이 창백해진다'라는 것은 중도를 얻지 못함이며, '비록 흉하지만 무구하다'라는 것은 이웃을 두려워하고 경계함이다."(라고 했다.)

위 중뢰진괘의 번역문을 음미하듯 천천히 읽으면서 그 의미를 새기면 우리는 두 가지 중요한 사실을 확인할 수 있다. 그 하나는, 천둥 번개가, 특히 벼락이 두려움의 대상으로서 자연현상(→하늘의 뜻)이고, 그 두려움이 엄습할 때면 정신을 잃지 말고, 조심조심하여 행동하며, 자신의 삶을 반성하듯 돌아보아야 한다는 것이다(→修身·養德). 그리고 그 둘은, 위험이 있는 상황에서 정벌이나 잃은 재물을 찾는 행위 등은 감행하지 말고 기다려야 한다는 것이다. 결과적으로, 두려운 상황에서는 조심하고, 경계하며, 인내하면서 위기를 잘 넘기면 끝내 웃으면서 말할 수 있는 상황으로 바뀐다는 이치를 설명하고 있다 하겠다. 이 하나의 괘를 보아도 주역이 얼마나 상식적이고, 상식적이어서 유치한지를 알 수 있으리라 본다.

* 虩虩[xì xì] : 두려워하는 모양으로 의태어(擬態語)임.

* 啞啞[yā yā] : 새의 지지귐이나 어린아이가 옹알내는 소리를 뜻하나 여기
  서는 의성어(擬聲語)임

* 蘇蘇[sūsū] : 벌벌 떠는 모양을 나타내는 擬態語(의태어)임

* 矍矍[jué jué] : 사람이 놀라서 눈이 휘둥그레진 모양

* 索索 [suǒ suǒ] : 안색이 창백해진 모양

* 雷(뇌) : 우레, 천둥

* 電(전) : 번개

* 震(진) : 벼락, 천둥+번개

* 洊(천) : '연거푸', '자주' 등의 뜻이 있음.

* 致(치) : '이르다', '다하다', '부르다', '보내다', '주다', '깁다' 등의 다양한
  뜻이 있음. 여기서는 '부르다'로 해석하였음.

뇌풍항괘 다시 읽기

64개 괘 가운데 서른두 번째에 해당하는 뇌풍항괘가 있다. 그 원문에 우리말 번역을 붙이겠다.

恒：亨, 无咎, 利贞, 利有攸往.

뇌풍항괘는 형통하고, 무구하며, 곧음이 이롭다. 갈 바가 있으면 이롭다(할 일이 있으면 좋다).

《彖》曰：恒, 久也. 刚上而柔下, 雷风相与, 巽而动, 刚柔 皆应, 恒. 恒亨无咎利贞, 久于其道也. 天地之道, 恒久而不已也. 利有攸往, 终则有始也. 日月得天, 而能久照. 四时变化, 而能久成. 圣人久于其道, 而天下化成. 观其所恒, 而天地万物之情可见矣.

단에서 말했다. '변하지 않아 한결같은', 뇌풍항괘는, 변하지 않고 오래간다. 강이 위로 올라가고(상괘:진괘:장남) 유가 아래로 내려와 (하괘:손괘:장녀) 우레와 바람이 서로 함께하고, 공손하게(하괘 덕성) 움직이어(상괘 덕성) 강유(짝끼리 음과 양으로)가 다 호응하니 변하지 않고 늘 그렇게 함이다. '항괘가 형통하고, 무구하며, 곧으면 이롭다'라는 것은 그 도가 오래감이다. 천지의 도가 변하지 않고 그치지 아니한다. '갈 바가 있어 이롭다' 함은 끝나는 즉 시작이 있음이다. 하늘의 해와 달이 오래도록 비출 수 있고, 사시 변화가 오래도록 이루어질 수 있다. 성인이 그 도에 오래 머물러 세상을 변화시켜 완성한다. 그 변하지 않고 머묾을 관찰하여 천지 만물의 뜻을 깨달을 수 있다.

《象》曰：雷风, 恒；君子以立不易方.

상에서 말했다. 진괘와 손괘의 (조합이) 뇌풍항괘이니 군자는 이로써 정해진 바가 있으면 그 방법이나 목표를 바꾸지 않는다.

初六, 浚恒, 贞凶, 无攸利.

초육, 변하지 않고 한결같음(항도=상도)을 깊게 함은 고집부리면 흉하니 불리하다.

《象》曰：“浚恒之凶”, 始求深也.

상에서 말했다. '변하지 않고 한결같음의 흉함'은 시작부터 깊음을 구함이다.

九二, 悔亡

구이, 뉘우침이 사라진다.

《象》曰：九二“悔亡”, 能久中也.

상에서 말했다. '뉘우침이 사라지다' 함은 중도가 오래 갈 수 있음이다.

九三, 不恒其德, 或承之羞, 貞吝.

구삼, 그 덕이 오래가지 않고 또 수치로 이어지기에 고집부리면 크게 후회한다.

《象》曰：“不恒其德”, 无所容也.

상에서 말했다. '그 덕이 오래가지 않음'이란 받아들일 곳이 없음이다.

九四, 田无禽.

구사, 사냥하나 새(사냥감)가 없다.

《象》曰：久非其位, 安得禽也？

상에서 말했다. 그 자리가 오래가지 않는데 어찌 새를 얻겠는가.

六五, 恒其德, 贞 ; 妇人吉, 夫子凶.

육오, 그 덕이 오래간다. 곧으니 부인이 길하고 부자는 흉하다.

《象》日 : 妇人贞吉, 从一而终也 ; 夫子制义, 从妇凶也.

상에서 말했다. '부인이 곧아서 길하다' 함은 한 사람을 따르고 마침이다. '부자가 예절을 지음에 부인을 따르기에 흉하다.'

上六, 振恒, 凶.

상육, 변하지 않는 한결같음을 버리니 흉하다.

《象》日 : 振恒在上, 大无功也.

상에서 말했다. 한결같음을 버림은 위에 있으니 큰 공이 없음이다.

위 우리말 번역은 필자의 것이다. 필자는 주역을 먼저 공부한 사람들과 전혀 다른 해석을 했다. 뇌풍항의 무엇을 어떻게 생각했단 말인가?

첫째, 천둥소리가 바람을 타면 멀리, 오래간다. 그러니 '뇌풍(雷風)'을 변하지 않고 오래간다는 뜻에서 '恒(항)'으로 받았다.

둘째, 상, 하괘의 각 효(爻)가 음(陰)과 양(陽)으로 서로 호응(呼應)한다. '호응한다' 함은 서로 역할 분담이 잘 되고, 조화롭게 협력하여 무언가 생산적인 일을 할 수 있다는 뜻이다.

셋째, 역(易)의 문(門)인 건(乾)에서 태(兌), 리(离), 손(巽)이 나오고, 곤(坤)에서 간(艮), 감(坎), 진(震)이 나왔다는 필자의 개인적인 주장을 전제한다면, 음괘(陰卦)인 진괘(震卦)가 위로 올라가고, 양괘(陽卦)인 손괘(巽卦)가 아래로 내려와 진정한 교류가 이루어지고 있다.

이상 세 가지 사실을 전제하고서 뇌풍항괘의 육효사(六爻辭)를 읽되 괘상(卦象)에서의 음양(陰陽) 관계를 분별해 보자.

공손하게(하괘 덕성) 움직이는(상괘 덕성) 것이 뇌풍(雷風)이고, 하괘(下卦)인 바람은 위로 움직이고, 상괘(上卦)인 우레는 아래로 움직인다는 점을 염두에 두어야 한다. 초효는 음(陰)으로서 위로 움직이려고 하는데, 특히, 짝인 구사효(九四爻)를 향하여 가야 하는데 구이(九二), 구삼(九三)이 가로막고 있다. 그래서 그 길이 순탄치 않을 것이다. 그러므로 고집을 부리면 흉할 뿐 아니라 근원적으로 불리한 상황이다. 이런 초효(初爻)가 처한 상황을 '浚恒(준항)'이라는 어려운 말로 표현했다.

그렇다면, 준항(浚恒)이란 무슨 뜻일까? 글자 그대로 해석하자면, 항상 됨을 '항도(恒道)'라고 한다면 그 항도를 깊게 함이다. 초효 상황에서 보면, 변하지 않고 오래가는, 어떤 항도를 자신의 수준에 맞지 않게 너무 깊게 요구한다는 뜻이다. 초효가 가고자 하는 길의 험난함을 말한 것이 아니겠는가.

구이효(九二爻)는 강중(剛中)을 얻어서 의욕적으로 항도를 지키려고 할 것이다. 특히, 짝인 육오효가 유중(柔中)을 얻어서 무리 없는 협력 관계를 유지할 수는 있다. 효사(爻辭)에서 왜, 뉘우치는지, 왜 후회하는지 모르겠으나 중도(中道)를 얻고 짝과의 협력 관계를 유지할 수 있어서 그 뉘우침, 그 후회가 사라진다고 했다.

구삼효(九三爻)는 정위(正位)했고, 짝인 상육효(上六爻)와도 호응한다. 그런데 왜 그 덕이 오래가지 않고, 또 수치(羞恥)로 이어지기에 고집부리면 크게 후회한다고 했는지 쉽게 이해되지 않는다. 물론, 상사에서 그 덕을 받아줄 곳이 없기 때문이라는데 이웃인 구이효와 구사효가 모두 양으로 호응하지 못하기 때문일까?

구사효(九四爻)는 자리가 바르지 못하고, 짝인 초육효(初六

爻)에게 마음이 가 있으나 그 사이에 있는 구삼효와 구이효 때문에 방해를 받는다. 이런 불리한 상황을 사냥하나 새가 없다고 말한 것 같다.

육오효(六五爻)는 자리는 바르지 못하나 중도를 얻고 강중(剛中)을 얻은 구이효와 협력하여 항도를 지켜낼 수 있다. 구사효와 구삼효가 길을 가로막고는 있으나 배척하는 관계가 아니므로 짝인 구이효와 협력 관계가 성립된다. 그래서 그 덕이 오래간다는 말을 이해하겠는데 '곧으니 부인이 길하고 부자는 흉하다'라는 말은 쉬이 이해되지 않는다. 물론, 상사(象辭)에서 한 사람을 따르고 마치는 부인의 곧음이 이롭지만, 부자(夫子:덕행이 높아 모든 사람의 스승이 될 만한 사람)가 부인의 예절을 따르기에 흉하다는 이유를 설명해 주고는 있다. 여기서 남존여비(男尊女卑) 사상의 단면을 엿볼 수 있다.

상육효는 윗자리에 있으면서 항도를 그만두니 흉하다는 말이 어렵지 않게 이해된다. 그런데 '진항(振恒)'이라는 말이 자꾸 걸린다. 대개는 이 '振(진)'을 두고, '흔들린다', '떨치다'로 해석한다. 이 振(진)을 '흔들린다'로 해석하는 사람은 '진항(振恒)'을 두고 '흔들림이 오래 지속된다'라고 해석했고, 이

振(진)을 '떨치다'로 해석하는 사람은 '항도를 떨치는' 경거망
동으로 해석했다. 하지만 나는 어느 쪽도 아닌, '버리다', '그
만두다'로 해석하였다. 그래서 문제의 '진항(振恒)'을 '항도를
버리다'로 해석하였다. 어차피, 上爻(상효)는 해당 상황의 종
료를 의미하기에 필자의 판단이 옳다고 생각한다.

---

* 恒(항, 긍) : 항상, 변하지 않고 늘 그렇게 하다, 항구히, 반달, 두루 미치다,
  뻗치다, 걸치다 등의 뜻이 있으나 여기서는 '항상', '변하지 않고 늘 그렇게
  하다'로 해석하였음.
* 久(구) : 오래다, 길다, 오래 기다리다, 오래 머무르다, 가리다, 막다, 변하
  지 아니하다, 오랫동안, 오래된, 시간, 기간 등의 뜻이 있으나 여기서는 '변
  하지 아니하다', '오래간다'로 해석하였음.
* 己(이) : 이미, 벌써, 너무, 뿐, 따름, 매우, 대단히, 너무, 반드시, 써, 써서,
  이, 이것, 조금 있다가, 병이 낫다, 말다, 그치다, 그만두다, 끝나다, 용서하
  지 아니하다, 버리다, 버려두다 등의 뜻이 있으나 여기서는 '그치다'로 해
  석하였음.
* 得(득) : 얻다, 손에 넣다, 만족하다, 고맙게 여기다, 깨닫다, 알다, 분명해
  지다, 적합하다, 이르다, 도달하다, 이루어지다, 만나다, 탐하다, 사로잡다,
  덕, 덕행, 이득, 이익 등의 뜻이 있으나 여기서는 이런 의미가 아니라 '~体
  로 적합하다'라는 의미로 사용되었다. 따라서 '하늘=해와 달'이라는 뜻으
  로 해석하였음.
* 立(입) : 서다, 멈추어 서다, 똑바로 서다, 확고히 서다, 이루어지다, 정해지
  다, 전해지다, 임하다, 즉위하다, 존재하다, 출사하다, 나타나다, 세우다,
  곧, 즉시, 낱알, 닢(납작한 물건을 세는 단위), 리터의 약호, 바로, 설립, 자

리 등의 뜻이 있으나 여기서는 '정해지다'로 해석하였음.

* 浚(준) : 깊게 하다, 깊다, 치다, 재물 등을 약탈하다, 빼앗다 등의 뜻이 있으나 여기서는 '깊게 하다'로 해석하였음.

* 容(용) : 얼굴, 모양, 용모, 몸가짐, 용량, 속내, 속에 든 것, 나부끼는 모양, 어찌, 혹, 혹은, 담다, 그릇 안에 넣다, 용납하다, 받아들이다, 용서하다, 치장하다, 맵시를 내다, 종용하다, 느긋하다, 권하다, 종용하다, 쉽다, 손쉽다, 어렵지 아니하다 등의 뜻이 있으나 여기서는 '받아들이다'로 해석하였음.

* 制(제) : 절제하다, 억제하다, 금하다, 마름질하다, 짓다, 만들다, 맡다, 바로 잡다, 법도, 규정, 천자의 말 등의 뜻이 있으나 여기서는 '짓다', '만들다'로 해석하였음.

* 義(의) : 옳다, 의롭다, 바르다, 선량하다, 순응하다, 맺다, 해 넣다, 섞다, 간사하다, 의, 정의, 올바른 도리, 의리, 우의, 거동, 예절, 의식, 명분, 법도, 용모, 공적인 것, 인공적인 것, 가짜 등의 뜻이 있으나 여기서는 '예절', '거동'으로 해석하였음.

* 振(진) : 떨치다, 떨다, 진동하다, 구원하다, 거두다, 건지다, 구휼하다, 떨쳐 일어나다, 속력을 내다, 들다, 들어 올리다, 열다, 열어서 내놓다, 받아들이다, 수납하다, 정돈하다, 뽑다, 빼내다, 바루다, 바로잡다, 조사하다, 무던하다, 오래되다, 버리다, 그만두다, 멎다, 홑겹, 한 겹 예, 옛 등의 뜻이 있으나 여기서는 '버리다', '그만두다'로 해석하였음.

산지박괘 재해석

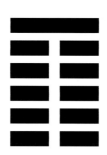

스물세 번째 괘인 산지박괘를 다시 읽어보자. 먼저, 역의 원문을 옮겨 놓으면 이러하다.

剝 : 不利有攸往.

깎아 벗김 : 가면(갈 바가 있으면) 불리하다.

《彖》曰 : 剥剥也, 柔变刚也. 不利有攸往, 小人长也. 顺而止之, 观象也. 君子尚消息盈虚, 天行也.

단에서 말했다. '깎아 벗겨 없애는', 산지박괘는 깎아 없앰이라, 유

(음효)가 강(양효)을 변화시킴이다. '갈 바가 있어 불리하다' 함은 소인이 자라남이다. 순종하고(하괘 덕성) 멈춤(상괘 덕성)이 괘상의 모습이다. 군자가 사라지고 자라나고, 차고 빔을 숭상함이 (곧) 하늘의 움직임(작용)이다.

《象》曰：山附于地, 剝 ; 上以厚下安宅.

상에서 말했다. 땅에 붙어 있는 산이 깎이어 없어짐이다. 윗분(윗자리에 계신 분)은 아래를 두터이 하여 집안을 평안하게 한다.

初六, 剝床以足, 蔑, 貞凶.

초육, 침상의 다리가 깎이어 벗겨짐이니 없어짐이고 곧으면 흉하다.

《象》曰："剝床以足", 以灭下也.

상에서 말했다. '침상의 다리가 깎아 벗겨짐'이란 아래가 없어짐이다.

六二, 剝床以辨, 蔑, 貞凶.

육이, 침상의 다리 고정판이 깎아 벗겨짐이니 없어짐이고 곧으면 흉하다.

《象》曰："剝床以辨", 未有与也.

상에서 말했다. '침상의 다리 고정판이 깎아 벗겨짐'이란 함께하는 이가 없음이다.

六三, 剝, 无咎.

육삼, 깎이고 벗겨져서 없어짐은 허물이 없다.

《象》曰 : "剝之无咎", 失上下也.

상에서 말했다. '깎이어 없어짐의 허물 없음(허물이 되지 않음)'이란 위아래를 잃음이다.

六四, 剝床以膚, 凶.

육사, 침상의 표면이 깎이어 없어짐이니 흉하다.

《象》曰 : "剝床以膚", 切近災也.

상에서 말했다. '침상의 표면이 깎이어 없어짐'이란 재앙이 가까이 있는 절박함이다.

六五, 貫魚, 以宮人寵, 无不利.

육오, 꿴 물고기로써 궁인이 사랑함이니 유리하다(불리함이 없다).

《象》曰 : "以宮人寵", 終无尤也.

상에서 말했다. '궁인이 사랑함'이란 끝내 근심 걱정이 없어짐이라.

上九, 硕果不食, 君子得舆, 小人剥庐.

상구, 크고 단단한 과일은 먹히지 않음이니, 군자는 수레를 얻고, 소인은 초가지붕을 벗겨낸다. *'食'은 오자(誤字)라고 판단된다. '蝕'으로 표기되어야 옳다.

《象》曰 : "君子得舆", 民所载也 ; "小人剥庐", 终不可用也.

상에서 말했다. '군자가 수레를 얻는다 함'이란 백성이 싣는 바가 있음이고(백성이 수레에 실어서 바침이고), '소인이 초가지붕을 벗겨낸다' 함은 끝내 사용할 수 없음이다.

위 우리말 번역은 물론, 필자가 했다. 우리나라에서 번역된 다수의 번역자와는 적잖이 다르다. 우선, 剝(박)을 깎다, 벗기다 등의 의미로 해석함은 기본적으로 같으나 여기에 滅(멸)이라는 의미가 들어있고, 그 '멸하다', '없어지다' 등의 뜻을 '蔑(멸)'로 표현했다는 점에 주의해야 한다. 물론, 이 산지 박괘에서 깎이고 벗겨져 없어지는 대상은 양효(陽爻)이다. 이 괘는 초효(初爻)부터 오효(五爻)까지가 이미 음효(陰爻)로 바뀌어버린 상태이다. 여섯 개의 효가 모두 양효인 중천건괘(重天乾卦)를 기준 삼아 말하면 그렇다는 것이다. 실제로 괘상(卦象)을 이런 시각에서 해설하고 있다. 그래서 육효사(六爻辭)를 주의 깊게 읽어야 한다. 왜, 이런 말이 붙었는지를 인간사와 연계시켜 상상해야 한다.

  그리고 足(족), 辨(변), 膚(부) 세 글자는 상(床=牀)의 부위(部位)를 나타내는 말인데, 상(床)이 침상이든 밥상이든 책상이든지 간에 상관없이 그 상의 다리를 족(足)으로, 그 네 개의 다리를 연결하여 고정하는 테두리 가로대를 변(辨)으로, 그 위로 올려지는 상판을 부(膚=肤)로 구분했다. 상(床)이 깎이고 벗겨져 없어지는 단계를 아래에서부터 중간, 위로 이해하여 점진적으로 표현했기 때문이다.

  그리고 '貫魚(관어)'라는 단어와 '碩果(석과)'라는 키워드가 나오는데 이들에 관한 해석도 완전히 다르다. 이 두 개의 키워드에 대해서는 별도의 글을 썼으니 여기서는 생략한다(관어(貫魚):p.165, 석과(碩果):p.169 참조). 사실, 이 산지박괘의 괘효사(卦爻辭) 읽기가 가장 어려운 것 같다. 여기서는 득중(得中), 정위(正位), 호응(互應), 친비(親比) 따위를 가리는 일이 사라지고 '12피괘설'에 입각한 해설이 이루어지는 데다가 쉬이 해독되지 않는 키워드까지 풀어야만 하기 때문이다.

화천대유괘의 본질

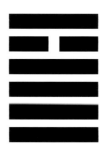

주역(周易)의 화천대유괘(火天大有卦)는 64개의 괘 가운데 열네 번째 괘(卦)로서 상괘(上卦)가 리(离=火)이고 하괘(下卦)가 건(乾=天)으로 이루어진, '많이 혹은 크게 소유한다'라는 뜻이 내포되어 있다.

어두운 밤 산 위에 불이 나면 저 밑에서 보기에는 매우 아름답기에 불구경이라도 나갈 수 있으나 하늘 위의 불꽃은 잘 보이지도 않지만, 순간적으로나마 눈 마주치는 것만으로도 정신이 번쩍 들 것이다. 그래서 산 위에 불꽃은 유랑하며 여행하는 나그네 신세가 되는 '화산려괘(火山旅卦)'가 되지만 하늘 위의 불은 사람과 재물을 크게 소유하는 '화천대유괘'가 된다.

그렇듯, 하늘 아래에 불이 머물면 천화동인괘(天火同人卦)가 되는데 하늘 아래이지만 그래도 높은 곳에서 불이 밝으니 그 불과 뜻이나 행동을 같이하겠다며 몰려드는 사람들이 바로 동인(同人)이다. 그러니까, 불이 밝고 그 뜻이 좋으면 사람이 많이 모여들고, 사람이 모여들면 재물도 모이게 마련이다. 그러나 그 하늘 아래 불빛은 순간 반짝이는 것으로 족할 수도 있다. 그것이 태양이 아니고 폭죽 같은 불꽃이라면 사람이 하는 짓거리이기 때문이다.

요즈음 항간(巷間)에서 떠도는 '화천대유'라고 하는 회사가 엄청난, 상식 밖의 부(富)를 축적한 모양인데 그 배경과 방법을 두고 설(說:입증되지 아니한 주장)들이 난무하는데 세상이 온통 시끄러운 지경이다. 내 이런 세상에 할 일이 없어서 대략 삼천 년 전 책이나 파고 있으니 나도 한심하기 짝이 없는 놈이다.

남들이 뭐라 한들 개의치 않고 내친김에 그 주역(周易)에서 말하는 화천대유괘의 본질은 무엇인가를 잠시 생각해 보고자 한다. 난무하는 설이 아니라 오늘날까지 전해지는 문장 그대로에 담긴 사실(?)을 말하고자 한다. 그런데 그것을 이해하려면, 약 오천 년 전에 만들어진 괘상(卦象)을 읽을 줄 알아야 하고, 약 삼천 년 전에 붙여진 괘사(卦辭)와 효사(爻辭) 그리고 약 이천오백육십 년 전에 붙여진 단사(彖辭)와 상사(象辭) 등을 해독해야만 한다.

그래서 현재 중국에서 널리 사용되고 있는 화천대유괘의 원문(?)을 그대로 옮겨 놓으면서 우리말로 바꾸어 보겠다.

大有 : 元亨.
(화천) 대유괘는 크게 형통하다.

《象》曰 : 火在天上, '大有' ; 君子以遏恶扬善, 顺天休命.
상이 말하기를, "하늘 위에 불이 있음이 크게 가짐이라. 군자는 이로써 하늘의 훌륭한 뜻(명)에 따라서 악함을 막고 선함을 드날리라." 했다.

《彖》曰 : 大有, 柔得尊位, 大中而上下应之, 曰大有. 其德刚健而文明, 应乎天而时行, 是以元亨.

단이 말하기를, "'많이(크게) 소유하는' (화천) 대유괘는 유(육오효)가 존귀한 자리와 위대한 중도를 얻어 위아래가 호응하니 이를 일러 '대유'라고 한다. 그 덕이 강건하고, 이치를 밝히니, 하늘이 때 맞추어 호응함으로써 크게 형통하다."

初九, 无交害, 匪咎 ; 艰则无咎.
초구, 어렵게 여겨서(신중함으로) 해로움과 사귐이 없음이니 허물이 되지 않는다. * 다른 역자들의 번역임.

√초구, 허물이 아니면 교류(교제)로 인한 해로움이 없다. 화환(재앙이나 사고 등으로 인한 근심)인즉 무구하다(허물이 되지 않는다). * 필자의 번역.

《象》曰 : 大有初九 无交害也.
상이 말하기를, "대유괘의 초구는 해로움과 사귐이 없다."

九二, 大车以载, 有攸往, 无咎.
구이, 큰 수레로 싣고, 나아감이 있으며, 허물이 없다.

《象》曰 : "大车以载", 积中不败也.
상이 말하기를, "'큰 수레에 싣는다.'라고 함은 그 가운데에 실어서 무너지지 않음이다.”

九三, 公用亨于天子, 小人弗克.

구삼, 소인은 해낼 수 없으나, 공(제후)은 (재물이나 사람을) 사용하거나 동원해서 천자(황제)를 형통하게 한다.

《象》曰 : “公用亨于天子”, 小人害也.

상이 말하기를, “‘천자를 위해서 공이 사람이나 재물을 쓴다’라고 한은 소인에게는 해가 된다.”

九四, 匪其彭, 无咎.

구사, 많고 교만하지 않으면 허물이 되지 않는다.

《象》曰 : “匪其彭, 无咎”, 明辨晢也.

상이 말하기를 “‘많고 교만하지 않음이 허물이 되지 않는다’라고 함은 지혜롭고 슬기롭다는 뜻이다.”

六五 , 厥孚交如 , 威如 , 吉.

육오, 그 믿음으로 사귀듯이 하고 위엄이 있어 보이면 좋다.

《象》曰 : “厥孚交加”, 信以发志也 ; “威如之吉”, 易而无备也.

상이 말하기를, "'그 믿음으로 사귀듯이 한다'라고 함은 신뢰로써 뜻을 드러냄이고, '위엄이 있어 보임이 좋음'은 (위엄이 없으면) 쉽게 여기고 대비하지 않기 (때문이다.)"

上九, 自天佑之, 吉无不利.
상구, 하늘로부터 도움이 있으니 불리함이 없어 길하다.

《象》曰 : 《大有》上吉, 自天佑也.
상이 말하기를, "'크게 가짐'이 크게 길한 것은 하늘로부터 도움이기 (때문이다). "

우리말 번역은 필자가 한 것이다. 주역을 공부한 다른 분들과는 번역상의 차이가 좀 있는데 첫째, '上吉'에서 上을 보통 '上爻'라고 보는데 필자는 양과 질에서 정도를 뜻하는 上中下로 이해하였다. 그래서 上을 '大'로 읽었고, 上吉을 '大吉'로 읽어 '가장 크고, 가장 많이 좋다(길하다)'라는 의미로 받아들였다. 둘째, '厥孚交如, 威如'를 "진실한 믿음을 가지고 사람들과 더불어 사귀는 것이니, 위엄이 있으면 길하다(고은주)."라고 하거나 "믿음을 가지고 서로 교류하니 위엄이 있으면 길하다(심의용)."라고 번역했는데 믿음으로 교류하고 사귀는데 무슨 위엄이 필요한가. 그래서 나는 부드럽게 해석했다.

셋째, '彭'을 성(盛)하고 교만한 모양을 뜻하는 '방'으로 읽었다. 넷째, '明辨晳'을 '명변(明辯)·명석(明晳)'이라는 단어가 있듯이 '明辨+明晳'으로 해석하였다. 晳(절)과 晳(석)은 음이 다르나 훈이 같기에 혼용해서 쓰는 것 같다. 현재의 중국 주역에는 보다시피 '晳'로, 우리나라 주역에서는 '晳(석)'으로 표기되었다.

우리가 이 괘에서 간과해서는 안 될 것이 하나 있는데 그것은 바로 '大有(대유)'의 내용물이다. '크게 있음'이 '크게 소유함'이 되고, 큰 것[大]이 많음[多]이 되는데, 그 크고 많은 것이 바로 무엇이냐일 것이다. 그것은 구이 효사에서 언급된 것처럼 큰 수레에 싣는 것은 재물(財物)이 마땅하듯이 요즘 말로 치면 '그놈의 돈[錢]'이다. 그리고 한 가지가 더 있다. 그것은 뜻과 행동을 같이하는 천화동인괘(天火同人卦)를 이어받은 것이 바로 화천대유괘(火天大有卦)인 것처럼, 돈이 좋아, 뜻이 좋아 벌떼처럼 몰려든 사람들[衆]이다.

삼천 년 전 '동인(同人)'과 '대유(大有)'라는 말이 돌연 사람들 입에서 입으로 떠도니 이 또한 하늘의 뜻이 아니겠는가.

천화동인괘의 본질

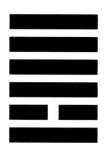

　주역 64개 괘 가운데 열세 번째 괘인 '천화동인(天火同人)'은 하늘과 땅이 꽉 막혀있는 '천지비(天地否)'의 뒤를 이었는데, 「설괘전(說卦傳)」에서 설명하는 그 뜻이 의미심장하다. 곧, 하늘과 땅이 꽉 막혀서 교류하지 못하는, 답답한 세상에서는 뜻을 같이하는 사람들끼리 모여서 무언가 돌파구를 찾아야 하는데 그 출구를 찾기 위해서 하늘 아래 밝은 불빛을 보고 모여든 사람들이 동인(同人)이다.

　그러면, 주역(周易)의 천화동인괘(天火同人卦) 원문을 먼저 읽으면서 바로 그 밑으로 우리말 번역문을 붙여 보겠다. 물론, 우리말 번역은 필자가 한 것이고, 다른 역자들의 번역과는 적잖이 다르다. 혹, 관련 책이 있는 분들은 그 책을 펴서 대조해 보기 바란다.

天火同人
천화동인

同人, 同人于野, 亨, 利涉大川, 利君子贞.
(천화동인괘의) 광야의 동인(광야에서 뜻을 같이하는 사람들이 모임)은 형통하고, 큰 강을 건넘(국가적 대사를 추진함)이 이로우며, 군자가 곧아야(곧고 바르면) 이롭다.

《彖》曰 : 同人, 柔得位得中, 而应乎乾, 曰同人. 同人曰「同人于野, 亨. 利涉大川.」乾行也. 文明以健, 中正而应, 君子正也. 唯君子为能通天下之志.
'단(괘사)'에서 말했다. '뜻을 같이하는' 천화동인괘는 유(육이효)가 자리를 얻고 중도를 얻어서 건(상괘)에 호응함을 일러서 '동인'이라고 한다. 동인괘 괘사에서 말한 '광야에서 뜻을 같이하는 사람이 형통하고, 큰 강을 건넘이 이롭다' 함은 건의 움직임(작용)이다. 하늘의 섭리를 밝히어 튼튼하고, 중도의 바름으로 호응함이 군자의 바름이다. 오직 군자(육이효)가 천하의 뜻과 통하여 화목하게 된다.

《象》曰 : 天与火, 同人 ; 君子以类族辨物.
'상'에서 말했다. 하늘과 함께하는 불이 동인이다. 군자는 이로써
비슷한 족속(패거리)을 분별해야 한다.

初九, 同人于门, 无咎.
초구, 문에 동인은 허물이 되지 않는다(문에서 뜻을 같이하는 사람
들이 모임은 허물이 없다).

《象》曰 : 出门同人, 又谁咎也！
'상'에서 말했다. 문을 나선 동인을 누가 더욱 탓하겠는가(책망하
지 않는다).

六二, 同人于宗, 吝.
육이, 일족(一族)·동성(同姓)에 동인은 소중히 여긴다.

《象》曰 : "同人于宗", 吝道也.
'상'에서 말했다. '일족·동성에 동인'은 도를 소중히 여기다.

九三, 伏戎于莽, 升其高陵, 三岁不兴.

구삼, 높은 언덕에 올라가 풀숲에 병사를 잠복시켜 살피나 삼 년 동안 징발하지 못한다(공격하지 못한다).

《象》曰：“伏戎于莽”, 敵剛也；“三岁不兴”, 安行也？
'상'에서 말했다. '풀숲에 병사를 잠복시켜 살핌'은 적이 굳세기 때문이고, '삼 년 동안 징발하지 못함'은 어찌 실행할 수 있겠는가(실행해 옮길 수 없기 때문이다).

九四, 乘其墉, 弗克攻, 吉.
구사, 보루인 성벽을 오르지만 공격하여 이기지 못하니 (결과적으로) 길하다.

《象》曰：“乘其墉”, 义弗克也, 其 “吉”, 则困而反则也.
상에서 말했다. '보루인 성벽에 오름'은 뜻(도리)으로 이길 수 없음이다. '그것이 길함'은 곧 궁색해져서 법도로 돌이켰기 때문이다.

九五, 同人, 先号咷, 而后笑. 大师克相遇.
구오, 동인은 먼저 부르짖으며 우나 후에 웃는다. 큰 무리의 군사를 써서 이김으로써 서로 만난다(만나기 때문이다).

《象》曰：同人之先, 以中直也, 大师相遇, 言相克也.

'상'에서 말했다. '동인이 먼저 부르짖는다' 함은 중도로써 바르기 때문이고, '큰 무리의 군사를 써서 서로 만난다' 함은 '상극(相剋)'이라는 뜻이다.

上九, 同人于郊, 无悔.
상구, 교외에서 동인은 후회함(뉘우침)이 없다.

《象》曰 : "同人于郊", 志未得也.
'상'에서 말했다. '교외에서의 동인'은 아직 뜻을 얻지 못함이다.

앞서 번역상의 차이가 적잖이 있다고 말했는데, 단사(彖辭)에서 '能'을 '능히 ~할 수 있다'로 해석한 게 아니라 '화목하게 지내다'로 해석하였고, 초구 상사에서 '又'를 '또'가 아닌 '더욱'으로 해석했으며, '咎'를 '허물'이 아닌 '책망하다' 동사로 해석했다. 그리고 '宗'을 '계파(系派)'로 해석할 수도 있으나 일족(一族)·동성(同姓)으로 해석했고, '吝(린)'을 '인색하다'가 아닌 '아끼다', '소중히 여기다'로 해석했다. 그리고 구오 상사에서 '相克(상극)'을 '相剋(상극)'으로 해석했다. 물론, 이것은 나만의 해석인데 다른 여타의 책에서는 能을 '능히 ~할 수 있다'로, 又를 '또'로, 宗을 '집안사람'으로, 吝을 '인색하다'로, 咎를 '허물'로 번역했다. 어느 번역이 옳은지는 독자 여러분이 직접 판단하기 바라며, 필자는 어떻게 하면 이 번역문장들을 이해할 수 있도록 쉽게 설명할 수 있을까를 생각하겠다.

솔직히 말해, 우리말로 번역해 놓아도 주역을 연구하듯 공부하지 아니한 사람들은 이것이 무슨 말인지 이해하지 못하리라 생각된다. 보다시피, 주역은 ①괘명(卦名) ②괘상(卦象) ③괘사(卦辭) ④단사(彖辭) ⑤육효사(六爻辭) ⑥상사(象辭) 등으로 짜였다. 이런 식의 문장이 64빌이 모여 있는 게 수역의 몸통이라고 보면 크게 틀리지 않는데, 번역 자체도 어렵거니와 번역했어도 함의가 깊어서 온전히 이해하기란 여간 어려운 것이 아니다.

따라서 이 천화동인괘(天火同人卦)의 번역문을 이해하기 쉽게 설명해야 하겠는데 나는 이렇게 최대한 줄여서 하고 싶다.

먼저, 육효를 '같은' 상황에 놓인 '사람들'이라고 여겨라. 그리고 같은 상황 속에서 이들이 서로 어떤 '관계'인지를 생각하라. 그런데 각자의 처지가 다르다. 그 처지는 음(陰)이냐 양(陽)이냐이고, 각 효 기준에서 위아래의 이웃이, 그리고 짝이 음이냐 양이냐를 따지고, 각자의 자리가 바른지 그른지를 생각하면 된다. 이 문제에 관해서는 필자의 다른 글 「육효는 어떻게 작용하는 것일까?」(『계사전 우리말 번역&핵심내용 집중탐구』 193쪽), 「64괘 괘상 읽는 법」(네이버 블로그 「이시환 문학세계」) 등을 참고하기 바란다.

그리고 여기서 '같은' 상황이라는 것은 뜻을 같이하여 뭉치는, 서로 연대해야만 하는 현실이다. 이를 전제로 괘상(卦象)을 살펴야 효사(爻辭)와 상사(象辭)가 이해된다.

그렇다면, 괘상(卦象)의 전체적인 모습을 바라보라. 한눈에 보아도 다 양효(陽爻)들인데 밑에서 두 번째만 음효(陰爻)이다. 그리고 상괘(上卦)는 건(乾)으로 하늘이고, 하괘(下卦)는 화(火)로서 불이다. 하늘 아래 불이고, 불이 하늘로 솟아오르는 모양이다. 단사(彖辭)에서 이미 설명해 주었듯이, 음효인 육이효는 자리가 바르고 중도까지 얻어서 상괘(上卦)인 하늘에 호응한다. 특히, 그의 짝인 구오효를 중심으로 같은 무리가 모여 있으면서 이 육이효와 연대하고 싶은데 성향이 같은 양효들 사이인지라 물밑경쟁이 치열한 상황이다.

초구(初九)는 위로 향하면서 육이(六二)와 함께할 수 있다.

육이는 자리도 바르고, 중도(中道)까지 얻어서 인기 만점이다. 게다가, 홍일점이다. 그래서 주인공 노릇을 한다. 그의 짝인 구오(九五)가 점잖고 의젓하게 위에 있으나 주변의 사람들이 가만 놔두지 않는 꼴이다. 구삼(九三)은 육이와 함께하면서 위로 올라갈 수는 있지만 좌불안석이다. 바로 위에 있는 구사(九四)·구오(九五)가 신경 쓰이기 때문이다. 구사(九四)는 육이가 있는 아래로 향하지만, 자신의 위아래에 포진하고 있는 구삼(九三)·구오(九五)가 여간 신경 쓰이는 게 아니다. 구오(九五)는 육이를 향해 내려가고 싶지만, 구사(九四)와 구삼(九三)이라는 장애물 같은 존재가 가로막고 있다. 자리도 바르고 중도까지 얻어서 조건으로 보면 가장 훌륭한 중심인물인데 체면이 말이 아니다. 상구(上九)는 어차피 따르는 사람이 없기에 크게 신경 쓸 필요가 없다.

하괘(下卦)인 불이 위로 올라가고, 상괘(上卦)인 하늘이 아래로 내려와 서로 호응하여 연대하고자 초구는 '문(門)'에서, 육이는 '종친(宗親)' 또는 '계파(系派)'에서, 구삼은 '고릉(高陵)'에서, 구사는 '성벽'에서, 구오는 '대사(大師:큰 무리의 군대)'로, 상구는 '교외(郊外)'에서 각각 활동하는 것으로 빗대어졌다. 그러니까, 모여 연대하는 장소 다섯 곳과 수단 한두 가지가 드러나 있는 셈인데 이들 용어 하나하나가 지닌 함의

(含意)가 깊지만 여기서는 생략한다. 다만, 하늘과 불[火]이라고 하는 동류끼리 뜻을 같이하여 뭉치고 호응하는 세계 안에서 처지가 다른 사람들 간 관계와 양태가 드러나 있다고 보면 크게 틀리지 않는다.

이렇게 괘상(卦象)을 보고서, 육효 간의 관계를 헤아리어야 하며, 그런 뒤에 효사(爻辭)·상사(象辭)를 읽어야 비로소 그것들이 눈에 들어온다는 사실이다. 이런 과정 때문에 주역이 어렵다고 느껴지는 것인데 아무튼, 여러분들은 다시 처음으로 돌아가 이 괘의 괘사(卦辭)·단사(彖辭)·효사(爻辭)·상사(象辭) 등을 천천히 읽어보기 바란다.

괘상으로 본 '천화동인'과
'화천대유'의 본질적 차이에 관하여

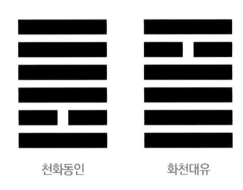

천화동인   화천대유

　천화동인(天火同人)은 상괘(上卦)가 건(乾)이고, 하괘(下卦)
가 리(离)인데 화천대유(火天大有)는 그 상하가 뒤바뀐 것이
다. 곧, 상괘가 리이고 하괘가 건이다. 그럼으로써 하나는 '동
인(同人)'이 되었고, 다른 하나는 '대유(大有)'가 되었다. 여기
서 동인은 뜻을 같이하는 사람들이고, 대유는 '큰 것'을 많이
가짐이다. 다시 여기서 큰 것이란 '양효(陽爻)'이고, 양효란
강건한, 하늘을 따르는 믿음과 능력을 갖춘 인물(人物)이며,
동시에 재물(財物)이다.

천화동인 괘의 주인공은 육이효(六二爻)이지만 화천대유 괘의 주인공은 육오효(六五爻)이다. 동인과 대유는 똑같이 양효(陽爻) 다섯 개와 음효(陰爻) 한 개씩으로 이루어졌는데 하나뿐인 음효의 위치 곧 자리만 다를 뿐이다. 결과적으로, 동인과 대유의 차이는 상·하괘의 차이이며, 동시에 육이효와 육오효의 차이이다. 그런데 육이효가 주인(主人)일 때는 상괘(上卦)인 건(乾)에, 바꿔 말하면 양효(陽爻)들에 호응하여 뜻을 같이하는 동인이 되지만 육오효가 주인이 될 때는 그 육오효가 다섯 양효의 전폭적인 지지와 성원을 받는다. 이 양효들이 자발적으로 주인을 섬기는 것이다. 그러니까, 스스로 알아서 육오효 군주를 보좌하고 협력하는 자들이다.

그렇다면, 왜 이런 차이가 생겼을까? 육이효는, 자리도 바르고 부드러운 중도(中道) 곧 유중(柔中)을 얻은 홍일점으로 군자라면, 육오호는, 비록 자리는 바르지 못하나 부드러운 중도 곧 유중을 얻은 홍일점으로 여왕이다.

부드러운 군자(君子)는 강건(剛健)한 양효들에 순종하듯 뜻을 같이하는 동인이 되어 서로 호응하지만, 양효들 간에는 경쟁과 알력이 있다. 그리고 부드러운 여왕은 강건한 양효들이 알아서 자발적으로 보좌하고 협력하는 부하들을 거느린다. 그래서 군자는 동인이 되고, 여왕은 대유가 되는 것이다.

이런 관계를 세속적인 인간사로 빗대어 말하자면, 다섯 명의 강건한 남자들 속에 한 명의 여성이 있는데 이 여자는 자리가 바르고 세상 사는 이치를 깨달아서 지나치지도 않고 부족하지도 않은, 그야말로 언제나 반듯하고 정숙하다. 그런데 자신을 에워싸고 있는 강건한 사내들과 뜻을 같이하여 서로 호응하는, 좋은 관계를 유지한다. 그럼으로써 스스로 동인 곧 한 무리의 패가 되는데 그녀가 비로 육이효이다.

그런가 하면, 다섯 명의 강건한 남자들 속에 한 명의 부드러운 여자가 그 중심에 있는데 이 여자는 강력한 리더십을 요구하는 자리에 있어서 썩 잘 어울리지는 않지만 역시 세상 사는 이치를 깨달아 누구하고도 친화하고 언제나 부드럽고 상냥하다. 그런데 그 지위가 높아 좋은 활동이나 역할이 기대되는 사람이다. 그래서일까, 그녀를 에워싸고 있는 남자들이 알아서 그녀에게 협력하고, 필요하면 언제든 도움을 준다. 소위, 그들은 그녀에게 충성을 다하는 것이다. 그녀 입장에서 보면, 쓸만한 능력자들을, 바꿔말해, 신하들을 많이 거느리는 셈이다. 그래서 그녀는 부자(富者)인 대유가 된 것이다.

이처럼 동인과 대유의 차이는, 양효와 음효 사이의 관계로서 양효들의 세상에서 음효가 그들과 뜻을 같이하여 자연스럽게 한 무리가 되면 동인이 되는 것이고, 그 양효들이 하나뿐인 지체 높은 음효에게 충성을 다하는 관계가 성립되면 인적 물적 부자인 대유가 되는 것이다.

동인과 대유는 여성이 주인공이며, 홍일점으로서 하늘의 공명정대함을 지향하는, 강건한 남성들과의 관계에서 그 운명이 결정된다. 그러나 동인이 된 육이효는 그 집단, 그 조직의 중심이 되어서 강건한 양효들의 전폭적인 지지와 성원을 받는 육오효, 여왕이 될 수도 있다. 모든 일은 스스로 하기에 달려있기 때문이다.

택뢰수괘 다시 읽기

隨 : 元, 亨, 利, 貞, 无咎(중국).

隨 : 元亨, 利貞, 无咎(한국:심의용, 고은주).

隨 : 元亨利貞, 无咎(한국:신원봉).

*문장부호에 따라 그 의미가 달라지는데 보다시피 제각각이다.

수 : 근본이고, 형통하며, 이롭고, 바르며, 무구하다.

*본문 내용을 고려하면 '隨 : 元亨, 利貞, 无咎'로 표기해야 옳고, 이를 '크게 형통하고, 곧고 바라야 이로우며, 무구하다.'라고 번역함이 옳다고 판단된다(필자 개인적인 의견임).

《彖》曰 : 随, 刚来而下柔, 动而说, 随. 大亨贞无咎, 而天下随时. 随时之义大矣哉

'단'에서 말했다. '따르는(추종하는)', 택뢰수괘는 강(하괘:진:장남)이 와서 유(상괘:태:소녀)에게 자기를 낮추고, 움직이어(하괘 덕성) 기쁘니(상괘 덕성) '수괘'라고 한다. 크게 형통하고 곧으니 무구하며, 천하가 때를 따른다. (수괘의) 때를 따르는 뜻이 위대하구나!

《象》曰 : 泽中有雷, 随 ; 君子以**向晦入宴息**.

'상'에서 말했다. 연못 가운데 우레가 있음이 수괘이다. 군자는 이로써(이를 보고 깨달아) 어두워지면 침실로 들어가 쉰다.

初九, **官有渝**, 贞吉. 出门交, 有功.

초구, 직위 직책상 업무의 변화가 있으니 바르면 길하다. 문밖으로 나가 교류하면 (그) 공이 있다(결과가 뒤따른다).

《象》曰 : "官有渝", 从正吉也 ; "出门交, 有功", 不失也.

'상'에서 말했다. '직위 직책상 업무의 변화가 있음'은 바름을 좇아야 길하다. '문밖을 나서 교류하면 공이 있다' 함은 잃는 바가 없음이다.

六二, **係小子**, 失丈夫.

육이, 어린아이에 얽매이면 어른을 잃는다.

《象》日 : "係小子", 弗兼与也.

'상'에서 말했다. '어린아이에 얽매임'은 겸해서 함께 할 수 없음이다.

六三, 係丈夫, 失小子. 随有求得, 利居贞.

육삼, 어른에 얽매이면 어린아이를 잃는다. 구하여 얻는 추종은 바름에 머물러야 이롭디.

《象》日 : "係丈夫", 志舍下也.

'상'에서 말했다. '어른에 얽매인다' 함은 뜻을 버리고 아래로 내려감이다(뜻을 꺾고 포기함이다).

九四, 随有获, 贞凶 ; 有孚在道, 以明, 何咎!(?:한국)

구사, 붙잡음(포획)이 있는 추종은 바르더라도 흉하다. 도에 대한 믿음으로써 드러내면 어찌 허물이 되겠는가(그렇지 못하다는 뜻이다).

《象》日 : "随有获", 其义凶也. "有孚在道", 明功也.

'상'에서 말했다. '붙잡음(포획)이 있는 추종'은 그 뜻(의도)이 흉함이다. '도에 대한 믿음이 있다' 함은 공로가 드러남이다.

九五, **孚于嘉**, 吉.

구오, 가례에 믿음이 있으니 길하다.

*가례(嘉禮 : 경사스러운 예식, 혼례)

《象》曰 : "孚于嘉, 吉", 位正中也.

'상'에서 말했다. '가례에 믿음이 있어 길함'은 바른 자리의 중도이다.

上六, 拘係之, 乃**从**, 维之 ; 王用亨于西山.

*享:심의용, 亨:신원봉, 고은주

상육, 붙잡아 결박하니 이내 굴복하고 (그 상태를) 유지함으로써 왕은 서산에서 제사를 지낸다.

《象》曰 : "拘係之", **上穷也**.

'상'에서 말했다. '붙잡아 결박함'은 위로 다함이다(최상의 진헌이다).

우리말 번역문은 물론, 필자의 것이다. 먼저, 주역을 공부한 다른 분들의 번역과는 적잖이 다르다. 짙게 표기된 단어나 어구들에서 큰 차이가 나는데 그것을 일일이 드러내어 놓지는 않겠다. 여러분이 가지고 있는 책들과 대조해 가며 읽어보기 바란다.

더 큰 문제는, 우리말로 신중하게 번역해 놓아도 이게 무슨 말인지 쉽게 이해되지 않는다는 사실이다. 모든 괘의 괘효사(卦爻辭)를 읽을 때는 반드시 해당 괘(卦)의 의미를 괘상(卦象) 속 음양(陰陽) 부호(符號)들 간의 상관관계와 연계하여 읽어야 하기 때문이다. 비로 이 부분이 실현되시 않기에 어렵게 느껴지는 것이다. 주역을 설명하는 모든 역전(易傳)이 바로 이 부분에서 장황하게 설명하기 때문에 오히려 난삽하게 느껴지는 것도 사실이다.

바로 이런 문제를 염두에 두고서 이해를 돕기 위해서 먼저 전제해 두어야 할 점들을 정리해 보겠다.

상괘(上卦)는 태괘(兌卦)요, 태괘는 사상(四象) 중 태양(太陽)에서 나온 괘로 자연 구성물로는 '택(澤:연못)'으로 빗대어지고, 그 성정(性情)은 '열(說=悅:기쁨)'이다. 그리고 획수로는 4획으로 음괘(陰卦)이고, 소녀(少女)로 빗대어진다. 하괘(下卦)는 진괘(震卦)로 사상(四象) 중 소양(少陽)에서 나온 괘로 '뇌(雷:천둥 번개)'로 빗대어지고, 그 성정은 '동(動:움직임)'이다. 그리고 획수로는 5획으로 양괘(陽卦)이며, 장남(長男)으로 빗대어진다.

그리고 단사(彖辭)에서 '강(剛)이 와서 유(柔)에게 자기를 낮추었다'라고 했는데, 이 말의 의미를 또한 분명하게 이해해야만 한다. 괘상(卦象)을 보면서 구체적으로 말하면, '강(剛)이 와서 유(柔)에게 자기를 낮추었다'라는 말은, 음괘(陰卦)인 태괘(兌卦) 밑으로 양괘(陽卦)인 진괘(震卦)가 왔다는 것을 의미하고, 육효(六爻) 중 양효(陽爻)인 초구(初九)가 음효(陰爻)인 육이(六二)·육삼(六三) 밑으로 왔다는 점을 말하기도 한다. 그리고 양효인 구오(九五)가 상육(上六) 밑으로 온 것까지도 말할 수 있다.

그리고 모든 괘를 읽을 때 적용되는 정위(正位), 호응(呼應), 친비(親比), 득중(得中) 등의 문제(효 간의 상관관계)까지를 기본적으로 살핀 다음, 주어진 육효사(六爻辭)와 상사(象辭)를 읽어야 비로소 어느 정도 이해된다.

'초구'는 자리가 바른 양(陽)으로서 어린 나이이지만, 유중(柔中)을 얻은 육이를 추종하는 자이기 때문에 바르게만 행동

한다면 공을 세울 수 있다. '육이'는 자신을 따르는 어린 초구에 얽매이면 자칫 짝인 구오(九五)를 잃을 수 있다. '육삼'은 이웃인 구사(九四)나 강중(剛中)을 얻은 구오(九五)에 얽매이면 짝인 상육(上六)과 어린 초구를 잃을 수 있다. '구오'는 자리도 바르고 강중(剛中)을 얻어 강력한 리더십을 발휘하여 짝인 육이와 호응한다. 이뿐만 아니라, 모든 효(爻)가 추종해야 하는 대상이지만 그 추종하는 무리가 개별적으로 다른 조건을 갖기에 대하는 방법이 다를 수 있다. '상육'은 중도를 지나친, 오만불손한 지로서 구오를 추종하는 일에 방해가 되는, 지위가 높은 자이다.

이 정도만이라도 염두에 두고서 괘효사(卦爻辭)를 읽고, 해당 상사(象辭)를 읽으면 어느 정도 이해가 되리라 믿는다. 이제, 여러분은 처음으로 돌아가 천천히 다시 읽기 바란다. 이 수괘(隨卦)뿐만이 아니라 나머지 63개의 괘도 이와 같은 방식으로 읽어야 비로소 이해가 되고, 역문(易文)이 가깝게 다가온다.

산풍고괘 재해석

蠱 : 元亨, 利涉大川 ; 先甲三日, 后甲三日.

(적폐를 청산하는) 일 : 크게 형통함. 큰 강을 건넘이 이롭다(국가
적 대사를 실행함이 이롭다). 일을 시작하기 전 3일과 일을 시작하
고 나서 3일을 신중히 하다(대사를 실행함에 그 전후를 면밀하게 살
핀다).

《彖》曰 : 蠱, 剛上而柔下, 巽而止, 蠱. 蠱元亨, 而天下治也. 利涉
大川, 往有事也. 先甲三日, 後甲三日, 终則有始, 天行也.

'단'에서 말했다. '적폐를 청산하는', 산풍고괘는 강이 올라가고(상

괘=간=소남) 유가 내려오니(하괘=손=장녀) 겸손으로(하괘 덕성) 멈춤이(상괘 덕성) 고괘이다. '고괘가 크게 형통하다' 함은 천하를 다스림에 있다. '큰 강을 건넘이 이롭다' 함은 가면 일이 있음이다. '일을 시작하기 전 3일과 일을 시작하고 나서 3일을 신중히 함'이란 끝마치는 즉 시작하는데 (이것이) 하늘의 움직임이다.

《象》曰 : "山下有风, 蛊 ; 君子以振民育德.

상에서 말했다. 산 아래에서 바람 부는 것이 고괘이니 군자는 이로써 덕을 길러서 백성을 거두라(구휼하라).

初六, 干父之蛊, 有子考, 无咎 ; 厉终吉.

초육, 아버지의 일을 처리하는데 자식이 깊이 헤아리니 무구하다. 위태로우나 끝내 길하다.

《象》曰 : "干父之蛊", 意承考也.

상에서 말했다. '아버지의 일을 처리함'이란 죽은 아버지를 깊이 헤아려 계승함이다.

九二, 干母之蛊, 不可贞.

구이, 어머니의 일을 처리하는데 곧아서는(고집부려서는) 안 된다.

《象》曰 : "干母之蛊", 得中道也.

268

상에서 말했다. '어머니의 일을 처리함'이란 중도를 얻음이다.

九三, 干父之蠱, 小有悔, 无大咎.

구삼, '아버지의 일을 처리함'이란 후회함이 좀 있으나 큰 허물은 없다.

《象》曰 : "干父之蠱", 終无咎也.

상에서 말했다. '아버지의 일을 처리함'이란 끝내 무구하다.

六四, 裕父之蠱, 往見吝.

육사, 아버지의 일을 받아들이고, 가면(추진하면) 부끄럽게 된다.

《象》曰 : "裕父之蠱", 往未得也.

상에서 말했다. '아버지의 일을 받아들임'은 가서(추진해서) 얻는 게 없음이다.

六五, 干父之蠱, 用譽.

육오, 아버지의 일을 처리함에 명예를 활용하라.

《象》曰 : "干父用譽", 承以德也.

상에서 말했다. 명예를 활용하여(명예로써) 아버지의 일을 처리함은 계승함으로써 덕을 행함이다.

上九, 不事王侯, 高尚其事.

상구, 왕후를 섬기지 않는다(왕후의 일에 힘쓰지 않는다). 그(왕후를 섬기지 않는) 일을 크게 자랑한다.

《象》曰：“不事王侯”, 志可則也.

상에서 말했다. '왕후를 섬기지 않는다' 함은 뜻이 준칙이 됨이다.

산풍고괘(山風蠱卦)는 우리말로 번역하기가 쉽지 않은 괘 가운데 하나이다. 역자마다 조금씩 다르고, 번역문을 읽어도 무슨 말인지 선뜻 이해되지 않는다. 결과적으로 필자도 여기에 하나를 더 보탠 셈인데 독자의 주의가 요구된다. 그래서 약간의 해설을 붙여 보겠다. 이 해설이 필요함은 중국인이나 우리나 마찬가지이다. 그래서 적지 아니한 '역전(易傳)'이 나왔다. 그렇다고, 통일된 안이 있는 것도 아니다. 저마다 번역과 해석이 다르다. 그래서 더욱 주의 깊게 읽어야 한다.

'蠱(고)'의 의미는 '일(事)'은 일이로되 천하를 다스리는 통치자의 정사(政事)를 말한다. 이런 판단의 근거는 '고괘(蠱卦)가 형통하다는 것은 천하를 다스림에 있다'라는 단사(彖辭)에 있다. 그것도 효사(爻辭)에 나타난 것처럼 선대(先代) 곧 아버지나 어머니가 해온 대사(大事)·대업(大業)·유업(遺業) 등에 대하여 처리하는 일이다. 그래서 '先甲三日 後甲三日'이라는 답이 괘사(卦辭)로 제시되었다. 여기서 '선갑삼일 후갑삼일'

이란 대사(大事)를 처리 결정하기 전에 현상을 세심히 살피고, 사태를 분석하여 신중하게 함이고, 대사를 추진한 뒤에는 그 결과나 영향 등을 면밀하게 분석 평가하여 신중히 한다는 뜻이다.

처리해야 할 대상으로는 '아버지의 일(父之蠱)'과 '어머니의 일(母之蠱)'이라는 말로 효사에서 표현되었지만, 이 두 가지 일은 꼭 두 가지의 일만이 아니라 선대(先代)에서 추진해 온 일이 될 것이다. 그런데 일 '事'나 '遺業'이란 글자를 쓰면 되는데 그렇지 않고 굳이 '蠱'라는 글자를 사용했다. 여기에는 반드시 이유가 있을 것이다. '蠱'의 함의를 고려하면 좋지 못한 일일 것이다. 독기(毒氣)가 어려 있고, 곡물 속의 벌레처럼 해를 끼치는 일이다. 그래서 이 고(蠱)를 두고 부패(腐敗)니 적폐(積弊)니 말을 하는 것이다.

일은 일이로되 과거 선대(先代)의 일이고, 앞으로 나아가고자 하는 바람의 길을 막는 장애물(障碍物)이 된 산처럼 높이 쌓인 일이다. 무언가 의욕을 갖고 새롭게 나아가고자 하는 바람(風:하괘)인 새 통치자에게 산(山:상괘)이 되어 앞을 가로막고 있는 상황이 고괘(蠱卦)이고, 그런 상황을 어떻게 극복할 것인가를 설명한 것이 육효사(六爻辭)라고 보면 틀리지 않는다. 육효사(六爻辭)의 핵심인즉 '깊이 헤아리고(考, 意)', 필요하면 계승(繼承)하며, 그렇지 못한 경우에는 중지를 모아 신중하게 처리하되 자신의 명예와 지위를 활용해야 한다는 것이다.

그리고 아버지의 일과 어머니의 일을 주관하고 담당하여 처리한다는 의미로 '幹(간)'과 '裕(유)'라고 하는 두 글자가 쓰였는데 이 두 글자의 차이를 분별해야 한다. 幹(간)은 '주관하다', '담당하다'로, 裕(유)는 '받아들이다', '용납하다'로 해석하면 틀리지 않는다. 그리고 '깊이 헤아린다'라는 의미로 '考(고)'와 '意(의)'가 쓰였음을 확인하고 그 함의를 생각해 볼 필요가 있다.

그리고 상구(上九) 효사와 상사가 좀 어색하다는 느낌을 떨칠 수 없다. 왕후를 왕과 제후로 해석하는 이도 있고, 그냥 왕후(王侯)로 해석하는 이도 있으나 이것은 큰 문제가 되지 않는다. 문제는 '高尙其事'이다. 여기서 '高尙'을 '높이 숭상한다'로 해석하나 필자는 '크게 자랑하다'로 해석했다. 그리고 其가 지시하는 내용에 대해서는 앞 구절인 '왕후를 섬기지 않는'으로 판단하였다. 다른 역자들은 '其事'를 '자기일'로 해석한다. 그런데 상사 내용은 고개를 갸우뚱하게 한다. 왕후를 섬기지 않는 뜻(의지)이 법칙, 준칙, 이치가 된다고 했으니 말이다. 현재로서는 중도를 지나친, 가장 높은 자리에 있는 상효(上爻)는 교만함의 극에 달해있기에 당연히 그렇다는 뜻으로 받아들일 수밖에 없다.

---

* 蠱(고, 야) : 뱃속벌레, 기생충, 곡식벌레, 악기, 독기, 굿, 정신병, 일, 미혹하게 하다, 주문을 외다, 의심하다, 요염하다, 아름답다 등의 뜻이 있으나 여기서는 '일(事)'로 해석하였음. 일은 일이로되 좋지 못한 선대(先代)의 일을 처리, 해결하는 일이다. 그래서 사람들은 대개 이 고(蠱)를 '부패 개혁'으로 해석한다. 요즈음 말로 치면, '적폐(積弊)'를 청산하는 일'에 가깝다. 앞선 시대 곧 과거로부터 쌓였던 좋지 못한 일을 정리하고 청산하는 일이 곧 '고(蠱)'라고 하는데 이는 각 효사(爻辭)를 해석, 음미하면서 확인해 볼 필요가 있다.

* 甲(갑) : 갑옷, 딱지, 껍질, 첫째, 아무개, 손톱, 첫째 천간, 첫째가다, 싹이 트다, 친압하다 등의 뜻이 있으나 여기서는 '시작하다'로 해석하였음. '선갑삼일(先甲三日)'과 '후갑삼일(後甲三日)'이라는 용어가 갖는, 중국인이 부여한 의미에 관해서는 별도의 설명이 필요하다. 갑은 첫째 천간(天干)을 의미하지만, 이 갑이 순서와 순위를 말하는 데에도 쓰인다.

그리고 '종즉유시(終則有始)'라는 용어에 관해서도 보충설명이 필요하다. '끝마치면 곧 시작이 있다'라는 이 말은, 주역을 공부한 사람들이 믿는 일종의 천도(天道) 곧 하늘의 움직임과 관련된 말이다. 하늘이 그렇듯 인간사도 그러하다는 인식이 반영되었다. 시작이 있으면 끝이 있고, 끝이 나면 반드시 다시 시작된다는 불교의 가치관과도 맥을 같이하는데 주역에서는 음과 양의 관계를 통해서 자연현상의 이치를 설명하는 말이다. '영허(盈

虛:차고 빔)', '시종(始終:처음과 끝)'이라는 단어도 이와 관련되어 있다.
* 幹(간, 관, 한) : 줄기, 몸, 중요한 부분, 체구, 근본, 본체, 천간, 십간, 재능, 용무, 등뼈, 담당하다, 유능하다, 하다, 저지르다, 견디다, 주관하다, 우물 난간 등의 뜻이 있으나 여기서는 '주관하다', '담당하다'로 해석함. 현행 중국 주역에서는 이 '幹' 대신에 '干'을 쓰기도 한다.
* 裕(유) : 넉넉하다, 넉넉하게 하다, 너그럽다, 관대하다, 느긋하다, 받아들이다, 용납하다, 늘어지다, 옷이 헐렁하다, 열다, 여유 등의 뜻이 있으나 여기서는 '받아들이다', '용납하다'로 해석하였음.
* 事(사) : 일, 직업, 재능, 공업, 사업, 관직, 벼슬, 국가 대사, 경치, 흥치, 변고, 사고, 섬기다, 일삼다, 종사하다, 글을 배우다, 힘쓰다, 노력하다, 다스리다, 시집가다, 출가하다, 꽂다 등의 뜻이 있으나 여기서는 '힘쓰다', '일'로 해석하였음.
* 考(고) : 생각하다, 깊이 헤아리다, 살펴보다, 관찰하다, 시험하다, 오래 살다, 장수하다, 치다, 두드리다, 이루다, 성취하다, 맞다, 합치하다, 솜씨가 좋다, 마치다, 오르다, 시험, 고사, 제기, 흠, 벼슬아치의 성적, 임기, 죽은 아버지, 사체(史體)의 한 가지 등의 뜻이 있으나 여기서는 '깊이 헤아리다', '죽은 아버지'의 뜻으로 해석하였음.
* 意(의, 억) : 뜻, 의미, 생각, 사사로운 마음, 정취, 풍정, 생각건대, 아앙!, 의심하다, 헤아리다, 생각하다, 뜻하다, 기억하다 등의 뜻이 있으나 여기서는 '헤아리다'로 해석하였음.
* 用(용) : 쓰다, 부리다, 사역하다, 베풀다, 일하다, 등용하다, 다스리다, 들어주다, 하다, 행하다, 작용, 능력, 용도, 방비, 준비, 재물, 재산, 효용, 씀씀이, 그릇, 도구, 써(以) 등의 뜻이 있으나 여기서는 '以'로 해석하였음.

뇌화풍괘 재해석

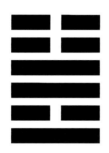

　'풍(豐)'하면 우리는 대개 '풍성함'을 떠올리고, 그것이 무엇이든 양적으로는 넉넉하고, 질적으로 실한 모습을 떠올린다. 그래서 기분이 좋아진다. 가을철 수확기에 곡물의 풍성함과 더불어 사람의 마음까지 여유로워지고 후덕해지는, 그 풍년(豐年)을 생각하게 된다.

　하지만, 주역 64개 괘 가운데 쉰다섯 번째 괘인 뇌화풍괘(雷火豐卦)에서 '풍'은 그런 의미가 전혀 아니다. 밝음, 진리, 지혜 등을 상징하는 불(火)이 많아지고 커진다는 점에서는 부합(符合)하나 그 불을 가리고 차단하는 구름이나 차양이나 커튼 등이 크고 많다는 것도 '풍'으로 여기기 때문이다.

그럼, 역문을 살펴보자. 물론, 우리말 번역은 필자가 한 것이다.

丰 : 亨, 王假之 ; 勿忧, 宜日中.
풍괘는 형통하다. 왕이 와 이르다. 걱정하지 말고, 해가 중천에 떠 있는 것처럼 하라.

《彖》曰 : 丰, 大也. 明以动, 故丰. 王假之, 尚大也. 勿忧宜日中, 宜照天下也. 日中则昃, 月盈则食, 天地盈虚, 与时消息, 而况于人乎, 况于鬼神乎?
단에서 말했다. '많고 큰' 뇌화풍괘의 '풍'은 성대함이다. 밝게(하괘 덕성) 움직이는(상괘 덕성) 고로 풍성하다. '왕이 와 이른다' 함은 성대함을 좋아함이다. '마땅히 해가 중천에 있는 것처럼 근심하지 말라' 함은 마땅히 천하를 비추어야 함이다. 해가 중천에 있는 즉 기울고, 달이 차는 즉 이울고, 때와 더불어 사라지고 자라나는데 하물며, 사람에게서이랴. 하물며, 귀신에게서이랴.

《象》曰 : 雷电皆至, 丰 ; 君子以折狱致刑.

상에서 말했다. 천둥과 번개가 함께 이른 것이 풍이니, 군자는 이로써 감옥이 죄수를 판단하여 형벌을 집행한다.

初九, 遇其配主, 雖旬无咎, 往有尚.

초구, 그 짝인 주인을 만난다. 비록, (구사의) 영향을 받으나 무구하며, 나아가면 존경받는다.

《象》曰 : "雖旬无咎", 过旬灾也.

상에서 말했다. 비록 영향을 받으나 무구하다 함은 지나치게 영향을 받으면 재해가 있다는 뜻이다(결과적으로 적게 영향을 받는다는 뜻임).

六二, 丰其蔀, 日见斗, 往得疑疾 ; 有孚发若, 吉.

육이, 해가 중천에 떠 있는데 차양이 커서 북두칠성이 보인다. 나아가면 질투와 의심만 사니 (오직) 믿음으로 처신해야 길하다.

《象》曰 : "有孚发若", 信以发志也.

상에서 말했다. 오직 믿음으로 처신한다 함은 믿음으로써 뜻을 폄이다.

九三, 丰其沛, 日中见沫 ; 折其右肱, 无咎.

구삼, 해가 중천에 떴는데도 많은 구름에 짙게 가려져 작은 별들이 보인다. (이런 상황에 일을 도모하면) 오른팔이 떨어지나 (그만큼 힘 드나 끝까지 노력하면) 해를 입지 않는다.

《象》曰：“丰其沛”, 不可大事也；“折其右肱”, 终不可用也。
상에서 말했다. 구름이 짙고 크다 함은 큰일이 불가하고, 오른팔이 떨어진다 함은 끝내 쓸 수 없음이다.

九四, 丰其蔀, 日中见斗；遇其夷主, 吉.
구사, 차양이 커서 해가 중천에 떠 있는 데에도 북두칠성이 보인다. 기뻐하는 주인을 만나니 길하다.

《象》是：“丰其蔀”, 位不当也；“日中见斗”, 幽不明也；“遇其夷主”, 吉行也.
상에서 말했다. 차양이 크다 함은 자리가 부당함이고, 해가 중천에 떴는데 북두칠성이 보인다 함은 밝지 않고 어둡다는 뜻이며, 기뻐하는 주인을 만남은 함께 나아감이 길하다는 뜻이다.

六五, 来章, 有庆誉, 吉.
육오, 인재가 오니 경사가 있고 명예로워 길하다.

《象》曰 : "六五之吉, 有庆也.

상에서 말했다. 육오의 길함은 경사가 있음이다.

上六, 丰其屋, 蔀其家, 闚其户, 阒其无人, 三岁不覿, 凶.

상육, 집이 크고 높으며, 방에 차양이 쳐있고, 창호로 훔쳐보니 사람이 없어 조용하다. 삼 년 동안 볼 수 없으니 흉하다.

《象》曰 : "丰其屋", 天际翔也 ; "闚其户, 阒其无人", 自藏也.

상에서 말했다. 집이 크고 높다는 것은 하늘가에 닿을 듯 날아가는 모양새이고, 창호로 훔쳐보나 사람이 없다는 것은 스스로 숨음이다.

뇌화풍괘(雷火豐卦)의 '豐(풍)'의 의미를 어떻게 이해하고 받아들이느냐는 대단히 중요하다. 그런데 이 풍괘(豐卦)를 우리말로 번역하고 해석한 이들조차 풍(豐)의 대상을 온전하게 말하지 않는다.

豐은 '多'와 '大'의 의미가 함께 들어가 있다. 양적으로 많다는 뜻이고, 질적으로는 크다는 뜻이다. 그렇다면, 그 많고 큰 것은 무엇인가? 그 대상은 두 가지이다. 하나는, 해(日)로 빗대어지는 불(火)이고, 그 다른 하나는 그 불빛을 가려 차단하는 것들이다. 불이 크고 많다는 것은 하괘(下卦)인 불 위로 치는 번개가 합해짐을 말함이고, 불빛을 가려 차단하는 것이 많고 크다는 것은 천둥 번개가 칠 때 동반되는 하늘에 구름이고, 집안에 드리워진 처마·차양(遮陽)·커튼 등이다. 물론, 역문(易文)에서는 '차양(蔀)'과 생략된 구름(雲) 대신에 '沛(패)'가 나온다. 그리고 '집(屋)'도 나온다. 결과적으로, 하늘에 떠 있는 밝은 햇빛을 가리는 것들이다.

　해는 근본적으로 밝은 것이고, 그래서 하늘의 뜻인 진리(眞理)를 상징하며, 동시에 인간의 지혜(智慧)를 상징한다. 바로 그것들을 가리어 어둡게 하는 것들이 너무 크고 많아져서 세상이 캄캄해지더라도 해가 중천에 떠 있는 것처럼 여기고, 믿음과 인내심을 갖고서 처신하라는 뜻이 담긴 것이 바로 이 풍괘(豐卦)이다. 그렇다면, 어떤 믿음인가? 그것은 단사(彖辭)에 언급되었듯이, 해가 뜨면 지고, 지고 나면 다시 떠오르게 마련이듯, 달이 차면 기울고, 기울어지고 나면 다시 차오르는 천지간의 질서(秩序)에 대한 믿음이다.

　그래서 이 풍괘는 하늘의 햇빛을 가리어 어두워진 세상에서 각기 다른 조건에 처해있는 사람들의 상황과 처신법을 설명한 것이 육효사(六爻辭)라고 보면 틀리지 않는다. 바로 이같은 사실을 전제하고서 육효사를 번역해야 바르게 할 수 있

다. 이렇게 풍괘(豐卦)를 이해하고 나면, 괘사(卦辭)의 '王假
之(왕격지)'라는 말도 '왕이 와 이른다'라는 말이 육오 효사와
무관하지 않고, 이 말의 진의(眞意)도 '가려진 해가 다시 비춘
다'라는 뜻으로 이해할 수 있다. 그러니 지금 어두워도, 어두
워서 하늘의 별이 보여도 해가 중천에 뜬 것으로 알고 행하
면 해롭지 않다고 말하는 것이다. 나머지는 육효(六爻) 간의
관계로 인해서 성립되는 개별적 상황을 설명하는 말들이다.
이렇게 뇌화풍괘를 이해하면 한결 그 내용이 가벼워지리라
본다.

---

* 豊(풍) : 풍년, 잔대, 부들, 왕골, 풍년이 들다, 우거지다, 무성하다, 성하다,
  두텁다, 살지다, 넉넉하다, 풍성하다, 가득하다, 크다 등의 뜻이 있으나 여
  기서는 '풍성하다', '크다'로 해석하였음.
* 假(가, 하, 격) : 거짓, 가짜, 임시, 일시, 가령, 이를테면, 틈, 틈새, 빌리다,
  빌려주다, 용서하다, 너그럽다, 아름답다, 크다, 멀다, 이르다, 오다, 오르
  다, 지극하다 등의 뜻이 있으나 여기서는 '이르다', '오다'로 해석하였음.
* 宜(의) : 마땅하다, 알맞다, 마땅히 ~하여야 한다, 화목하다, 형편이 좋다,
  아름답다, 마땅히, 과연, 정말, 거의, 제사 이름, 안주, 술안주 등의 뜻이 있
  으나 여기서는 '마땅히 ~해야 한다'로 해석하였음.
* 食(식) : 밥, 음식, 제사, 벌이, 생활, 생계, 먹다, 먹이다, 현혹게 하다, 지우
  다, 등의 뜻이 있으나 여기서는 '지우다'로 해석하였음.
* 旬(순, 균) : 열흘, 열 번, 십 년, 두루, 두루 미치다, 고르다, 균일하다, 차

다, 곽 차다, 부역, 노역 등의 뜻이 있으나 여기서는 '두루 미치다'로 해석
하였음.

* 蔀(부) : 빈지문, 차양, 덮개, 작다, 덮이다, 덮다, 어둡다, 희미하다 등의 뜻
이 있으나 여기서는 '차양'으로 해석하였음.

* 若(약) : 같다, 어리다, 이와 같다, 좇다, 너, 만약, 이에, 바닷귀신, 어조사,
성의 하나 등의 뜻이 있으나 여기서는 '나아가다'라는 뜻의 '適(적)'으로 해
석하였음.

* 闃(격) : 고요하다, 조용하다, 인기척이 없다 등의 뜻이 있으나 여기서는
'인기척이 없다'로 해석하였음.

* 覿(적) : 보다, 만나다, 뵈다, 눈이 붉다, 멀리 바라보다, 멀리 바라보는 모
양 등의 뜻이 있으나 여기서는 '만나다', '보다'로 해석하였음.

* 章(장) : 글, 문장, 악곡의 단락, 사문의 절, 구별, 기, 표지, 보범, 본보기,
조목, 법, 법식, 문채, 무늬, 도장, 인장, 큰 재목(材木), 형체, 허둥거리는
모양, 문체의 이름, 크다, 성하다, 밝다, 밝히다, 나타나다, 드러나다 등의
뜻이 있으나 여기서는 밝고, 큰 재목 같으며, 모범이 되는 양효(陽爻)들을
의미한다고 판단하여 '인재(人才)'로 해석하였음.

[64개 괘 이름과 그 含意를 한눈에 볼 수 있도록 정리한 도표]

番號	卦名	音	訓
1	乾	건	하늘(天). 天德
2	坤	곤	땅(地). 地道
3	屯	둔(준)	막힘(塞), 어려움(難).
4	蒙	몽	어림(幼), 어리석음(愚).
5	需	수	기다림(須).
6	訟	송	다툼(訴, 競).
7	師	사	무리(衆), 통솔, 지휘.
8	比	비	교류(交), 도움.
9	小畜	소축	작은 것으로 제지하여 기름 *작은 것 : 陰
10	履	리	禮를 행함.
11	泰	태	소통, 안정.
12	否	비	不通, 不交, 斷絶.
13	同人	동인	뜻을 같이하여 호응함 *柔가 剛에게 호응함.
14	大有	대유	인적 물적 자원을 많이 가짐 *柔가 剛을 많이 거느림.
15	謙	겸	겸손.
16	豫	예	기쁨 *柔가 剛에게 순종함.
17	隨	수	따름, 추종함. *剛이 柔를 따름
18	蠱	고	신중하게 적폐를 청산함.
19	臨	임	가까이 다가감.
20	觀	관	바르게 보고 바르게 보임.

21	噬嗑	서합	범법자 다스리는 법.
22	賁	비	꾸미어 빛나게 함.
23	剝	박	깎고 벗겨 없앰.
24	復	복	돌아옴, 회복함.
25	无妄	무망	망령되지 아니함, 진실함, 신중함.
26	大畜	대축	큰 것으로 제지하여 크게 기름. *큰 것 : 陽
27	頤	이	바르게 기름, 養正.
28	大過	대과	큰 것이 지나치게 많음.
29	坎	감	물웅덩이, 위험. 重險.
30	離	리	만남, 짝지음, 빛남. 麗.
31	咸	함	느끼어 통함, 感應.
32	恒	항	변하지 않고 오래 감. 久.
33	遯	둔(돈)	물러남, 은둔.
34	大壯	대장	크게 씩씩함.
35	晉	진	앞으로 나아감. 進.
36	明夷	명이	지혜 죽이기, 똑똑함 숨기기. 蔑, 滅.
37	家人	가인	가족, 식구의 도리.
38	睽	규	어긋남, 서로 등짐. 反目.
39	蹇	건	어려움, 고난.
40	解	해	풀림, 해결됨.
41	損	손	아래에서 덜어내어 위로 보태어 줌.
42	益	익	위에서 덜어내어 아래로 보태어 줌.

43	夬	쾌	의사를 결정함, 결단함.
44	姤	구	만남. *柔가 剛을 만남.
45	萃	췌	모음, 모임(聚).
46	升	승	위로 올라감, 승진.
47	困	곤	곤궁.
48	井	정	우물.
49	革	혁	대개혁.
50	鼎	정	음식을 삶는 솥. 正位.
51	震	진	천둥, 번개, 벼락. 雷, 電, 震.
52	艮	간	멈춤, 그침(止)
53	漸	점	천천히 나아감.
54	歸妹	귀매	누이 시집감, 인간사의 근본.
55	豊	풍	풍성함, 성대함.
56	旅	여	여행, 나그네.
57	巽	손	공손함, 겸손, 뜻을 펴기 위한 명령함.
58	兌	태	기쁨.
59	渙	환	흩어짐.
60	節	절	통제, 절제.
61	中孚	중부	진실한 믿음.
62	小過	소과	작은 것이 지나치게 많음. *작은 것 : 陰
63	旣濟	기제	이미 다 이룸, 이미 물길을 건넘.
64	未濟	미제	아직 이루지 못함, 아직 물길을 건너지 못함.

☞ 주의(注意)

1. 64개 괘 가운데 소축, 동인, 대유, 서합, 무망, 대축, 대과, 대장, 명이, 가인, 귀매, 중부, 소과, 기제, 미제 등 15개만 그 이름이 두 자(字)이고 나머지 49개 괘는 한 자(字)이다.

2. 진 칠 '둔(屯)'을 어려울 '준'으로 읽기도 하고, 클 '분(賁)'을 꾸밀 '비'로 읽으며, 달아날 '둔(遯)'을 달아날 '돈'으로도 읽는다.

3. 견줄 '비(比)'를 '친하게 지내다', '친숙하다', '돕다' 등의 뜻으로 해석하며, 아닐 '부(否)'를 막힐 '비(否)'로 읽는다.

4. 오랑캐 '이(夷)'를 '멸하다', '죽이다'의 뜻으로 해석하며, 돌아갈 '귀(歸)'를 '시집가다'의 뜻으로 해석하고, 때놓을 '리(離)'가 붙을 '離'로 쓰여 '짝짓다'의 의미가 있는 '麗'로 읽힌다.

5. 미리 '예(豫)'가 '기뻐하다'의 뜻으로 사용되었고, 나아갈 '진(進)' 대신에 '진(晉)'이, 믿을 '신(信)' 대신에 미쁠 '부(孚)'가 사용되었고, 구덩이 '감(坎)'이 험할 '험(險)'의 뜻으로 사용되었다.

6. 이들 외에 특별히 어렵거나 혼란스럽게 하는 글자는 없으나 '서합(噬嗑)', '이(頤)', '고(蠱)' 등이 다소 생소할 뿐이다.

7. 주역을 공부하려면 최소한 이들 64개 괘의 이름과 그 뜻을 먼저 분명하게 익힐 필요가 있고, 그런 연후에 괘상(卦象)을 읽을 줄 알아야 한다.

제4부

주역에서 매끄럽지 못한 우리말 번역의 실례를 공개하며
괘사(卦辭), 효사(爻辭), 상사(象辭), 단사(彖辭) 등에서
34개 문장·어구 등을 번역·비교하다

주역에서 매끄럽지 못한
우리말 번역의 실례를 공개하며

주역에는 64개의 괘(卦)가 있고, 괘 하나하나에 괘의 의미를 드러낸 괘명(卦名), 괘의 길흉을 판단한 괘사(卦辭), 괘사의 판단 내용에 관한 근거 내지는 이유를 중심으로 기술된 단사(彖辭), 그리고 괘(卦) 안에서 다르게 처신하는 육효의 상황을 기술한 효사(爻辭), 효사의 판단 근거를 아주 짧게 제시한 상사(象辭) 등의 문장이 딸려 있다.

그런데 이들 중에서 가장 중요한 64개 괘사와 384개 효사를 우리말로 번역해 놓은 문장이 번역자마다 적잖이 다르다면 어떨까? 괘 하나하나를 잘못 이해했을 가능성이 있고, 당연히 옳고 그름을 따져야 할 것이다.

그런데 역자마다 우리말 번역이 분명, 적잖이 다르다. 필자는 세 종의 우리말 번역서를 나란히 펴놓고 읽었는데 많은 부분에서 서로 다를 뿐 아니라 번역문 자체도 이해하기 어려

운 면이 많다고 느꼈다. 그래서 번역에 문제가 있다고 판단
했으며, 현재 중국에서 널리 읽히는 주역(周易) 원문과 함께
설명을 곁들인 내용과도 대조해 보았다.

그래서 우리말 번역이 매끄럽지 못하다거나 잘못 번역되
었다고 판단되는 괘효사(卦爻辭)들을 그때그때 필자 나름대
로 번역해 보았다. 역시 쉽지는 않았다. 한자(漢字)나 문장이
어려운 게 아니라 괘의 의미와 괘(卦) 안에서 변화하는 육효
(六爻)들의 관계에 대한 이해가 반느시 전제되어야 하기에 어
려운 사실을 알게 되었다. 다시 말해, 괘의 의미, 괘의 성품
과 작용상의 특징, 육효 간의 상관관계 등을 손금 보듯이 훤
히 꿰뚫어 보아야 하고, 또한 역문(易文)이 갖는 문체상의 특
징을 또한 충분히 이해해야 적절한 음훈(音訓)으로 해석할 수
있다.

역문(易文)에는 실제로 생략된 말이 많고, 상징화된 기호처
럼 쓰인 관용구도 많으며, 우리가 흔히 알고 있는 음훈(音訓)
이 아닌, 전혀 다른 의미로 사용된 한자도 많다. 특히, 괘사는
함축적으로 기술되었고, 효사는 당대 생활 습속 관련 말들이
비유적으로 사용되기에 이들 문장상의 구조나 성격을 이해
하지 못하면 매끄러운 번역이 어렵다.

어쨌든, 필자는 서른네 개 정도를 번역했는데 번역의 잘 잘못을 따지듯 일독해 주기를 기대한다. 만약, 필자의 번역이 옳고, 기존의 번역문보다 적절하다면 우리나라에서 번역 소개된 역서들은 전면 재검토되어야 한다고 본다. 주역 960(64개 괘사+384개 효사+384개 소상사+64개 대상사+64개 단사)개 문장 가운데에서 이 서른세 개만 매끄럽지 못하거나 잘못 번역된 것이 아니기 때문이다.

따라서 이 문제를 해결하기 위해서는 주역을 번역한 사람들이 가칭 '주역번역위원회'를 구성하여 공동번역 주역을 내놓을 필요가 있다고 본다. 그래야 주역을 바르게 이해하고, 바르게 활용할 수 있을 것이다.

-2021. 10. 18.

괘사(卦辭), 효사(爻辭), 상사(象辭), 단사(彖辭) 등에서 34개 문장·어구 등을 번역·비교하다

1. 初六 謙謙君子 用涉大川 吉 : 地山謙卦 爻辭

 초육, 겸손하고 겸손한 군자라. 국가적 대사를 이용함이 길하다.

위 효사를 정이천의 역전을 완역한 심의용은 "초육효는 겸손하고 겸손한 군자이니 큰 강을 건너도 길하다"라고 번역하였다. 그런가 하면, 「낭송주역」을 펴낸 고은 주는 "초육효, 겸손하고 겸손한 군자이니 이것을 써서 큰 강을 건너더라도 길하다"라고 번역했다. 「인문으로 읽는 주역」을 펴낸 신원봉은 "겸허하고 겸허하니, 군자가 이것으로 큰 강을 건너면 길하다"라고 번역했다. 하지만 모두 매끄럽지 못하다.

'초육, 겸손하고 겸손한 군자라. 큰 강을 건너는 일(국가적 대사)이 필요하다. (모험을 감수해도) 길하다.'라고 나는 번역한다. 한마디로 말해서 '用(용)'에 대한 해석 차이인데, 이 '用'을 '要(필요하다)'의 뜻으로 해석했다. 물론, 현재 상용되는 중국어에서도 이 '用'은 쓰다, 사용하다 등의 의미로 많이 쓰이고 있지만, '~하는 게 필요하다' 등의 의미로도 쓰인다.

'用'이 단순히 '쓰다', '사용하다'의 뜻이 아니라 '필요하다', '~해야 한다'의 뜻으로 해석해야 함에는 그 이유가 있다. 곧, 초육의 위치 곧 그 위상으로 보아 가장 어리고[幼] 유순(柔順)하다. 양(陽)이 머물 자리에 음(陰)으로 머물기에 용기와 결단이 필요한, 큰 강을 건너는 국가적 대사가 필요하다는 의미로 괘상(卦象)을 읽었기 때문이다.

2. 謙尊而光 卑而不可踰 君子之終也 : 地山謙卦 象辭 끝 문장

주역 강연자 김재홍은 위 문장을 '겸손은 타인을 높이고 빛내며, 자신을 낮추지만 뛰어넘을 수가 없으니, 군자의 마침이다.'라고 번역했다. 「낭송주역」을 펴낸 고은주는 "겸손함의 도는 높고 빛나며 낮추어 처신하여도 뛰어넘을 수 없으니, 군자의 끝마침이다."라고 번역했다. 그리고 정이천의 역전을 완역한 심의용은 "겸손은 높고 빛나며, 낮지만 넘을 수가 없으니, 군자의 끝마침이다."라고 번역했다. 역시 매끄럽지는 못하다.

겸손은 타인을 높이고 빛나게 하며, 겸손은 자신을 스스로 낮추는 언행(言行)임에는 분명하다. 이런 겸손의 의미로써 위 문장을 번역해야 옳다고 생각한다. 하지만 '타인'과 '나'라는 목적어가 생략되었다. 따라서 이 불완전한 문장을 직역(直譯)하자면, "겸손은 높고 빛나며, 낮지만 뛰어넘을 수 없다. (그래서) 군자의 끝이다."가 된다. 이 문장의 의미를 설명하자면, 겸손은 상대방(타인)을 높이고 빛이 나게 하며, 자신을 낮추나 감히 뛰어넘을 수 없기에, 이보다 훌륭한 것이 없기에 군자의 끝, 완성이라는 뜻이다. 결국, 겸손이 군자의 최고 본분(本分)이라는 말이다.

3. 象曰 澤中有雷隨 君子以嚮晦入宴息 : 澤雷隨卦 大象辭

주역 강연자 김재홍은 위 문장을 "상에서 이르기를 연못 속에 우레가 있음이 수괘이니 군자는 이로써 깨달아 어두워지면 집을 향해 들어가 먹고 마시고 쉬어야 한다."로 번역하였다. 심의용은 "상전에서 말했다. 연못 가운데에 우레가 있는 것이 수괘의 모습이니, 군자는 이것을 본받아 어둠이 내리면 들어가 휴식을 취한다."라고 번역했다. 고은주는 "상전에서 말했다. 연못 가운데에 우레가 있는 것이 수괘이니, 군자가 이것을 보고 어둠이 내리면 집안으로 들어가서 편안하게 쉰다."라고 번역했다.

하지만 나는 이렇게 번역하고 싶다. "상에서 말했다. 연못 가운데 우레가 수괘(隨卦)이니 군자는 이로써(이를 보고 깨달아) 어두워지면 침실로 들어가 쉰다."라고 말이다. 嚮晦(향회)를 '어두워지다'로, 宴(연)을 '잔치'가 아닌 '침실'로 해석했다는 뜻이다. 여기서 우리가 염두에 두어야 할 한 가지 사실이 있다. 그것은 '연못 속의 우레'가 곧 따르는 수괘(隨卦)라고 한 점이다. 이것이 무슨 말인가? 연못은 택(澤)이고 태(兌)이며, 소녀(少女)인데 우레는 뇌(雷)요, 진(震)이며, 장남(長男)이다. 강(剛)한 우레가 유(柔)한 연못 아래로 내려와 받들고 있듯이 군자는 이런 모습, 이런 모양, 이런 이치를 보고서 깨달아 때가 되면, 다시 말해, 자신을 믿고 따라주는 이들이 있으면 안심하고 집안에 들어가 쉬어도 좋다는 뜻이 전제되었다는 사실이다.

4. 上六 拘係之 乃從維之 王用亨于西山 : 澤雷隨卦 上六爻 爻辭

「낭송주역」을 펴낸 고은주는 위 효사를 "상육효, 붙잡아 묶어 놓고 또 이어서 민심이 따르는 것을 동여매니, 왕이 서산에서 형통할 수 있었다."라고 번역했고, 정이천의 역전을 완역한 심의용은 "상육효는 붙잡아 묶어 놓고 따라서 동여매니, 왕이 서산에서 번성했다."라고 번역했다. 그런네 '亨(형)'이 '享(향)'으로 표기되었다. 정이천의 설명을 그대로 번역한 책이기에 주 문왕의 할아버지인 태왕(太王)의 이주(移住) 관련 역사적 사실과 연계하여 향(享)을 '번성했다'라고 번역하였다. 물론, 고은주도 이 심의용의 견해를 그대로 받아들인 것으로 보인다. 한편, 「인문으로 읽는 주역」을 펴낸 신원봉은 "잡아 가두니, 마침내 복종하여 온 마음을 다한다. 왕이 서산에서 제사를 지낸다."라고 번역했다. '온 마음을 다한다'라는 표현이 어디에서 왔는지 모르겠다. 무언가 매끄럽지 못함은 분명해 보인다.

어쨌든, 필자는 "상육, 붙잡아 결박하니 이내 굴복하고 (그 상태를) 유지하여 왕은 서산에서 제사를 지낼 필요가 있다."

라고 번역한다. 亨(향)은 '번성하다'라는 뜻이 없고, 亨(형)이나 享(향)이 '제사를 지내다', '제사를 올리다'는 뜻을 함께 갖고 있다. 게다가, 역사적 사실과 연계시키지 않고 택뢰수(澤雷隨)의 괘상(卦象)만을 보고는 왕이 서산에서 형통했다거나 번성했다는 의미를 찾아볼 수 없다. 상육효는 음의 자리에 음이 왔기에 바른 자리이지만 득중(得中)한, 그것도 강중(剛中)을 얻은 구오(九五)가 와서 따르므로 친비(親比) 관계를 잘 유지해야 하는 상황이다.

5. 上九, 不事王侯 高尙其事 : 山風蠱卦 上九爻辭

 위 효사를 심의용은 "상구효는 왕후의 일을 섬기지 않으면서도, 자신의 일을 고결하게 숭상한다."라고 번역했고, 고은주는 "상구효, 왕과 제후를 섬기지 않고 자신이 해야 할 바를 높인다."라고 번역했다. 신원봉은 "왕이나 제후가 되려 하지 않고, 자신의 일로만 만족한다."라고 번역했다. 여기서 '자신의 일'이라는 말이 어디서 나왔는지 모르겠다. 앞의 '事'는 동사로 쓰였고, 뒤의 '事'는 명사로 쓰였는데 출처 불명의 말로 번역되었다. 게다가, 뒤의 事 앞에 지시대명사 其가 와 있는데 말이다. 어쩌면, 앞뒤가 맞지 않는 모순 때문에 그런 모호한 번역이 나오지 않았을까 싶다. 보라. 왕이나 제후의 일을 하지 않는다고 해놓고는 뒤에 가서는 그 일을 높이 숭상한다니 말이 되질 않기 때문이다.

원래, 주역의 괘사와 효사의 문장에는 생략된 말이 많아서 번역하는 데에 각별한 주의가 필요하다. 그래서 오역(誤譯)이 많은 것도 사실이다. 문제의 이 산풍고괘(山風蠱卦) 상구효(上九爻)가 처한 상황을 사람의 일로 간주하여 설명한 말이다. 이 상구효는 음(陰)의 자리인데 양(陽)이 와 머물고, 구삼효(九三爻)와 짝인데 둘 다 양효(陽爻)이므로 호응하지 못하고, 득중(得中)한 육오효(六五爻)를 지나친 자리이지만 인접한 그와 친할 수 있는 관계에 있다.

그래서 왕이나 제후의 일을 직접 하지는 않으나 그 일을 높이 숭상한다는 의미가 아닐까 싶다. 상구효는 그런 자리이고 그런 사람의 위상이다. 그렇다면, "不事王侯 高尙其事"라는 말은 '왕이나 제후의 일을 하지는 않으나 그 일을 높이 숭상한다.'라고 번역함이 옳지 싶다.

괘상(卦象)을 먼저 보고 효(爻) 간의 관계를 살피면 이런 해석이 가능하다. 왕이나 제후가 같이 일할 사람으로 선택하기에는 부담스러운, 그래서 선택되지 못하는 사람이다. 물론, 여기에는 능력이나 성품이나 자리 등이 관여된다.

6. 彖曰 大觀在上 順而巽 中正以觀天下 : 風地觀卦 彖辭 첫 구절

 위 문장을 고은주는 "단전에서 말했다. 크게 보이는 것(구오의 군주)이 위에 있어 유순하면서 겸손하고, 중도와 올바름으로 천하에 보여준다,"로 번역했다. 또, 심의용은 "단전에서 말했다. 크게 보이는 것이 위에 있어, 유순하면서 겸손하고, 중정을 이룬 덕으로 세상에 보인다."라고 번역했다. 그런가 하면, 주역 강연자 김재홍은 "단에서 이르기를, 크게 봄이 위에 있음이니 순종하고 겸손하여 중도로서 바르게 행함으로써 천하를 본다."라고 했다.

잘 알다시피, 단사(彖辭)는 괘사(卦辭)에 대하여 보충 설명한다. 특히, 괘상(卦象)을 보고서 주인공이 되는 효(爻)와 관련된 내용을 언급하되 상·하괘의 덕성을 반드시 포함한다.

이점을 염두에 두고 위 문장을 직역하면, "위에서 크게 본다. 순하고 공손하며, 중도의 바름으로써 천하를 살핀다."가 된다. 왜냐하면, 在上에서 在는 '~에서'라는 처소격 조사로 읽었고, 大觀에서 大는 觀을 수식하는 말이고, 이 둘이 합쳐져서 하나의 명사가 되었다. '큰 것을 본다'라는 뜻이 아니라 '크고 넓게 전체를 본다'라는 의미이다. 이런 '大觀'과 유사한 말이 효사(爻辭)에 나온다. '童觀(동관)', '闚觀(규관)'이 그것이다. 그리고 무엇을 보고 살피는지 觀의 목적어는 觀 뒤로와 있다. '觀我生', '觀國之光'처럼 말이다.

그리고 '順而巽'에서 順(순)은 하괘(下卦)인 지(地)의 덕성이고, 손(巽)은 상괘(上卦)인 풍(風)의 덕성일 뿐이다. 그리고 '中正'이란 것은 '중도를 얻고, 그 자리까지 바르다'라는 뜻이다. 풍지관괘의 괘상을 보건대, 중도를 얻고 자리까지 바른 효는 이효(二爻)와 오효(五爻)인데 위 단사(彖辭)에서 '위에서 크게 보는'이라는 단서가 붙어있음으로 위에 있는, 오효가 그 주인공이 되는 것이다. 그러니까, 이 풍지관괘의 주인공은 구오효(九五爻)이고, 그를 위해서 괘사(卦辭)가 붙어있고, 괘사를 설명하는 단사(彖辭) 역시 그의 시각에서 설명되었음을 확인할 수 있다.

7. 六二 休復 吉 : 地雷復卦 爻辭

  위 효사를 고은주는 "육이효, 아름답게 돌아옴
이니, 길하다."라고 번역했고, 심의용은 "육이효
는 아름다운 회복이니, 길하다."라고 번역했다.
신원봉은 "육이, 기꺼이 되돌아오니, 길하다."라
고 번역했다.

休(휴)는 쉬다, 휴식하다, 사직하다, 그만두다, 멈추다, 말
다, 금지하다, 아름답다, 훌륭하다, 기리다, 찬미하다, 편안하
다, 용서하다, 너그럽다, 이별하다, 검소하다 등 다양한 뜻으
로 쓰인다. 문제의 '休'가 어떤 의미로 쓰였는지 살피려면 이
와 대등한 말들인, 효사에 나오는 ①不遠復(초구), ②頻復(육
삼), ③獨復(육사), ④敦復(육오), ⑤迷復(상육) 등을 고려해야
한다. ⑥休復(육이)을 포함하여 이들 여섯 개의 용어에서 復
앞에 온 말들은 모두 復을 수식하는 말이라는 점을 유념해야
한다.

그리고 절기상 소설(小雪)이 들어있는 음력 10월 괘인 중지
곤괘에서 동지(冬至)가 있는 음력 11월에 양효 하나가 돌아
온 지뢰복괘의 효사에서 일련의 용어들이 사용되었음을 전

제해 두어야 한다. 이게 무슨 말이냐? 육효가 모두 음효인 중지곤괘에서 차례로 밑에서부터 하나씩 음효가 양효로 바뀌어, 다시 말해, 양(陽)이 돌아와 복(復), 임(臨), 태(泰), 대장(大壯), 쾌(夬), 건(乾)이 되는데 제일 밑에 있는 효만 돌아오고 나머지는 그대로 모두 음효로 머무는 지뢰복괘의 육효들을 설명하면서 이 같은 표현을 썼다는 점을 감안(勘案)해야 한다는 뜻이다.

그리고 고려해볼 만한 한 가지 단서가 너 있다. 그것은 해당 상사(象辭)에서의 설명이다. 문제의 육이(六二)에 대한 상사는 "象曰 休復之吉 以下仁也."이다.

그래서 필자는 "육이, 훌륭한 돌아옴이니 길하다."라고 번역한다. 그리고 이 상사를 "상에서 말했다. 훌륭한 돌아옴의 길함은 아래로 향하는 어짊이다."라고 번역한다. 따라서 ① 不遠復:멀리 가지 않고 돌아옴 ②頻復:자주 돌아옴 ③獨復:홀로 돌아옴, ④敦復:부지런히 힘써서 돌아옴, ⑤迷復:길 잃은 돌아옴 ⑥休復:훌륭한 돌아옴으로 각각 해석한다. 물론,「인문으로 읽는 주역」을 펴낸 신원봉은 육이 '休復'을 "기꺼이 돌아오니"로, 육삼 '頻復'을 "얼굴을 찌푸리며 되돌아오니"로 번역하였다.

여기서 주의할 점은 '復'을 '돌아옴'이라고 번역했는데, 이 복은 양효(陽爻)가 상효로서 하나밖에 남지 않은 산지박괘(山地剝卦)에서 이 양효가 끝내는 깎이어 없어져 양효가 하나도 없는 중지곤괘(重地坤卦)가 되었다가 없어졌던 그 양효가 초효(初爻)의 자리로 다시 돌아와 지뢰복괘(地雷復卦)가 되었다는 뜻에서 복괘(復卦)라 했으니 양효를 기준으로 말하면 양효가 없어졌다가 되돌아옴이고, 음효를 기준으로 말한다면 양효(陽爻)의 성품인 군자도(君子道)를 회복함이라고 말할 수도 있다는 사실이다.

그런데 '休復'을 '쉬었다가 돌아옴'이라고 번역하지 않은 이유는 무엇일까? 그것은 '육이'가 중도(中道)를 얻은 자리이고, 정위(正位)이며, 군자도(君子道)로 돌아온, 혹은 회복한 '초구(初九)'와 친비 관계에 있다는 점과 그 상사에서 말한 '아래로 향한 어짊' 때문이다. 신분상으로는 초구보다 높으나 초구의 군자도를 믿고 따르기 때문이다.

8. 象曰 敦復无悔 中以自考也 : 地雷復卦 六五 爻辭 象辭

 위 상사(象辭)에 관해서 고은주는 "상전에서 말했다. '돈독하게 돌아옴이니 후회가 없는 것'은 중도를 지키며 스스로 이룬 것이다."라고 번역했고, 심의용은 "상전에서 말했다. 회복을 돈독하게 하는 자로서 후회가 없는 것은 중(中)으로써 스스로 이루는 것이다."라고 번역했다. 그리고 신원봉은 "상에서 말했다. 돈독히 되돌아와 뉘우침이 없으니, 중노로써 스스로 살피기 때문이다."라고 번역했다. 심의용과 고은주는 '考(고)'를 '成(성)'과 같은 의미로 해석했고, 신원봉은 '考(고)'를 '察(찰)'로 해석했다.

물론, 考(고)에는 생각하다, 깊이 헤아리다, 살펴보다, 관찰하다, 시험하다, 장수하다, 치다, 두드리다, 이루다, 성취하다, 맞다, 맞추다, 어울리다, 솜씨가 좋다, 마치다, 오르다 등 다양한 뜻이 있다.

지뢰복괘(地雷復卦) 육오(六五)는, 중도를 얻은 자리이며, 부정위(不正位)이고, 친비 관계도 없고, 호응하는 효도 없다. 중도를 얻은 자리라는 점 외에는 외톨이 상황이다. 그런데 중도를 얻은 자리라는 이유에서 노력해서 돌아옴인 '敦復(돈복)'으로 받았고, 돈복이 후회함이 없는 이유가 중도로써 자신을 살피기 때문이다. 따라서 필자는 이 문장을 "상에서 말했다. '부지런히 힘써서 돌아옴이라 후회가 없다'라는 것은 중도로써 자기 스스로를 살핌이다."라고 번역한다.

9. 九三, 良馬逐 利艱貞 日閑輿衛 利有攸往 ：山天大畜卦
九三爻辭

 위 효사를 대하여 심의용은 "구삼효는 좋은 말이 달려가는 것으로 어려움을 알아서 올바름을 굳게 지키는 것이 이로우니, 날마다 수레 타는 것과 방위하는 것을 연습하면, 가는 바를 두는 것이 이롭다."라고 번역했다. 신원봉은 "구삼, 양마가 달려가니, 어려워도 곧음을 지키면 이롭다. 날마다 수레를 방어하는 법을 익혀나가니, 나아가는 바가 있어 이롭다."라고 번역했다. 그런가 하면, 고은주는 "구삼효, 좋은 말이 달려가는 것이니 어렵게 여기고 올바름을 굳게 지키는 것이 이롭다. 날마다 수레 모는 것과 자기를 지키는 것을 연습하면 가는 바를 두는 것이 이롭다."라고 했다.

그런데 필자는 왜 이에 선뜻 동의하지 못하는가. "구삼, 좋은 말을 뒤쫓아감이니 어렵더라도 곧으면(끝까지 가면) 이롭다. 날마다 (자신을) 보위하면서 수레를 호위하면 갈 바가 있어 이롭다."라고 번역한다. '閑'에는 한가하다, 등한하다, 막다, 보위하다, 아름답다, 품위가 있다, 조용하다, 틈, 틈새, 법, 법도, 마구간, 목책 등의 뜻이 있는데 여기서는 '보위하다'로 해석하였다. 閑과 衛가 같은 의미로 사용되었는데 衛의 목적어인 輿는 나왔는데 閑의 목적어가 생략되었다. 그래서 그 목적어를 '자신'이라고 유추하였다.

사실, 구삼효는 정위(定位)이고, 육사와 친비 관계에 있으며, 짝인 상구(上九)와는 호응하지 못한다. 따라서 뛰어난 말[良馬]이란 육사라고 생각하며, 육사의 수레를 호위하면서 자신을 지켜나가는 것을 두고 '가는 바가 있어서 이롭다'라고 한 게 아닐까 싶다. 이 대축괘(大畜卦)는 산 아래에 하늘이 있다. 바꿔 말하면, 하늘 위로 높이 산이 솟아있다는 뜻이다. 그만큼, 높이, 많이 쌓는다[畜]는 뜻이면서 큰 것[大]으로써 자신의 욕구나 욕망을 억제하고 제지함이다. 그래서 대축(大畜)이라고 생각한다.

10. 初九, 舍爾靈龜 觀我朵頤 凶 : 山雷頤卦 初九爻辭

위 효사에 대해서 심의용은 "초구효는 너의 신령스런 거북을 버리고 나를 보고서 턱을 늘어뜨리니 흉하다."라고 번역했고, 신원봉은 "초구 : 그대의 신령스러운 거북을 버리고 내 움직이는 입을 관찰하니, 흉하다."라고 번역했다. 고운주는 "초효, 너의 신령스런 거북이를 버리고 나를 보고 턱을 늘어뜨리니 흉하다."라고 번역했다. 이들 세 분의 번역문을 읽어도 고개가 갸우뚱거려진다. 무슨 말인지 잘 이해되지 않기 때문이다.

"초구, 그 신령스러운 거북(양효가 가지는 천부적 지혜)을 버리고, 턱을 움직이는(입안에 음식이 있어 볼록거리는) 나를 관찰함이니 흉하다."라고 번역한다. 여기서 '그'는 '자신의'라는 뜻이고, '신령스러운 거북'은 양효로서 타고난 지혜, 총명함을 의미한다. 그리고 '나를 관찰한다'에서 '나'도 '자신'이다. 그리고 爾를 '너'가 아닌 '其'로 해석했고, 朵를 '움직이다[動]'로 해석했다. 물론, 자전에서 '爾'에는 너, 같이, 그, 뿐, 그러하다, 가깝다 등의 뜻이 있고, '朵(타)'에는 늘어지다, 나뭇가지가 휘휘 늘어지다, 움직이다, 흔들다 등의 뜻이 있다. '턱을 움직이다(朵頤)'라는 말은 입안에 음식이 가득 들어있어 양 볼이 볼록하게 나온, 결과적으로 아래턱이 처진 상태라는 뜻이다.

산뢰이괘(山雷頤卦) 괘상(卦象)을 보면, 초구(初九)와 상구(上九)만 양효(陽爻)이고 나머지는 모두 음효(陰爻)이다. 위아래에 있는 두 양효가 그들 사이에 있는 중효(中爻)를 길러내는 상황을 염두에 두어야 한다.

그런데 초구는 양(陽)의 사리에 양이 위치하여 정위(正位)하고, 육이(六二)와 친비 관계에 있으며, 육사(六四)와는 짝으로서 호응하는 관계이다. 여건상으로 보면 비교적 좋다. 하지만, 움직이는 아래턱으로서 위턱인 상구와 함께 양자 사이에 있는 음효(陰爻)들 곧 소인(小人)들을 하늘의 정도(正道)로써 길러야 한다. 그러함에도 불구하고, '신령스러운 거북'을 버렸다고 했고, 처진 자신의 턱을 쳐다보는 모양새가 흉하다고 했다.

'신령스러운 거북'을 버렸다 함은 양효로서 강건하고 바른. 중도(中道=天道)로써 육이, 육사를 길러야 하는 역할을 제대로 하지 못하거나 포기했다는 뜻으로 읽힌다. 그리고 입안에 음식이 가득하여 볼이 튀어나오고 결과적으로 턱이 처진 상태의 자신을 바라보고만 있는 무력한 존재이다. 그렇게 된 대에는 신분이 낮기 때문이다. 이런 판단에는, '턱을 움직이는 나를 봄'이란 귀함이 크게 부족함이라(觀我朶頤亦不足貴也)'고 한 상사(象辭)가 그 단서이다. 여기서 貴는 賤의 반대말로서 '높다[高]'라는 의미이다. 따라서, 초구는 신분이 낮아서 제 역할을 다 못하고, 소인을 길러내야 하는 막중한 임무에 버거워하는 상황을 표현한 것으로 보인다.

11. 上九, 王用出征有嘉 折首獲匪其醜 無咎 : 重火離卦 上九 爻辭

　　위 효사에 대하여 신원봉은 "상구: 왕이 정벌에 나서서, 뛰어난 전공을 세우며 적의 목을 자른다. 무리의 우두머리를 포획하니, 허물이 없다."라고 끊어서 번역했고, 고은주는 "상구효, 왕이 정벌을 나가면 좋은 일이 있으리니, 우두머리만 죽이고, 그 무리를 잡아들이지 않는다면 허물이 없을 것이다."라고 의외의 번역을 했다. 주역 강연자 김재홍은 '상구, 왕이 출정하매 아름다움이 있고, 건도(乾道)를 깨달아 그 추함을 얻음이 아니면 허물이 없다.'라고 했다. 그는 '首=乾道'라는 개념을 앞세워 번역했다. 또한, 심의용은 "상구효는 왕이 징벌을 나아가는 데에 쓰는 것이니 아름다움이 있고, 괴수를 죽이고 잡아들인 자들이 추악한 부류가 아니라면, 허물이 없다."라고 번역했다. 같은 문장을 놓고도 각기 다른 번역을 했다.

필자도 이들과 다른 번역을 한다. 곧, "왕이 출정하면 경사가 있으니, 그 추악함이 아니라면 적장(敵將)의 목을 자르고 획득함도 허물이 되지 않는다."라고. 여기서 '用'은 '행(行)하다'의 뜻이고, 嘉(가)는 아름답다, 기리다, 경사스럽다, 칭찬하다, 기뻐하다 등의 뜻이 있으나 명사로 '경사(慶事)'라는 의미로 쓰였다. 그리고 '절수(折首)'는 우두머리의 목을 베는 참수(斬首)의 의미이다. 그리고 '醜'는 추하다, 못생기다, 나쁘다 정도가 아니라 '醜惡'으로 해석해야 옳다.

전쟁에도 명분이 있어야 하고, 지켜져야 할 최소한의 도리가 있게 마련이다. 고대사회에서 전쟁이란 어떤 목적의식을 갖고서 군대를 동원하여 싸우되 적장(敵將)의 목을 베는 것으로써 끝이 난다. 포로나 재물 등을 탈취(奪取)·포획(捕獲)하는 과정에서도 추악함이 없어야 한다는 점을 말한 것으로 판단된다.

12. 君子以立不易方 : 雷風恒卦 大象辭

위 대상사에 대하여 심의용은 "군자는 이를 본받아 우뚝 서서 자리를 바꾸지 않는다."라고 번역했고, 고은주는 "군자는 이것을 보고 자립해서 자신이 서 있는 자리를 바꾸지 않는다."라고 해석하였다. 그런가 하면 김재홍은 '군자는 이로써 깨달아 뜻을 세웠으면 바야흐로 쉽게 바꾸지 말라.'라고 번역했다. 번역의 결과가 비슷해 보이지만 다 다르다.

하지만 필자는 더 다르다. 곧, "군자는 이로써 즉위하였으면 나라를 바꾸지 않는다."라고 번역한다. 잘 알다시피, '以'는 '~으로써', '~에서', '~부터' 등의 뜻으로 사용되기에 군자는 생략된 '이로써'가 된다. 무엇이 생략되었는가? 그것은 앞의 '雷風이 恒이라'는 말이다. 따라서 '군자는 뇌풍항을 보고 깨달아서'라는 뜻이 된다.

그리고 '立'은 서다, 멈추어 서다, 똑바로 서다, 확고히 서다, 이루어지다, 정해지다, 전해지다, 임하다, 즉위하다, 존재하다, 출사하다, 나타나다, 세우다, 자리 등의 뜻이 있으나 여기서는 '즉위하다'로 해석하였다. 그리고 不易은 바꾸거나 고치지 않는다는 뜻으로 해석하였다. 그리고 '方'은 모, 네모, 방위, 방향, 방법, 수단, 도리, 의리, 나라, 국가, 술법, 처방, 바야흐로, 장차, 본뜨다, 바르다, 모두, 함께, 견주다, 대등하다, 떳떳하다 등 다양한 의미로 사용되나 여기서는 '나라, 국가'로 해석하였다.

이래서 "군자 뇌풍항을 보고 깨달아서 즉위하였으면 나라를 바꾸지 않는다."라고 의역할 수 있다. 여기서 군자를 임금이나 군주로 보지 않고 일반 사람으로 여기면 이렇게 바꾸어 해석할 수 있다. 곧, "사람은 뇌풍항을 보고 깨달아서 자리가 정해졌으면 도리(의리)를 바꾸지 않는다."가 될 것이다. 김재홍처럼 方을 '바야흐로'로 해석하려면 '方'이 '不易' 앞으로 와야 한다. 왜냐하면, 부사인 方이 동사(動詞) 앞으로 오는 것이 일반적이기 때문이다.

그리고 立의 대상을 '자리[位]'로 본 이가 있고, '뜻[志]'으로 본 이가 있는데 이것을 구분하기란 사실, 쉽지가 않았으나 그 답은 단사(彖辭)에 있다. 이 대상사는 단사를 보고서(이해하고서) 군자에게 주문하는 덕목이기 때문이다. 뇌풍항의 단사 내용에 의하면, 恒(항)의 본질은 오래 감[久]에 있고, 천지(天地)의 일월(日月)이 자리를 오래 지켜서 주야(晝夜)와 사시

(四時) 변화가 오래 이루어지고, 그래서 천하 만물을 화성(化成)할 수 있다는 인식이 전제되었기에 입(立)의 대상은 자리[位]가 됨이 옳다. 물론, 자리가 정해지면 뜻도 뒤따라오는 것이지만 말이다.

13. 遯 亨 小利貞 : 天山遯卦 卦辭

 위 괘사에 대하여 심의용은, "은둔은 형통할 수 있으니, 조금이라도 올바름을 지키는 것이 이롭다."라고 번역했으며, 신원봉은 "둔은 형통함이 적으나, 바름을 지키면 이롭다,"라고 번역했다. 그런가 하면 김재홍은 "돈은 작은 것이라도(작은 것부터) 바르게 하면 이롭다."라고 번역했고, 고은주는 "둔괘는 형통할 수 있으니 바르게 함이 약간 이롭다."라고 번역했다. 현재의 중국인들은 이에 대하여 "둔괘는 나아가고 물러나고 피하는 모양새이니 형통하고, 작은 일은 족히 성공할 수 있다(遯卦象征退避 : 亨通, 小事能够成功)"라고 해석하였다. 이처럼 역문(易文) 번역은 해석하는 이마다 제각각이다.

사실, 역문에서 '利'에는 단순히 그것이 '있고 없음'이 있고, '小利(소리)'와 '大利(대리)'가 있고, 무유리(无有利)까지 있기에 처음에는 필자도 '小利(소리)'를 '작은 이로움'으로 단순하게 이해했었다. 그런데 효사(爻辭)를 면밀하게 이해하고 나서부터 '小'가 '작은 이득'이 아니라 '작은 일'이라는 점을 유추할 수 있었다. 특히, 둔괘(遯卦)의 어려운 상황을 전제하면 더욱 그러하다.

그리고 '遯'을 '둔'으로 읽는 이도 있고, '돈'으로 읽는 이도 있는데 주역 세 번째 괘인 '둔괘(屯卦)'가 있기에 이와 구별하기 위해서 '둔'과 '돈' 양쪽으로 읽히는 '遯'을 '돈'으로 읽는 이들도 많다. 이런 우리의 관습을 무시하고 둔 자(字)라고 해서 '둔'으로 읽는 이들도 있지만, 중국어 발음은 [dùn]이다. 우리 음(音)의 '돈'보다 '둔'이 더 가깝다. 그래서 필자는 '둔'으로 읽는다.

여하튼, 필자는 문제의 위 괘사(卦辭)를 "둔괘는 형통하고, 작은 일에 이로우며, 곧아야 한다."라고 번역한다. 여기서 '곧다'라는 의미의 '貞'을 한국 사람들은 통상 '正'으로 해석하는 경향이 있다. 貞은 곧다, 지조가 굳다, 마음이 곧바르다, 충정하다, 점치다, 정절, 정조, 곧바름, 성심 등의 뜻이 있는데 역문에서는 '마음이나 행동이 곧고 바르다', '우직하게 나아가다', '초지일관하다' 등으로 해석하면 틀리지 않다고 본다.

14. 九三, 小人用壯 君子用罔 貞厲 羝羊觸藩羸其角 : 雷天大 壯卦 九三爻辭

 위 효사에 대해서 신원봉은 "구삼 : 소인은 힘으로 밀어붙이나 군자는 그물을 사용하니, 곧음으로써 위험에 대처한다. 숫양이 나무울타리를 들이받다가 울타리에 뿔이 걸린다."라고 번역했다. 심의용은 "구삼효는 소인이라면 강경하게 행동하고, 군자라면 무시한다. 올바름을 고집하면 위태로우니, 숫양이 울타리를 치받아서 그 뿔이 곤궁한 것이다."라고 번역했다. 김재홍은 '소인은 씩씩함을 쓰고, 군자는 걸러서(신중하게) 쓴다. 바르더라도 위태로우니 숫양이 울타리에 닿아서 그 뿔이 상한다.'라고 했고, 고은주는 "구삼효, 소인이라면 강한 힘을 쓰고, 군자라면 상대를 무시한다. 그 상태를 고수하면 위태로우니 숫양이 울타리를 치받아서 그 뿔이 다치는 것이다."라고 번역했다. 역시, 제각각이다.

필자는 이렇게 번역하고 싶다. 곧, "구삼, 소인은 씩씩함을 쓰고, 군자는 그물을 사용한다. 숫양이 울타리에 봉착해서 고집부리듯 힘쓰면 그 뿔만 고달프다."라고. 이게 무슨 뜻인가? 소인이 그저 힘만 믿고 밀어붙인다면 군자는 머리를 써서 그 효과적인 수단을 강구한다는 차이를 드러낸 말이기도 하지만 소인이나 군자나 할 것 없이 각기 초지일관하여 힘써야 한다는 뜻이기도 하다. 그러나 양(羊)무리의 우두머리인 숫양이 울타리라는 장애물에 봉착해서 고집부리듯 그 뿔로써 밀어붙이면 그 뿔만 고달프게 된다는 뜻도 있다.

괘상(卦象)으로 보면, 삼효(三爻)는 하괘(下卦) 중도를 지나친 효이고, 정위(正位)하였으며, 이웃과는 친비 관계는 없으나 짝과는 호응하는 상황이다. 이러한 객관적인 여건을 고려한다면, 구삼효가, 소인이라면 강(剛)에 의지하여 승리하기를 좋아하기에 힘의 씩씩함(壯)으로써 나아가고, 군자라면 머리를 써서 그물[罔=網]을 사용한다. 위험에 직면하여 초지일관 밀어붙이면, 마치 숫양이 무리를 이끌고 앞으로 나아가되 울타리에 봉착했을 때 그 뿔로써 괴로움과 고달픔을 감당해야 하는 상황과 같다는 뜻이다.

15. 九二, 田獲三狐 得黃矢 貞吉 : 雷水解卦 九二爻辭

위 효사에 대하여 고은주는 "구이효, 사냥하여 세 마리 여우를 잡아 누런 화살을 얻으니 올바름을 굳게 지켜서 길하다."라고 번역했다. 김재홍도 '사냥하여 세 마리 여우를 잡아 황금 화살을 얻으니 바르면 길하다.'라고 번역했다. 신원봉은 "사냥을 나가 여우 세 마리를 잡고, 황금 화살을 얻으니, 곧으면 길하다."라고 했다. 심의용은 "사냥하여 세 마리 여우를 잡아 누런 화살을 얻으니, 올바름을 굳게 지켜서 길하다."라고 번역했다. 그리고 현재 중국에서 널리 사용되고 있는 주역에서 이 구절을 설명하는 백화문(白話文)에서는 "구이효, 사냥하여 많은 여우와 삵을 포획했고, 또 '황색화살'이라는 말로 상징되는 미덕을 얻었다며 자기 직분을 지켜서 나아가면 장차 매우 길하다."[1]라는 내용으로 설명했다.

고은주와 김재홍을 비롯하여 역자는, 세 마리 여우가 '초육, 육삼, 상육'이라는 음효(陰爻) 셋을 말하고, 누런 황금색 화살은 강(剛)한 중도(中道) 곧 '강중(剛中)'이라고 한다. 사

---

1) 九二, 打猎时捕获许多只狐狸, 又得到了象征美德的黄色箭矢, 保持这种品德并坚守自己的职责而持之以恒, 那将会是非常吉祥的.

실, 뇌수해괘에서 주인공인 구이효에 대한 효사임을 전제하면 그렇게 해석할 수밖에 없다. 구이효는 자리는 바르지 못하나 강중(剛中)을 얻은 자이며, 군주인 육오효와 합심하여 위험에서 벗어나는 데에 큰 역할을 하는 자이기 때문이다.

그래서 필자는 위 구이 효사(爻辭)를 이렇게 해석하고 싶다. 곧, "구이, 황색 화살을 얻어서 세 마리의 여우를 포획하였음이라 밀고 나아가면 길하다."라고. 황색 화살이 바로 강한 중도이고, 이것이 먼저 갖추어졌기 때문에 사냥하러 나아가 세 마리 여우를 포획할 수 있었다고 보는 것이지, 세 마리 여우를 잡고 나서 황색 화살을 얻었다는 게 아니라는 뜻이다. 쉽게 말하면, 뒤에서부터 이어서 해석해야 하는데 다들 이것을 끊어 읽어서 이런 결과를 낳았다고 본다.

괘상(卦象)으로 보면, 구이효(九二爻)는 자리가 바르지 못한 부정위(不正位)이고, 강중(剛中)을 얻은 자리이며, 위아래 이웃하는 효와 친비 관계에 있고, 동시에 짝인 육오효와 호응하고 있다. 그런데 이들이 모두 자신과 다른 음효라서 활동하기에 상당히 좋은 조건이다.

'세 마리 여우'라는 것도 꼭 세 음효(陰爻)를 지칭하는 게 아니라 중국인의 판단처럼 '많은' 수를 뜻한다고 본다. 그런데 우리는 네 개의 음효(陰爻) 가운데 육오효를 임금으로 간주하기에 이를 뺀 세 개 음효를 여우로 판단하는 것 같다. 양효(陽爻)가 군자(君子)라면 음효(陰爻)는 소인(小人)이 되기에 약삭빠른 여우가 음효이자 소인이라고 단정한 결과라고 판단된다. 만약, 세 마리 여우가 '초육, 육삼, 상육'이라면 이들 효사에서도 무언가 관련된 언급이 있어야 하는데 실은 없다. 육효(六爻)란 각기 독립된 주체라고 보면 틀리지 않는다. 해괘(解卦)가 위험으로부터 풀려나는 상황이라면 육효가 각자 자질과 능력과 성품이 다르지만 같은 상황에서 나름대로 벗어나려고 노력하는 주체라는 뜻이다.

16. 六五, 或益之十朋之龜, 弗克違, 元吉 : 山澤損卦 六五爻辭

 고은주는 위 효사를 '六五, 或益之, 十朋之, 龜, 弗克違, 元吉'로 끊어 읽어서 "혹, 더할 일이 있으면 열 명의 벗이 도와준다. 거북점일지라도 이를 어길 수 없으니 크게 길하다."라고 번역했고, 김재홍은 '육오는 혹(하늘) 보탬이면 열 명의 벗(天道=聖人之道)이라, 거북점(河圖)도 능히 어기지 못하리니, 크게 길하다.'라고 번역했다. 그런가 하면, 신원봉은 "혹 10붕짜리 거북이로 보태 주기도 하나, 그 뜻을 따르니, 크게 길하다."라고 번역했고, 심의용은 "육오효는 혹 증진시킬 일이 있으면, 열 명의 벗이 도와준다. 거북일지라도 이를 어길 수가 없으니, 크게 길하다."라고 번역했다. 같은 문장을 놓고 끊어 읽는 자리가 모두 다름을 확인할 수 있다.

그런데 중국에서 현재 널리 사용되고 있는 주역에서는 이 문장에 대하여 '六五, 或益之十朋之龜, 弗克違, 元吉.'이라고 표기했으며, 이에 대하여 이런 설명을 붙였다. 곧, 한 쌍의 조개[貝]를 1붕(朋)으로 치는 고대(古代)의 화폐 단위가 있었고, 10붕짜리 거북이는 매우 큰 값이 나가는 아주 귀한 보배 같은 것이라고 했다.[2] 이를 받아들이면 신원봉의 번역이 옳다고 말할 수 있다. 김재홍처럼 '10붕'이 천도(天道)를 드러냈다는 '하도(河圖)'를 말하고, '거북이'가 지도(地道)를 드러냈다는 '낙서(洛書)'를 의미하는지는 알 수 없으나 '지나치게 꿰어맞추려는' 해석은 바람직하지 않다고 본다.

번역하기가 쉽지 않은 문장이다. 이 괘가 '손괘(損卦)'라는

---

2) 六五, 有人送来价值十朋(古时候货币单位, 双贝为一朋) 的大宝龟, 想推辞都不行, 大吉大利.

점을 유념해 두어야 한다. 아래에서 덜어서 위로 보태어주는 것이 손(損)이다. 육오는 '유중(柔中)'을 얻은 군주이고, 도움을 받는 위치이다. 특히, 짝인 구이(九二)의 도움을 받는다. 이런 점을 전제하고서 위 문장을 번역해야 바르게 번역할 수 있다. 그래서 필자는 위 문장을 "六五, 或益之 十朋之 龜弗克 違 元吉"이라고 끊어 읽겠다. 곧, "육오, 십 붕의 큰 도움을 받을 수 있다. 신령스러운 거북이도 피하지 않으니 크게 길하다."라고. 여기서 '十朋'을 '큰돈'으로 여기든 많은 수의 친구 곧 '조력자 내지는 원조자'로 보든 상관없다. 괘상(卦象)으로는 '강중(剛中)'을 얻은 구이의 도움을 받기 때문이다.

---

* 或(혹) : 혹, 또, 어떤 경우에는, 어떤 것, 어떤 이, 있다, 존재하다, 괴이쩍어하다, 의심하다, 미혹하다 등의 뜻이 있음.

* 益(익) : 더하다, 이롭다, 유익하다, 돕다, 보조하다, 많다, 넉넉해지다, 진보하다, (상으로) 주다, 가로막다, 이익 등의 뜻이 있음.

* 弗(불) : 아니다, 말다, 근심하다, 다스리다, 어긋나다, 떨다, 떨어버리다, 빠른 모양, 달러 등의 뜻이 있음.

* 違(위) : 어긋나다, 어기다, 다르다, 떨어지다, 피하다, 달아나다, 멀리하다, 원망하다, 간사하다, 허물 등의 뜻이 있음.

* 克(극) : 이기다, 해내다, 참고 견디다, 능하다, 능력이 있다, 이루어내다, 메다, 다스리다, 정돈하다 등의 뜻이 있음.

17. 九三, 壯于頄有凶 獨行遇雨 君子夬夬 若濡有慍 无咎 :

澤天夬卦 九三爻辭

 위 효사(爻辭)에 대하여 심의용은 "구삼효는 광대뼈에서 강건하여 흉함이 있다. 군자는 제거함을 과감하게 하고 홀로 가서 비를 만나니, 젖은 듯해서 노여워함이 있으면 허물이 없다."라고 번역했고, 신원봉은 "광대뼈에 힘이 들어가서 흉하다. 군자가 괴단성이 넘쳐 홀로 가다가 비를 만나니, 옷이 젖어 화가 나더라도 허물이 없다."라고 했다. 고은주는 "구삼효, 광대뼈가 건장하여 흉함이 있다. 홀로 가서 상육과 사귀어 비를 만나니 군자는 과감하게 결단한다. 비에 젖은 듯해서 노여워하면 허물이 없으리라."라고 번역했고, 김재홍은 이들과 유사하게 번역했으되, 비[雨]를 하늘의 은택, 곧 건도(乾道)로 해석했다.

광대뼈가 강건하다느니, 광대뼈가 건장하다느니, 광대뼈에 힘이 들어갔다느니 하는, 일련의 표현이 어딘지 모르게 어색하게 느껴지지 않는가? '頄'를 꼭 광대뼈로만 해석해야 하는가. 그리고 '夬夬'를 과감하게 결단한다거나 과감하게 제거하는 것으로 해석해야 하는가.

필자는 이들과 다르게 해석하고 싶다. 곧, "구삼, 홀로 가다가 비를 만나니 얼굴에 굳은 표정은 허물이 된다. 군자는 비에 젖어 짜증이 난 모습이나 과감하게 단절할 태세이므로 허물이 되지 않는다."라고.

壯(장)을 '굳세다', '씩씩하다'라고 해석하는데 필자는 '견고하다', '굳다'로 해석하였다. 그리고 장(壯)한 부위가 얼굴(順)만 있는 게 아니다. 이 괘 초구(初九)에서는 앞으로 나아가는 '발(趾)'이 그 대상이 되었다. 다시 말하면, 움직이는 발과 표정을 짓는 얼굴에 그 장(壯)함이 있는 것으로 빗대어 표현하였다. 초구 효사에서 앞으로 나아가는 발이 씩씩하면 가서 감당하지 못한다면 허물이 된다고 했듯이, 얼굴의 표정으로만 씩씩함을 드러낸다면 홀로 가다가 비를 맞으니 허물이 된다는, 다시 말해 효과를 보지 못한다는 뜻으로 읽힌다.

괘상(卦象)으로 보면, 다섯 개의 양효(陽爻) 위로 하나뿐인 음효(陰爻)가 올라타고 있는 모습이다. 그래서 양효들이 그 음효를 척결하려 든다. 그런데 구삼은 지체 높은 음효 상육(上六)의 짝으로서 호응하는 개인적인 관계가 있다. 그에게 홀로 가서 비 맞은 얼굴에 굳은 표정은 흉하다는 것이고, 비록, 비에 젖었으나 군자답게 과감하게 결단을 내리면 끝내는 허물이 되지 않는다는 의미가 아닐까 싶다.

---

* 頄(규) : 광대뼈, 낯, 얼굴, 두텁다 등의 뜻이 있음.
* 夬(쾌) : 터놓다, 정하다, 결정하다, 나누다, 가르다 등의 뜻이 있음.
* 慍(온) : 성내다, 화를 내다, 원망하다, 괴로워하다, 화, 노여움 등의 뜻이 있음.
* 壯(장) : 장하다, 굳세다, 씩씩하다, 크다, 기세가 좋다, 젊다, 견고하다, 웅장하다, 단단하다, 성하다, 매우 갸륵하다 등의 뜻이 있음.
* 夬夬[guài guài] : 果决貌, 断绝貌, 强健貌.

18. 夬, 揚于王庭 孚號有厲 告自邑 不利卽戎 利有攸往 : 澤天夬卦 卦辭

 위 괘사(卦辭)에 대하여 심의용은 "과감한 척결은 왕의 조정에서 드러내는 것이니, 믿음을 가지고 명령하여 위엄이 있음을 알게 한다. 자신의 읍에서부터 통고하고 군사를 추종하는 것은 이롭지 않으며, 나아가는 것이 이롭다."라고 번역했다. 신원봉은 "왕의 법정에 올라 성심껏 위험을 호소한다. 성읍으로부터 알리며, 곧바로 무력을 사용하는 것은 불리하다. 멀리 나아가는 바가 있으면 이롭다."라고 번역했다. 고은주는 "쾌쾌는 왕의 조정에서 드날리는 것이니, 진실한 믿음을 가지고 호령하여 위엄이 있음을 알게 한다. 자기 자신에서부터 고하되 군사를 일으키는 것은 이롭지 않으며, 나아갈 바를 두는 것이 이롭다."라고 했다. 김재홍은 "쾌는 임금의 뜰에서 드날림이니 믿음으로 부르짖어도 위태로움이 있음이니라. 자신의 고을에 고함이오, 힘으로 나아감은 이롭지 않으며, 갈 바가 있어 이로우니라."라고 번역했다. 그러면서 '임금의 뜰에서 드날림'이라고 하는 것은 공개적으로 하라는 뜻이고, 위태로움이 있기에 건도(乾道)에 대한 믿음과 신중함으로 해야하고, 자신의 고을에 고함은 자기 자신을 되돌아본다는 뜻으로 해석하면서, 이 괘사(卦辭)에는 군자가 소인을 결단하는 방법으로 다섯 가지를 언급하고 있다고 주장한다. 정말이지, 참으로 번역이 어렵고, 그 결과도 제각각이다.

필자는 단순하게 번역하고 싶다. 곧, "결단함은 왕정에 올라가서 위태로움을 진실로 알린다. 도성으로부터 알리되 군사를 씀은 불리하고, 나아가면 이롭다."라고. 쾌(夬)는 위험 요소를 내포하고 있는, 어떤 대상의 실상을 인지하고, 비판하고, 판별함으로써 처리하는 의사결정 과정으로서 법정의 재판과 같다. 괘상(卦象)에서는 가장 높은 자리에 있는, 하나뿐인 음효(陰爻)인 상육(上六)이 그 대상이다.

'號'와 '告'는 '알린다'라는 의미에서 같으나 엄밀하게 말하면 그 양태가 다르다. 號(호)는 개인의 주장을 널리 알리기 위해서 호소하듯이, 부르짖듯이 강조하여 설명하는 것이라면 告(고)는 객관적 사실을 공개적으로 통보하여 널리 알리는 일이다.

---

* 揚(척, 양) : 들다, 오르다, 위로 오르다, 하늘을 날다, 날다, 바람에 흩날리다 등의 뜻이 있음.
* 戎(융) : 병장기, 병거, 싸움 수레, 군사, 병사, 오랑캐, 싸움, 전쟁, 너, 그대, 돕다, 크다, 난잡하다 등의 뜻이 있음.
* 邑(읍, 압) : 고을, 마을, 도읍, 도성, 나라, 봉지, 영지, 읍(행정구역 단위), 우울한 모양, 도읍을 닦다, 영유하다, 근심하다, 아첨하다, 영합하다 등의 뜻이 있음.
* 號(호) : 이름, 부호, 명령, 차례, 번호, 부르짖다, 일컫다, 고하다, 울다 등의 뜻이 있음.

19. 初六, 有孚不终, 乃乱乃萃, 若号, 一握为笑, 勿恤, 往无咎. : 澤地萃卦 初六爻辭

위 효사(爻辭)에 대하여 심의용은 "초육효는 믿음을 가지고 있으나 결말을 이루지 못하면 마음이 혼란해지고, 같은 부류들이 모일 것이나 만일 부르짖으면 여러 사람이 비웃을 것이다. 이를 근심하지 말고 가면, 허물이 없다."라고 번역했고, 신원봉은 "믿음이 끝까지 가지 않아, 온갖 생각이 어지럽다. 부르짖으며 도움을 청하면 한 번 손을 맞잡아 웃을 수 있으니, 근심하지 마라. 나아가면 허물이 사라진다."라고 번역했다. 반면, 고은주는 "초육효, 구사에 대한 믿음을 가지고 있으나 끝까지 가지 못하면 이에 마음이 어지러워지고, 같은 부류가 모여들 것이다. 만일 크게 울부짖는다면 한 줌의 무리에게 비웃음거리가 될 것이나 이를 근심하지 말고 나아가면 허물이 없다."라고 했다. 또, 그런가 하면 김재홍은 "초육은 믿음이 있으나 끝내지 못하면 이에 어지러워졌다가 이에 모이기도 함이라. 만약에 울부짖으면 하나 같이 한결같이 웃게 되리니, 근심하지 말고 나아가면 허물이 없으리라."라고 번역하였다. 그러면서 '一握(일악)'을 수지상수(手之常數)로 확대 해석하였다. 곧, 하도(河圖)의 중심수 10과 낙서(洛書)의 중심수 5를 손으로 표현할 때 주먹을 쥐면 5가 되고 펴면 10이 되는 것을 두고 천도(天道)와 지도(地道)를 각각 한 번씩 부리는 것으로 해석하여 문제의 '일악(一握)'을 중정지도(中正之道)로서 행함을 뜻한다고 주장한다. 지나친 집착이요, 현학적인 해석이라고 필자는 판단한다.

위 네 분의 번역문을 보고서 여러분은 어떻게 생각하는지 모르겠지만 '笑(소)'를 비웃음으로 번역한 사람은 정이천의 해서에 근거를 두었고, '握(악)'을 수지상수(手之常數)와 연계시켜서 '중정(中正)의 도'를 뜻한다고 해석한 이가 있는가 하면, 정이천처럼 '一握(일악)'을 '한 줌의 무리' 곧 '一團(일단)'으로 해석한 이도 있다. 이처럼 한문 해독이 제각각인 상황인데 이는 우리나라뿐 아니라 중국도 마찬가지이다. 현행 중문판 주역 백화문에서는 "다만, 피차에 감정교류와 악수가 필요하고, 곧바로 무리에 대한 용서가 기쁜 웃음이 되게 한다(只要彼此握手交流感情, 就能化众怒为欢笑)"라는 설명이 있는 것으로 보면, 꼭 누구의 판단이 '옳다, 그르다'라고 말하기 어렵다는 사실이다. 같은 문장을 읽고도 이렇게 해석이 분분하니 우리는 주역을 읽음에 각별한 주의가 요구된다. 그러나 개인적으로 주의한다고 해서 이 문제가 해결되는 것은 아니다. 주역 연구가 필요하다고 판단된다면 역자들이 한데 모여 공동으로 번역할 필요가 있다고 본다.

  문제의 이 효사를 바르게 번역하려면 먼저 괘의 의미와 괘상(卦象)을 잘 살펴야 한다. 괘의 전체적인 모습을 보면, 중효(中爻)인 구사(九四), 구오(九五)만 양효(陽爻)이고, 나머지는 모두 음효(陰爻)이다. 그리고 땅 위에 있는 연못으로 '택지췌괘(澤地萃卦)'인데 '萃(췌)'의 뜻이 단사(彖辭)에서 언급되었듯이 '聚(취)'이다. '聚'는, 모으다, 모이다, 거두어들이다, 갖추어지다, 저축하다, 함께하다, 무리, 마을, 저축, 줌(한 주먹으로 쥘 만한 분량), 함께 등의 뜻이 있지만 여기서는 '모으다', '모이다'의 뜻으로 사용되었다. 여기서 한 가지 짚고 넘어갈 것은, 이 췌괘(萃卦)의 주인공이 바로 구오(九五)라는 점이다. 구오를 중심으로 다른 음효가 모이는 것으로도 볼 수 있다. 물론, 육효가 각기 '모이는, 혹은 모아야 하는' 상황에서 각자 다른 조건에서 각자 다르게 처신하는 점을 기술한 것이 각 효사임을 전제해 두어야 함은 두말할 것 없다.

  그런데 무엇을 모으고, 무엇을 모이도록 한다는 것일까? 그 대상인 목적어가 분명하지 않다. 그 답을 찾으려고 육효사(六爻辭)를 다 읽어보아도 그 답이 명료하게 드러나지 않는다. 괘사(卦辭)와 단사(彖辭)와 효사(爻辭)와 상사(象辭)를 두루 종합적으로 읽어야 겨우 유추할 수 있다. 그 답인즉 뜻을 공유하는 '사람'이고, 그 사람의 '마음'이며, 목표를 달성하고자 하는 자신의 시종여일한 자세와 태도와 노력 등이다. 이 정도를 이해해야 만이 이 효사를 이해하고 번역할 수 있다.

　필자는 이렇게 번역한다. 곧, "초육, 믿음이 있으나 (뜻을) 이루지 못하면 마침내 혼란스러워지고 그 혼란스러움이 쌓인다. 만약, 큰 소리로 부르며 손을 내밀게 되면 웃으리니 걱정하지 말라. (그렇게) 나아가면 허물이 없다."리고. 시종여일하지 못하면 혼란스러움이 모이고 쌓인다며, 초육(初六)에게 적극적인 자세를 주문하고 있다고 판단된다. 여기서 초육의 뜻이란 강중(剛中)을 얻은 구오를 향한 믿음, 지지, 성원일 수도 있고, 자신의 개인적인 목표 달성을 위한 의지 결집과 노력의 집중일 것이다.

---

* 終(종) : 마치다, 끝내다, (사람이) 죽다, 다하다, 이루어지다, 완성되다, 채우다, 끝, 마지막, 항상, 늘, 마침내, 결국, 비록 등의 뜻이 있음.

* 握(악, 우) : 쥐다, 악착스럽다, 장악하다, 손아귀, 손잡이, 주먹, 줌, 악수, 휘장, 장막 등의 뜻이 있음.

20. 九五, 萃有位無垢 匪孚 元永貞悔亡 : 澤地萃卦 九五爻辭

위 효사에 대하여 심의용은 "구오효는 사람들을 모으는 데에 지위를 소유하고 허물이 없다. 믿지 않는 자가 있거든 성숙한 지도력과 지속적인 일관성과 도덕적 확고함을 가지면, 후회가 없다."라고 번역했고, 신원봉은 "사람이 모여도 지위가 있으니 허물이 없다. 믿음이 없어도 처음부터 끝까지 곧음을 지키면 근심이 사라진다."라고 번역했으며, 고은주는 "구오효, 백성들의 마음이 모여서 그 지위에 있게 되니 허물이 없다. 믿지 않는 자가 있어도 우두머리의 덕을 지속적으로 바르게 지켜나가면 후회가 없어진다."라고 번역했다. 이들의 번역 결과가 얼핏 보면 대동소이(大同小異)한 것 같으나 실은 그 작은 차이가 매우 크다.

이미, 같은 괘 초육 효사에서 언급했다시피, 괘사와 단사, 그리고 효사와 상사 등을 두루 유기적으로 읽지 않으면 바른 번역을 하기가 쉽지 않다.

택지췌괘 괘사에서는 왕이 종묘에서 큰 제사를 지내는 것이 여러모로 이롭고 길하다고 했다. 그리고 제사를 지내면 사람들이 많이 모이게 마련이다. 그렇듯, 자신이 원하는 바를 이루기 위해서 자신의 마음과 뜻부터 집중하고, 자신을 믿고 따르는 추종자들이 모이도록 하는 방법을 조언하는 것이 췌괘의 본질이다. 이를 전제로 각 효사를 이해하고 해석해야 한다.

그래서 필자는 "구오, 모이게 하거나 모으는 데에 지위가 있기에 허물이 되지 않으나, 믿지 않는다 해도 처음부터 끝까지 곧고 바르면 후회함이 없다."라고 빈역한다.

괘상(卦象)으로 보면, 구오효는, 자리도 바르고, 강중(剛中)을 얻은 군주로서 짝인 육이를 비롯하여 많은 음효가 가까이 하고자 노력한다. 게다가 보좌하는 강력한 힘이 있는 구사(九四)를 이웃으로 두고 있어서 자칫 그 빛이 가려질 수도 있다. 그래서 끝까지 중도를 지켜야 하고 올곧게 나가야 후회함이 사라진다.

21. 九三, 升虛邑 : 地風升卦 九三爻辭

위 효사를 놓고, 심의용은 "구삼효는 빈 고을에 올라가는 것이다"라고 번역했고, 신원봉은 "구삼 : 텅 빈 마을로 올라간다."라고 번역했다. 고은주 는 "구삼효, 빈 고을에 올라가는 것이다."라고 번 역했다. 한편, 김재홍은 주역에서의 '邑'은 한사코 자기 자신을 가리킨다며 '자기 마음을 비우고 성인지도(聖人之道, 天道, 乾道)로 올라간다.'라고 해석한다. 이렇게 글자 석 자를 놓고도 다르게 해석을 한다. 나는 심의용, 신원봉, 고은주, 김 재홍 등 제씨의 주역 해설을 읽으면서 '적지 않게 다르구나.' 라는 생각을 하게 됐고, 그냥 읽어서는 안 되겠다는 생각도 했다. 그래서 일일이 따져 보듯이 읽었지만, 혼란스럽기 그 지없다.

비교적 독자성이 강하게 반영되었다고 판단되는 심의용과 신원봉의 해설을 읽어보자. 심의용은 개인의 판단이라기보 다는 중국인 정이천의 해설을 우리말로 옮긴 것이지만 이러 하다. "구삼효는 양강한 자질로 올바르고 또 공손하여 윗사 람이 모두 순종하고 게다가 호응하여 도와주는 사람이 있으 니, 이러한 조건으로 올라가면 마치 사람 없는 고을에 들어가는 것과 같으므로, 누가 그것을 막겠는가?"라고 했다.

신원봉은 발아(發芽)된 어린싹으로 빗대고, 상괘(上卦)와 하괘(下卦)의 관계에 방점을 찍어서 더 구체적으로 설명한다. 곧, "'텅 빈 마을로 올라간다'는 것은 상징이다. 즉 씨앗이 땅속에서 발아하여 이제 막 지상으로 머리를 내미는 시점으로, 땅속과는 달리 막힌 데 없이 트인 것을 묘사한 말이다. 구삼효는 손(巽)의 꼭대기에 있으니, 바로 지면을 뚫고 머리를 내미는 위치다. 상사에서, '텅 빈 마을로 올라가니 거리끼는 바가 없다'라고 설명한 것도 같은 맥락이다. 구삼효는 바람을 얻은 데다 위로 상육효와 정응하니, 마치 텅 빈 마을로 올라가듯 거리낌 없이 올라갈 수 있다. 물론, 여기에는 구삼효 자체의 성품도 한 몫 거들고 있다. 구삼효는 양효로서 강한 힘을 지녔으나 중도를 잃어 무모할 정도로 저돌적인 경향이 있다. 구삼효의 저돌적인 승진이 과연 길할까 흉할까? 효사는 판단을 유보하고 있다. 어린싹이 이제 막 지면을 뚫고 고개를 내밀었으니 그 상쾌함으로 말하자면 길하다. 그러나 이런 식으로 무모하게 자란다면 취약해진다. 지상에서 자라기 위해서는 지하와는 달리 내면을 채워야 한다. 그래야 비바람에 견딜 수 있다. 효사에서 판단을 유보한 데는 이런 함축적 의미가 내포된 듯하다."라고 말이다.

필자도 나름대로 설명해보라면 얼마든지 할 수 있다. 상괘(上卦)와 하괘(下卦)의 성품(性品)과 관계(關係)를 따지고, 효(爻)와 효 사이의 관계(正位·不正位, 呼應·非呼應, 親比 有無 등)를 따지고, 각 효의 위치와 음양 등을 따져 인성을 부여하여 사람의 성품과 기질과 욕구와 행동 양식 등으로 묘사하듯 주어진 괘효사의 뜻에 맞추어서 소설을 쓰듯 하면 되기 때문이다. 주역이 소설(小說)의 원조 격이고, 그 언어표현이 상당히 함축적이고 상징적이며 비유적인 수사(修辭)에 의존하고 있기에 시적(詩的)이라는 점에서 필자는 주역이 문학의 조상(祖上) 격이라고 말하는 데에 주저하지 않는다.

필자는 이 승괘(升卦)의 효사를 바르게 번역하려면 괘의 의미와 육효사를 동시에 꿰뚫어 보아야 한다고 생각한다. '升(승)'이 무엇인가? '위로 올라감'이다. 위로 올라간다는 것은 지리적 공간에서 위쪽으로 오름이지만 신분의 상승이나 직위 직책상의 진급을 의미하기도 함을 분명하게 인지할 필요가 있다.

상하괘(上下卦) 조합에서처럼 땅 밑으로 바람이 있다고 상상해 보라. 가벼운 바람은 틈만 있으면 땅 위로 올라와야 한다. 그런 바람처럼 반드시 위로 올라가야 하는 시대적인 상황에서 여섯 부류의 사람들이 어떻게 처신하는지를 설명한 것이 육효사라고 보면 틀리지 않는다. 육효사에서 초효는 允升(윤승), 이효는 用禴(용약), 삼효는 升虛邑(허승읍), 사효는 用亨(용형), 오효는 升階(승계), 상효는 冥升(명승)이다. 이게 무슨 말인가? 올라가야 하는 상황에서 누구는 믿음으로 올라가고, 누구는 제사(祭祀:禴)를 이용하고, 누구는 텅 빈 도성(都城)을 올라가고, 누구는 제사(祭祀:亨)를 이용하고, 누구는 계단(階段)을 오르듯이 하고, 누구는 어둠 속에서 올라간다는 뜻이다.

이렇게 전체를 꿰뚫어 볼 수 있어야 제대로 효사를 번역한다. 필자는 "구삼, 텅 빈 도성(都城)에 오른다."라고 번역한다. 邑(읍)을 '고을' 아닌 '도성'으로 읽었을 뿐이다.

22. 困, 亨 貞 大人吉 无咎 有言不信 : 澤水困卦 卦辭

위 괘사(卦辭)에 대하여 심의용은 "곤경은 형통하고 올바를 수 있다. 대인이라 길하고 허물이 없으니, 말이 있으면 믿지 않는다."라고 번역했고, 신원봉은 "곤 : 형통한다. 바름을 지키니 대인은

길하다. 허물이 없으나, 말을 해도 믿지 않는다."라고 번역
했다. 고은주는 "곤괘는 형통하고 올바를 수 있으니 대인이
라야 길하고 허물이 없다. 말을 해도 믿지 않을 것이다."라고
했고, 김재홍은 "곤은 형통하고 바르니, 대인이라야 길하고
허물이 없으나 (실천은 없고) 말만 있으면 믿지 않음이니라."
라고 번역했다. 다들 꿰맞추느라 애를 쓴 것 같다.

괘사(卦辭)를 번역할 때는 괘(卦)의 의미를 먼저 분명하게
이해해야 한다. 그러지 않고서는 제대로 번역하기가 어렵다.
특히, 괘는 상괘(上卦)와 하괘(下卦)의 조합으로 만들어지는
세계가 운명적으로 주어지는 것이라고 보아야 하며, 그 세계
안에서 조건이 다른 여섯 부류의 인간 처신법을 말한 것이
육효사임을 전제해 두어야 한다. 그래서 괘사가 무슨 말인지
이해되지 않을 때는 거꾸로 육효사(六爻辭)를 먼저 읽고 나면
이해되기도 한다.

택수곤괘는 연못 안에 물이 다 새어나가 없는 상황인지라
곤할 수밖에 없다. 그런 궁벽하고도 피곤한 상황에 사람들
이 처했기에 이 괘의 육효는 정도 차이가 있지만 모두 어려
운 처지에 놓여 있다. 곧, 초효는 나무 밑동의 피곤함이고, 이
효는 酒食(주식)에서 궁색하며, 삼효는 가시나무에 의지하고

돌에 앉아 있는 피곤함이다. 그리고 사효는 무거운 쇠수레의 피곤함이고, 오효는 지체 높은 사람이 코와 발꿈치를 베이는 곤궁(困窮)함이고, 상효(上爻)는 칡이나 등나무 넝쿨에 의지하는 피곤함이다.

문제는 이렇게 다들 어려운 처지에 놓였는데 왜, 무슨 이유로 '형통(亨通)하다'라고 할까? 게다가, 말을 해도 믿지 않는다면서 무구(无咎)하다니 앞뒤가 맞지 않는 것 같다. 그런데 육효사를 자세히 보면 연못 안에 물이 없기 때문인지 육효 중에서 중도(中道)를 얻은 구이와 구오 두 효가 제사를 지내야 한다. 특히, 구이효는 제사를 지내어서 물이 없다는 재난을 극복해야 한다. 물론, 이때 지내는 제사는 기우제(祈雨祭)일 것이다.

이처럼 거꾸로 육효사를 먼저 다 읽고서 괘사를 읽으면 어렵지 않게 이해되어 번역할 수 있다. 따라서 필자는 "택수곤괘의 곤함은 제사를 올리고, 바르고 곧아야 하며, 대인에게 길하고 무구하다. 말해도 믿지 않으니 (말을 아껴라)."라고 번역한다.

괘상(卦象)으로 보면, 양효가 셋이 있는데, 구이는 위아래 음효로 갇혀 있고, 구사와 구오 역시 위아래 음효로 갇혀 있는 형국이다. 단사(彖辭)에서 '困, 剛揜也'이라고 했다. 곧, 강(剛=陽爻)이 음(陰=陰爻)에 가려져 곤궁해짐이다. 그렇지만, 구이와 구오가 강중(剛中)을 얻은 대인(大人)이기에 곤경에 처해있지만 기뻐할 수 있고, 끝까지 중도(中道)를 잃지 않아서 기우제를 지낼 수 있고, 곧게 나아갈 수 있어서 길하고 무구하다는 것이 아닐까 싶다. 그러나 상사에서 지적한 것처럼 실천이 아닌 말만 앞세운다면 그들의 말이 믿기지 않을 것이다.

23. 九二, 井谷射鮒 甕敝漏 : 水風井卦 九二爻辭

위 효사에 대하여 심의용은 "구이효는 골짜기와 같은 우물이라서 미물들에게만 흐르고, 항아리가 깨져 샌다."라고 번역했고, 고은주는 "구이효, 골짜기와 같은 우물이라서 두꺼비에게만 흐르고 항아리가 깨져 물이 샌다."라고 번역했으며, 김재홍은 "구이, 우물 속의 골짜기이라, 붕어를 쏘옴이오, 독이 깨어져서 물이 샌다."라고 번역했다. 그런가 하면 신원봉은 "구이: 우물 바닥 웅덩이에서 작은 고기를 잡으니, 옹기 두레박은 깨져 물이 샌다."라고 번역했다. 이들의 설명을 보면 다 그럴

듯하다.

그러나 나의 판단은 조금 다르다. 번역부터 하자면 "구이, 항아리를 묻은 샘이라 붕어를 쏘아 잡느라 항아리가 깨어져 물이 샌다."라고 하고 싶다. '정곡(井谷)'이란 낱말에 대하여 '골짜기와 같은 우물'이라고 해석을 하거나(심의용, 고은주) '우물 속의 골짜기'라고 하거나(김재홍), '우물 바닥'이라고 했는데(신원봉), 현재 중국어 사전에서는 井谷[jǐng gǔ]에 대하여 '우물의 밑바닥'이라고 풀이한다.

그런데 필자는 사람이 사는 산비탈이나 평지이지만 땅을 파기 어렵거나 땅을 파더라도 물이 나오지 않는 곳에서는 큼지막한 항아리를 묻어서 그곳에 고이는 물을 우물처럼 사용했었는데 그런 우물이 '정곡(井谷)'이 아닌가 싶다. 그런 우물에는 간혹 개구리나 붕어 같은 물고기들이 그 안으로 들어갈 수 있다. 그것을 본 사람이 잡아내느라고 여러 가지 도구를 사용했을 것인데 그 과정에서 잘못하여 항아리 자체에 금이 가거나 깨어지게 함으로써 물이 새기도 한다. 필자가 60년대 시골에서 이런 우물을 본 적이 있다. 그리고 '鮒(부)'는 붕어를 뜻하나 논의 배수로 같은 데에서 흔하게 볼 수 있는 민물고기를 총칭하는 수사적 표현으로 간주하면 무리가 되지 않는다고 본다. 심의용과 고은주는 이 부(鮒)를 '두꺼비'라고 말하지만 실제로 두꺼비를 뜻하는 한자는 '섬(蟾)'과 '서(蜍)'가 따로 있다. 그리고 '甕(옹)'을 두레박으로 해석한 이도 있으나(신원봉) 두레박이 아니고 샘 역할을 하는, 땅속으로 묻은 항아리라고 판단된다.

24. 象曰, 木上有火 鼎, 君子以正位凝命 : 火風鼎卦 大象辭

 위 상사(象辭)에 대하여 심의용은 "상전에서 말했다. 나무 위에 불이 있는 것이 정괘의 모습이니, 군자는 이것을 본받아 그의 지위를 바르게 하여 명령을 엄중하게 한다."라고 번역했고, 고은주는 "상전에서 말했다. 나무 위에 불이 있는 것이 정괘이니, 군자는 이것을 보고 지위를 바르게 하여 명령을 엄중하게 한다."라고 심의용과 똑같이 번역했다. 신원봉은 "나무 위에 불이 있는 것이 정괘이니, 군자는 이것을 보고 지위를 바르게 하여 천명(天命)을 굳건히 한다."라고 번역했다.

이 상사는 못마땅한 점이 있다. 그 이유는 솥 안에 음식을 끓여 익히려면 나무를 불태워야 하고, 그러기 위해서는 의당 불 밑으로 바람이 불도록 하거나 나무 밑으로 불을 붙여야 할 것이다. 그래서 '풍화(風火)'가 아니라 '화풍(火風)'이 되는데 설괘전(說卦傳) 제11장에 나오는 '異爲木'이라는 설명을 근거로 風을 木으로 받다 보니까 '나무 위에 불(木上有火)'이 곧 정괘(鼎卦)라고 했다. 틀린 말은 아니지만, 그렇다고 '풍화(風火)'를 '불 위에 나무'라고 말하지 않고, '불에서 나오는 바람(風自火出)'이 곧 가인(家人)이라고 설명한다. 그리고 火澤睽(화택규)와 澤火革(택화혁)을 생각하면 일관된 질서가 적용되지 않는다는 점 때문이다.

그리고 '凝命(응명)'에서 '凝'이 문제인데 이 '凝'은 엉기다, 얼다, 얼어붙다, 차다, 춥다, 굳다, 굳어지다, 모으다, 집중하다, 머무르다, 그치다, 멈추다, 막다, 막히다, 이루다, 이루어지다, 바르다, 엄정하다, 느릿하다 등의 뜻이 있다. 이에 대하여 정이천은 '모여서 그친다'라는 뜻이어서 안정되고 중후감을 뜻한다고 했다.

사실, 이 상사는, 정괘(鼎卦)의 괘상(卦象)을 보고서 군자(君子)에게 당부하는 덕목이므로 필자는 이렇게 번역한다. 곧, "자리를 바르게 하여 명령이 바로 서게 한다."라고. 물론, 도토리 키재기라고 생각할 수 있지만 '凝命'을 '명령을 바로 서게 하다'로 해석하였다. 불 아래에서 바람을 불어 넣어 활활 타오르게 함으로써 솥 안의 음식을 익힐 수 있듯이 군자라면 의당 자리를 바르게 하여 말에 권위가 서고, 명령이 바로 서서 명령으로서 권위와 엄정함이 있어야 한다는 뜻일 것이다. 따라서 이 명령은 군자의 것이지 하늘의 명령은 아니다.

25. 象曰, 澤上有雷歸妹 君子以永終知敝 : 雷澤歸妹卦 大象辭

위 대상사에 대하여 심의용은 "상전에서 말했다. 연못 위에 우레가 있는 것이 귀매괘의 모습이니, 군자는 이것을 본받아 끝을 오래 지속시키되, 모두 훼손될 수 있는 폐단이 있음을 안다."라고 번역했고, 고은주는 "상전에서 말했다. 연못 위에 우레가 치는 것이 귀매괘이니, 군자는 이것을 보고 끝까지 오래 지속시키되 파괴되어 없어질 수 있음을 안다."라고 번역했으며, 신원봉은 "연못 위에 우레가 치는 것이 귀매괘이니, 군자는 이것을 보고 영원히 함께하면서도 그 폐단을 안다."라고 했고, 김재홍은 "상에서 말했다. 연못 위에 우레가 치는 것이 귀매괘이니, 영원히 끝내고, 가려짐을 안다."라고 했다.

위 대상사는 뇌택귀매괘의 상하괘(上下卦) 조합(組合)을 보고, 그 작용의 이치를 깨달아서 군자(君子)가 실천해야 할 덕목을 제시하고 있다. '영종지폐(永終知敝)'가 바로 그 덕목인데 주역에는 이런 덕목(德目)이 64개나 된다. 이 64개 덕목 가운데에는 이미 우리에게 널리 알려진 것도 있고, 전혀 그렇지 않은 것도 있다. '永終知敝'라는 네 글자를 놓고도 그 해석이 제각각이다.

먼저, 각 한자의 의미부디 확인해 보자. 永(영)은 길다, (시간이) 오래다, 길게 하다, 오래 끌다, 깊다, 멀다, 영원하다, 읊다, 깊이, 길이, 오래도록, 영원히 등의 뜻이 있다. 終(종)은 마치다, 끝내다, 사람이 죽다, 다하다, 이루어지다, 채우다, 끝, 마지막, 열두 해, 윤달, 항상, 마침내, 결국, 비록 등의 뜻이 있다. 知(지)는 알다, 알리다, 나타내다, 맡다, 주재하다, 주관하다, 대접하다, 사귀다, 병이 낫다, 사귐, 친한 친구, 짝, 배우자, 대접, 슬기, 지혜, 지식 등의 뜻이 있다. 敝(폐)는 해지다, 깨지다, 다하다, 버리다, 황폐하다, 해치다, 괴롭히다, 가리다, 숨기다, 폐해 등의 뜻이 있다.

이런 자전적 의미를 전제하고, 단사(彖辭)에서 쓰인 '終始(종시:마침과 시작함)'라는 단어를 염두에 둔다면, 필자는 이렇게 해석하고 싶다. 곧, "결국, 다하게 되고, 버리게 됨을 알라."라고.

단사(彖辭)에서 설명한 것처럼, 천지가 사귀어서 만물이 흥하듯이 사람이 시집가고 장가듦은 '인간의 종시(終始)'라고 했다(彖曰, 歸妹 天地之大義也 天地不交而萬物不興 歸妹 人之終始也). 바로 이점을 염두에 둔다면 '영종지폐(永終知敝)'는 "결국에는 끝이 나고 버려짐을 알아야 한다."라고 해석하는 게 옳다고 생각한다. 때가 되어서 누이가 시집가는 일은 천지의 조화로운 일로서 자연스러운 일이므로 받아들여야 한다는 것이고, 누이가 시집을 가면 시집가기 전의 삶이 완전히 끝나는 대신에 새로운 삶이 시작된다는 생각이 반영된 말같기도 하다.

26. 六三, 見輿曳其牛掣 其人天且劓 无初有終 : 火澤睽卦

六三爻辭

 위 효사(爻辭)에 대하여, 심의용은 "육삼효는 수레가 뒤로 끌리고 소가 앞이 가로막히어 그 사람이 머리를 깎고 코를 베니 시작은 없지만 마침은 있다."라고 번역했고, 고은주는 "육삼효, 수레가 뒤로 끌리고 소를 막아서니 그 수레에 탄 사람이 머리를 깎이고 코가 베인다. 시작은 없지만 마침은 있으리라."라고 번역했다. 그리고 신원봉은 "수레의 뒤가 땅에 끌리고, 수레를 끌던 소는 앞으로 끌려가며, 수레에 탄 사람이 묵형과 비형을 당하니, 처음엔 좋지 않으나 끝이 좋다."라고 번역했다.

'曳(예)'는 끌다, 끌어당기다, 고달프다, 힘겹다, 끌리다, 이끌리다, 나부끼다, (옷을) 입다 등의 뜻이 있다. '掣(체, 철)'은 질질 끌다, 끌어당기다, 뽑다, 잡아빼다, 끌리다, 질질 끌려나가다, 빨리 지나가다, 쓸리다, 나부끼는 모양 등의 뜻이 있다. '劓(의)'는 코를 베다, 베다, 자르다, 코를 베는 형벌 등의 뜻이 있다. '天(천)'은 형벌의 이름이라는 뜻이 있다.

그리고 '天且劓(천차의)'라는 어구를 보면, 天과 劓가 且 앞뒤에서 대등한 점을 고려하면 天도 劓와 마찬가지로 형벌 가운데 한 가지라는 점이다. 천형(天刑)이 구체적으로 어떤 형벌인지는 분명하게 말할 수는 없으나 여러 설이 있다. 궁형(宮刑)이라는 설도 있으나 신원봉은 '이마에 天 자를 새겨 놓은 묵형(墨刑)'이라고 했고, 정이천은 고대사회에서 시행되었던 남자의 머리털을 깎아내는 형벌(髡首)이라고 했다.

그리고 '見輿曳其牛掣(견여예기우체)'라는 어구를 해석하는 어려운 문제가 있는데 이미 보았다시피 심의용과 신원봉의 해석이 아주 다르다. 이를 괘상(卦象)에 매이지 않고 글자 그대로 해석한다면, '소가 질질 끄는, 끌리는 수레가 되다.'가 된다. 見(견)은 보다, 보이다, 당하다 등의 뜻이 있지만 여기서는 '당하다'로 쓰였다. 그리고 曳(예)와 掣(체)는 같은 의미이다.

그리고 '无初有终'에 관해서는, 흔히 '시작은 없으나 마침은 있다'라고 번역하는데 시작이 없다는 것은 처음이 어렵다는 뜻이고, 끝, 마침이 있다는 것은 끝이 좋다는 뜻이다. 처음이 어렵다는 것은 곤란(困難)한 상황에 놓인다는 뜻이고, 끝이 좋다는 것은 자기 목적을 달성한다는 뜻이다. 이 '无初有终'은 손괘(巽卦) 구오 효사에서도 나온다.

이런 점들을 고려하여 위 효사를 필자가 번역하면, "육삼, 소가 질질 끄는, 힘겹게 끌리는 수레가 되고, 사람은 머리가 깎이고 코를 베이는 형벌을 받는다. (그러나) 시작은 없으나 끝은 있다."가 된다.

육삼이 처한 괘상(卦象)에서의 상황을 고려하면 더 잘 이해된다. 곧, 육삼은 음효(陰爻)로서 그 성정이 유(柔)하지만 위아래에 있는 강(剛)한 구이, 구사와 친비(親比) 관계에 있고, 짝인 상구와도 호응한다. 그런데 어려움이 있다. 그 어려움이란 육삼이 속한 태괘(兌卦)는 하괘(下卦)로서 위로 작용하는데 상구가 속한 이괘(離卦)는 상괘(上卦)로서 아래로 작용하는데, 육삼은 구사와 상구를 향한 열망이 큰데 강중(剛中)을 얻은 구이가 아래에서 잡아끄는 형국이다. 위로 가고자 하는 육삼은 구이 때문에 갈팡질팡하는 격이고, 앞으로 나아간다고 해도 힘들게 나아간다. 이런 곤란한 상황을 힘겹게 끌리는 수레와 이중으로 형벌을 받는 사람으로 빗대어 놓았다. 이처럼 효사는 비유적인 수사(修辭)로 표현되는 경향이 짙다.

27. 未濟, 亨. 小狐汔濟 濡其尾 无攸利 : 火水未濟卦 卦辭

위 괘사(卦辭)에 대하여 심의용은 "미완성은 형통하다. 어린 여우가 과감하게 강물을 건너는데 그 꼬리를 적시니, 이로울 것이 없다."라고 번역했고, 고은주는 "미제괘는 형통하다. 어린 여우가 과감하게 강물을 건너는데 그 꼬리를 적시니, 이로울 것이 없다."라고 심의용과 같이 번역했다. 신원봉은 "미제 : 형통한다. 작은 여우가 물을 거의 다 건너 꼬리를 적시니, 이로울 것이 없다."라고 했고, 김재홍도 이와 같은 번역을 했다.

문제는 '汔(흘)'의 번역인데 우리 자전을 찾으면 거의, 그, (물이) 마르다, 수증기, 김, 소금 못 등의 뜻이 있다. 현재 중국어 사전에서는 접근하다, 물이 마르다 등으로 풀이하고 있다. 그런데 '汔(흘)'이 '訖(흘)'의 오기(誤記)가 아닌가 싶기도 하다. 이 訖(흘)에는 (어떤 장소에) 이르다, 마치다, 그만두다, 다하다, 마침내, 모두, 까지 등의 뜻이 있다.

오기가 아니라면 汔을 '거의'로 해석함이 옳고, 오기라면 訖을 '그만두다'로 해석해야 옳다고 본다.

그래서 신원봉과 김재홍은 '汔濟'를 '거의 건너다'로 해석했고, 심의용과 고은주는 정이천의 견해를 받아들여서 汔을 '仡(흘)'로 읽어서 '과감하게'라는 표현을 넣어 해석했다. '仡'에는 날래다, 높다, 머리를 들다 등의 뜻이 있다.

하지만 필자는 다르게 해석하고 싶다. "미제(건너지 못함: 이루어지지 않음), 형통하다. 어린 여우가 물을 건너가다 그 꼬리를 적시어 그만둠이니 이로울 바가 없다."라고. 汔을 訖로 읽고 '그만두다'로 해석했기 때문이다. 필자의 이런 판단에는 단사(彖辭) 내용과 관련되어 있다. 곧, "어린 여우가 건넘을 그만둠은 위험 속에서 벗어나지 못함이다(小狐汔濟未出中也)"라고 했고, 또한 "'그 꼬리를 적심이 이로울 바가 없다' 함은 끝냄을 이루지 못함이다(濡其尾无攸利 不續終也)"라고 했기 때문이다.

28. 《象》曰 : "不出门庭", 失时极也. : 水澤節卦 九二爻 象辭

 위 상사(象辭)에 관하여 고은주는 "상전에서 말했다. '집안에 있는 정원에 나가지 않음'은 때를 잃은 것이 지극하다"로 번역했다. 심의용은 "상전에서 말했다. 문 안의 정원에 나가지 않아 흉한 것은 때를 잃은 것이 지극하기 때문이다."라고 번역했다. 신원봉은 "외정을 나서지 않으니, 때를 잃은 것이다"라고 번역했다.

하지만 '때를 잃은 것이 지극하다'라는 말은 있을 수 없다. 잘못된 말이라는 뜻이다. 이때 '極'은 '결정적으로', 혼은 '완전히' 등의 뜻이다. 따라서 '失時極也'는 '결정적으로, 혹은 완전히 때를 잃음'으로 해석해야 옳다.

그리고 ①戶庭(초구효사)과 ②門庭(구이효사)이라는 단어가 나오는데 물론 요즘에는 잘 쓰지 않는 말이다. 이를 굳이 구분한다면 '戶庭'이란 집안의 뜰이나 마당을 뜻하고, '門庭'이란 대문과 중문 사이에 있는 뜰을 뜻한다. 그러니까, 주인이 거주하는 방이 있는 안채를 기준으로 보면, 그 안채에 딸린 뜰이 호정(戶庭)이고, 그 호정 끝에 밖으로 나가는 문(門)이 있고, 그 문(門) 바깥으로 있는 뜰이 문정(門庭)이다. 이 문정 끝에는 집안 밖으로 나가는 대문(大門)이 있다. 이처럼 대문(大門)과 중문(中門)이 있는 집은 아주 큰 집이다. 따라서 호정(戶庭)은 집안에 딸린 앞마당이라고 할 수 있고, 문정(門庭)은 대문과 중문 사이에 있는 뜰이라고 말할 수 있다. 따라서 필자는 위 상사를 이렇게 번역한다. 곧, "상에서 말했다. 앞마당을 나가지 아니함은 그때를 완전히 잃었음이다."라고.

그리고 이 수택절괘에서는 ①苦節(상육 효사), ②安節(육삼 효사), ③甘節(구오 효사)이라는 단어가 나온다. 이들 역시 일정한 질서 위에서 우리말로 바꾸어야 하는데 그렇지 못한 것 같다. '節'을 '절제'라고 한다면 순서대로, '쓴 절제', '편안한 절제', '단 절제'라고 해야 한다. 절제하기가 쓰다는 것은 어렵다(難)는 뜻이고, 절제하기가 달다는 것은 매우 쉽다(易)는 뜻이며, 절제하기가 편안하다는 것은 그저 그렇다(普通)는 뜻으로 해석해야 옳다고 생각한다.

여하튼, 주역의 몸통인 괘사와 효사, 그리고 상사를 읽노라면 번역된 우리말이 더 어려울 때가 있고, 일정한 질서 위에서 번역되어야 하는데 그런 일관된 질서가 깨어지는 면도 없지 않다.

29. 初九, 有厲利已 : 山天大畜卦 爻辭

 위 효사(爻辭)에 대해서 고은주는 "초구효, 위태로움이 있으니 멈추는 것이 이롭다."라고 번역했다. 주역 강연자인 김재홍도 위와 같이 번역했다. 신원봉도 "초구 : 위험이 있으니, 그치면 이롭다."라고 번역했고, 심의용도 "초구효는 위태로움이 있으니, 멈추는 것이 이롭다."라고 번역했다. 물론, 중국에서 현재 활용 중인 주역 해설문도 초구의 위험에 대하여 말하고 있다. 한결같이 '厲(려)'를 '위태롭다'로 해석하였다. 이 '厲'는 주역 64개 괘 가운데 28번이나 괘효사에서 쓰였다. 위 역자들은 모두 '위태롭다'로 해석한다.

그런데 필자는 왜 선뜻 이에 동의하지 못하는가? "초구, 힘씀(노력)이 있으니 이로울 뿐이다."로 읽힌다. 간단히 말하면, 厲(려)를 '위태롭다'로 읽지 않고, '힘쓰다'로 읽었다. '厲(려)'를 '勵(려)'로 읽었다는 뜻이다. 그리고 已(이)를 '그만두다', '그치다'로 읽지 않고, 문장 끝에 오는 어조사로 읽었다는 뜻이다.

필자의 생각은 이러하다. 곧, 초구는 정위(正位)이며, 육사와 호응하는 관계이다. 상괘(上卦:山)에 속한 육사가 하괘(下卦:乾)에 속한 초구를 붙드는 상황이다. 그래서 초구는 어리지만[幼] 육사의 지도를 받기에 노력하는 상황으로 보았고, 그래서 이롭다고 판단했다.

따라서 이 효사에 딸린 소상사(小象辭) 역시 다르게 해석한다. "有厲利已 不犯災也"라는 이 상사(象辭)를 놓고, 이들은 "위태로움이 있으니, 멈추는 것이 이로운 것은 재앙을 범하지 않는 것이다."로 해석했다. 하지만 나는 "노력이 있어 이롭다는 것은 죄악을 범하지 않음이다."라고 번역한다. '犯災

(범재)'에서 災(재)를 재앙(災殃)이 아니라 죄악(罪惡)으로 풀이하였다. 솔직히 말해, 주역의 괘효사에서 많이 쓰인 이 厲를 어떻게 해석해야 옳은지 더 연구가 필요하다.

30. 利涉大川, 乘木舟虛也. 中孚以利貞, 乃應乎天也. : 風澤中孚 彖辭 끝부분

 위 단사(彖辭)를 고은주는 "'큰 강을 건너는 깃이 이로움'은 나무배를 타되 배가 비어있기 때문이다. '진실한 믿음을 가지고 올바름을 굳게 지키는 것이 이로움'은 마침내 하늘에 호응하는 것이니라."라고 번역했다. 심의용은 "큰 강을 건너는 것이 이로운 것은 나무배를 타되 배가 비었기 때문이다. 진실한 믿음을 가지고 올바름을 굳게 지키는 것의 이로움은 마침내 하늘에 호응할 것이다."라고 번역했다. 필자는 "'큰 강을 건넘이 이롭다' 함은 유가 빈 나룻배를 탐이다. '지극한 믿음이 이롭고 곧다' 함은 이내 하늘이 호응함이다."라고 번역했다.

큰 강을 건너려면 당연히 배가 있어야 한다. 그런데 나무배가 있다. 여기서 나무배 곧 '木舟'란 상괘(上卦)인 손괘(巽卦)

를 말할 수 있고, 중효(中爻)인 육삼·육사가 호응하며 믿는, 강중(剛中)을 얻은 구이·구오를 말할 수 있다. 그리고 육삼·육사의 지극한 믿음에 하늘이 호응한다고 했는데 이때 하늘도 강중(剛中)을 얻은 구이·구오라고 생각한다. 따라서 빈 나무배를 타는 주체는 중효(中爻)인 육삼·육사가 되고, 이 풍택중부 괘사는 이 괘의 주인공 격인 육삼·육사를 위해 붙여졌다고 말할 수 있다.

31. 九四, 悔亡 有孚改命 吉 : 澤火革卦 九四爻辭

위 효사(爻辭)에 대하여 심의용은 "구사효는 후회가 없으며, 믿음이 있으면, 명을 고쳐 길하다."라고 번역했고, 고은주는 "구사효, 후회가 없으니 (진실한) 믿음이 있으면 천명을 바꾸는 것이 길하리라."라고 번역했다. 신원봉은 "뉘우침이 사라지고, 신뢰를 얻어 천명을 바꾸니, 길하다."라고 번역했다. 반면, 김재홍은 천명을 인간이 어떻게 고치고 바꾸겠느냐고 반문하면서 '천명(天命)으로 고치면 길하다'라고 했다. 도대체, 누구의 번역이 옳은가?

현재 중국에서는 '改命[gǎi mìng]'을 '改变成命'으로 해석한다. 고치고 변화시켜서 명령하는 것으로 말이다. 우리처럼 사람의 명령이나 하늘의 명령을 고치는 것이 아니라 개혁하여 새로운 명령을 내리는 것이다. 이 효사에 딸린 상사에서 설명하기를 새로운 명령을 내리는 것이 길한 것은 뜻에 관한 믿음(象曰 : 改命之吉, 信志也.)이라고 했듯이 유연하게 번역해야 한다고 본다. 그래서 필자는 "구사, 후회함이 사라지고 믿음으로 개혁하여 명령하면 길하다."라고 번역한다.

괘상(卦象)으로 보아도, 개혁의 주체인, 강중(剛中)을 얻은 구오를 보좌하는 추진력이 있는 구사의 상황을 설명한 말이므로 근심하지 말고 구오 군주에 대한 믿음을 갖고 개혁에 동참하면 길한 입장이다. 효(爻) 간의 연관성을 고려하지 않고 글자 그대로 번역하다 보면 번역문에 유기성 곧 효사(爻辭) 간의 상관성이 떨어짐을 보여준 예라고 할 수 있다. 이는 육효사를 테이블 위에 올려놓고 동시에 내려다보아야 비로소 보이는 문제라고 생각한다.

32. 官有渝 : 澤雷隨 初九 爻辭

 주역 64개 괘 가운데 열일곱 번째 괘인 택뢰수 (澤雷隨) 괘가 있다. 이 수괘(隨卦) 초구(初九) 효 사(爻辭)에 '官有渝(관유유)'라는 말이 나온다.[3]

너무나 생소하기에 이 말 앞에서 오랫동안 머물 러야 했다. '官(관)'은 벼슬, 벼슬자리, 벼슬아치, 마을, 관청, 기관, 일, 직무, 임금, 아버지, 시아버지, 본받다, 직무로서 담 당하다, 벼슬을 주다, 임관하다, 섬기다, 벼슬살이하다 등의 뜻이 있다. '渝(투,유)'는 변하다, 바뀌다, 변경하다, 넘치다, 원한을 풀다, 풀리다, 벗기다, 즐겁다, 기쁘다, 구차하다 등의 뜻이 있다. 우리는 대개 이 자(字)를 '투'로 발음한다. 하지만 '유'로 발음하는 것이 옳다고 본다. 중국어 발음이 [yú]이기 때문이다.

그렇다면, 이 '관유유(官有渝)'를 어떻게 해석해야 할까? 단 서가 하나 있긴 있다. 그것은 관련 상사(象辭)에서 설명하기 를 "'官有渝', 从正吉也."라 했다는 점이다. '관유유는 바름 (정의)을 좇기에 길하다.'라는 것이다. 관유유의 의미를 대놓

---

3) 初九, 官有渝, 貞吉. 出门交, 有功.

고 설명한 말은 아니라고 판단된다. 중국어에서는 태도나 감정 등이 바뀌는 '개변(改變)'을 의미한다.

다른 사람들은 어떻게 번역했을까? 『인문으로 읽는 주역』을 펴낸 신원봉은 '공영달'의 의견을 받아들여 '관(官)'을 '마음을 틀어쥐고 있는 주체'로 전제하고서, 문제의 '官有渝'를 '마음은 바뀌어도'라고 번역했다. 물론, 잘못된 번역이라고 나는 판단한다. 그리고 정이천의 역전(易傳)을 완역한 심의용은 '책임을 맡아 지키는 것에 변화가 있으니'로 번역했다. 그런가 하면, 『낭송주역』을 펴낸 고은주는 '주관하여 지키던 것에 변화가 있으니'라고 하여 심의용과 유사하게 번역했다. 그런데 무언가 어색한 느낌을 지울 수가 없다.

이 어색함을 풀어줄 결정적 단서가 있다. 그것은 다름 아닌 수괘(隨卦)의 단사(彖辭)이다. 곧, "剛来而下柔, 动而说, 随."라는 표현이 나오는데 이 단사 내용과 연계해서 보면 생각이 달라진다. 곧, "강이 와서 유에게 자기를 낮추고, 움직이어(하괘 덕성) 기쁘니(상괘 덕성) '수괘'라 한다."라고 했기 때문이다. 이때 강(剛)은 초구(初九) 양효(陽爻)를 말하고, 유(柔)는 육이(六二) 음효(陰爻)를 두고 말한다.

만약, 이 단사(彖辭) 내용과 연계하여 해석하면, '官有渝'라는 말은 '직위직책 상의 업무변화'를 의미한다고 판단된다. 초구 양효가 육이(六二) 음효에게 자신을 낮추어 왔고, 그로 인해서 업무상 일에 변화가 생긴 것이다. 그래서 올바르게 처신하는 것이 좋고, 문밖으로 나아가면 공로가 있는 것이다. 그러니까, 이 수괘의 주인공은 다름 아닌 초구효(初九爻)이고, 이를 위해서 괘사(卦辭)가 붙여졌다고 보면 크게 틀리지 않는다. 대개 주인공 효는 중도를 얻어서 활동하는 오효(五爻)와 이효(二爻)가 제일 많은데 이 괘에서는 드물지만, 초구가 주인공이 되었다. 뒤따르며 수행하는 세상에 부합되는 행동을 모범적으로 보여 주었기 때문이다. 강건(剛健)한 양(陽)이 유순(柔順)한 음(陰)에게 자신을 낮추어 보좌하는 일을 스스로 도맡아 하는 태도로써 말이다.

이처럼, 주역에서는 소소한 번역상의 문제가 너무나 많다. 주역의 생리를 제대로 이해하지 못함이고, 중국인이 해설한 것을 그대로 갖다가 해석했기 때문이기도 하다.

33. 九三, 丰其沛, 日中见沫 ; 折其右肱, 无咎. : 雷火豊 爻辭

 위 효사(爻辭)에 관해서 신원봉은 "구삼: 먹구름에 크게 가려져 낮에도 작은 별들이 보이니, 오른팔이 부러져도 허물이 없다."라고 번역했고, 심의용은 "구삼효는 휘장을 풍요하게 했다. 해가 중천에 떴는데도 작은 별을 보고, 오른쪽 팔이 부러졌으니, 탓할 곳이 없다."라고 번역했다. 고은주는 "구삼효, 휘장을 둘러쓰고 있음이라. 해가 중천에 떴는데도 작은 별을 본다. 오른쪽 팔뚝이 부러졌으나 탓할 곳이 없다."라고 번역했다.

무언가 어색하기 짝이 없다. '豊其沛(풍기패)'는 그것이 무엇인지 모르지만 아주 크고 성한 모양을 표현한 말이다. 아주 크고 풍성한 것이 무엇인지는 다른 효사(爻辭)를 통해서 유추해야 한다. 일단 보류해 두자. '日中(일중)'은 해가 하늘 가운데 와 있는 모습으로 정오(正午)를 말하고, '沫(매)'는 별(星)이다. '折其右肱(절기우굉)'은 그 오른팔이 부러진다는 뜻이다. 그런데 '无咎'라고 한다. 분명, 모순이다. '팔이 떨어지는 것'과 '무구'라는 말의 모순성을 의식하여 '허물이 없다'를 '탓할 곳이 없다'로 바꾸어 해석한 이도 있다. 궁여지책일 것이다.

'豊其沛(풍기패)'에서 크고 성대한 것은 하늘의 해를 가리는 구름이다. 그래서 해가 중천에 떠 있는 한낮이지만 별을 볼 수 있다. 이런 상황에서 하고자 하는 일을 도모하기에는 매우 어렵다는 의미로 비유적인 수사(修辭)로 '오른쪽 팔이 떨어져 나간다'라는 '折其右肱(절기우굉)'이란 표현을 했다고 본다. 그러함에도 무구한 것은 '끝까지 노력 탐구하면'이라는 전제가 있지만 생략되었기에 모순어법으로 비치는 것이다. 현재의 중국인도 백화문에서 이 부분에 대하여 '끝까지 노력하면 해를 입지 않는다(终究不会受害)'라고 해석한다. 따라서 필자는 이 효사(爻辭)에 대하여 "구삼, 해가 중천에 떴는데도 구름에 짙게 가려져 작은 별들이 보인다. (이런 상황에 일을 도모하면) 오른팔이 떨어지나 (그만큼 힘드나 끝까지 노력하면) 해를 입지 않는다."라고 번역한다. 의역(意譯)이 불가피한 면이 있다.

괘상(卦象)으로 보면, 구삼(九三)은 상육(上六)과 짝으로서 호응하고, 유중(柔中)을 얻은 육이(六二)와는 친비(親比) 관계에 있으나 육오(六五)에 가까이 가려고 애를 쓰나 구사(九四)에 가로막혀 있다. 거꾸로 말하면, 육오가 구삼을 찾으나 육사에 막혀있는 형국이다. 따라서 해를 가리는 큰 구름은 구사를 말한다. 물론, 구사 역시 육이를 향해 내려가려는데 구

삼이 가로막고 있다. 구삼과 구사가 서로에게 장애(障礙)가
되는 형국이다. 이는 구사 효사에서도 확인할 수 있다.

---

* 沛(패) : (비가) 쏟아지다, 내리다, 내려주다, 물리치다, 배척하다, 넘어지
  다, 쓰러지다, 늪, 습지, 기, 깃발, 성대한 모양, 큰 모양, 가는 모양, 바른
  모양, 몹시 성내는 모양, 빠른 모양 등의 뜻이 있으나 여기서는 '성대한 모
  양'으로 해석하였음.
* 沬(매, 회, 미) : 땅 이름, 별의 이름, 어둑어둑하다, (낯을) 씻다, 세수하다,
  물의 이름 등의 뜻이 있으나 여기서는 '별의 이름'으로 해석하였음.
* 肱(굉) : 臂(비) : 팔, 팔뚝.

34. 九三, 君子终日乾乾, 夕惕若, 厉无咎. : 重天乾卦 九三爻辭

"君子终日乾乾, 夕惕若, 厉无咎."라는 이 문장
을 제시하면서 우리말로 번역하라고 한다면 여
러분은 과연 어떻게 할까? 조건이 있다면, 양효
(陽爻) 셋씩으로 이루어진 건괘(乾卦)가 위아래로
조합된 중천건괘(重天乾卦) 구삼(九三)의 효사(爻辭)라는 점
뿐이다. 물론, 다 아는 한자(漢字)라지만 결국에는 일일이 다
자전(字典)에서 그 의미들을 확인할 것이다.

솔직히 말해, 이 문장을 읽으면서 필자는 중얼거렸다, '군자가 종일 건성건성 게으름을 피웠구나. (그러니) 저녁에는 걱정하나, 힘쓰면(노력하면) 무구하구나.'라고 말이다. 그래서 처음에는 "군자 종일 건들건들 게으름을 피우니 저녁에는 근심하나 힘쓰면 무구하다."라고 해석하였다. 그런데 상사(象辭)와 문언전(文言傳)의 설명을 읽으면서 놀라웠다. 내가 정반대로 해석했다는 사실이 지각됐기 때문이다. 그래서 우리나라에서 번역된 주역에서는 어떻게 해석되었는지 4종 이상의 책을 열어 확인했고, 중국인들의 해석까지 찾아보았다. 역시 '乾乾(건건)'을 자강불식(自强不息) 노력하는 모습으로 풀이하고 있음을 알았다.

그러함에도 불구하고, 나는 고개가 갸우뚱거려졌다. 아무리 건괘(乾卦)라지만 중도(中道)를 지나친 삼효(三爻)에 관한 이야기이고, 상구(上九)도 '亢龍 有悔'라고 했는데 의심하면서 상전과 문언전 내용을 유심히 읽었다.

①《象》曰 : '终日乾乾', 反复道也.
상에서 말했다. '종일 건들건들 게으름을 피운다' 함은 술책을 거듭 되풀이함이다.

②何謂也? 子曰 君子進德修業. 忠信, 所以進德也, 修辭立其誠, 所以居業也. 知至至之, 可與幾也, 知終終之, 可與存義也. 是故, 居上位而不驕, 在下位而不憂. 故乾乾, 因其時而惕, 雖危, 无咎矣.

무엇을 말함인가? 공자 이르기를 "군자가 덕을 쌓고(더하고) 과업을 수행한다. 공평과 믿음으로써 덕을 쌓고, 언변으로 그 진실을 밝히는 것이 과업에 머묾이다. 이를 곳을 알고 이르면 기미와 함께함이고, 끝을 알고 끝내면 법도를 세움이다. 이러함으로 윗자리에 머물되 교만하지 않고, 아랫자리에 있되 걱정하지 않는다. 그러므로 '건건'은 그때로 인하여 두려워함이고, 비록, 위데로우나 무구하다." 라고 했다.

③終日乾乾 行事也.

종일 노력한다 함은 일을 행함이오.

④終日乾乾 與時偕行.

종일 노력한다 함은 때와 더불어 적합하게 행함이다.

⑤重剛而不中, 上不在天, 下不在田, 故乾乾, 因其時而惕, 雖危, 无咎矣

강이 거듭하여 중도가 아니고, 위로는 하늘에 있지 않고, 아래로는 밭에 있지 않은 고로 '건건'이라. 그때로 인하여 걱정하고, 비록, 위태로우나 무구하다.

　위 ① ~ ⑥의 문장을 해독해 보아도 모호하기는 마찬가지이다. 상사(象辭)와 문언전(文言傳) 집필자가 팔괘 가운데 건괘(乾卦)의 의미를 지나치게 의식한 나머지 애써 乾乾을 그침 없이 힘쓰는 태도 내지는 모습으로 해석을 하지 않았나 싶다. 군자가 하루 내내 쉬지 않고 열심히 노력했는데 저녁에 걱정할 일이 무엇인가? 필자는 이 책에서 중천건괘(重天乾卦)의 구삼 효사 번역을 두 가지로 해놓긴 했으나 여전히 '乾乾'을 '건성건성, 건들건들, 대충대충'의 의미로 이해된다. 물론, 이런 해석은 필자뿐이긴 하나 만약 필자의 판단이 맞는다면 상사와 문언전이 잘못 붙여졌다고 말할 수밖에 없다.

후기

    나는 지난 2021년 1월부터 10월까지 만 10개월 동안 주역(周易)을 탐구했다. 내가 말하는 주역이란 64개 괘의 괘사(卦辭)와 효사(爻辭)에 십익(十翼)을 합친 것인데 이것을 공부하는 이유는 크게 두 가지로 나누어진다.

    하나는 점(占)을 치기 위해서 공부하는 것이고, 다른 하나는 경문(經文)으로서 그 뜻과 의미를 탐구하여 삶의 지혜로 깨닫기 위해 공부하는 것이다. 전자를 점역(占易), 상수역학(象數易學)이라고 부르고, 후자를 학역(學易), 의리역학(義理易學)이라고도 부른다.

    나는 처음부터 주역을 공부하는 방향이나 목적을 분명하게 정하지는 아니했으나 역(易)의 원리(原理), 작용(作用), 이치(理致)를 먼저 중요하게 생각했고, 그것을 이해하는 것으로 만족하리라 여겼었다. 그래서 역의 원리, 구성, 작용, 이치 등을 중심으로 설명한 계사전(繫辭傳)을 제일 먼저 읽었고, 그 것을 우리말로 번역했으며, 그 핵심내용을 분석, 탐구하였다. 그리고 64개 괘가 성립되는 이치와 그 재료인 팔괘(八卦)의 성품(性品), 작용, 특징 등을 설괘전(說卦傳)과 단전(彖傳)을 중심으로 탐구했다. 물론, 이 과정에서도 단전을 우리말로 번역하고, 그 핵심내용에 관해 글도 썼다.

그리고 64괘를 이해하기 위해서 잡괘전(雜卦傳)과 괘효사(卦爻辭)를 비롯하여 15개 괘 역문을 직접 번역해보고, 괘상(卦象)과 연계시켜가며 육효사(六爻辭)를 해설해 보기도 했다. 이 과정에서 우리말 번역의 어려움을 실감했고, 적어도 네 사람 이상의 번역문을 비교해 보기도 했다.

결과적으로, 지난 10개월 동안에 계사전과 단전을 따로 떼어내어 우리말로 번역했고, 그 핵심내용에 관해 글을 써서 두 종의 책으로 펴냈으며, 괘효사의 당위성을 의심하며 상사(象辭)까지 세밀하게 읽었고, 내 나름의 탐구 결과를 또 한 종의 책으로 펴내었다.

솔직히 말해, 이제 남은 과제는, 주역 64개 괘 역문(易文) 전체를 우리말로 제대로 번역하고, 그에 합당한 해설을 붙이는 나만의 '역전(易傳)'을 펴내는 일이다. 그런데 적지 아니한 사람들의 역전이 전해 내려오며, 우리나라에서 주역을 번역한 이들 역시 그 역전들을 번역했거나 참고했다. 하지만 우리말 번역문 자체도 설명 없인 이해 공감하기 어려운 게 현실이다.

그래서 새로운 역전이 필요한 것은 사실이나 베끼지 않는 한 그 작업은 결코, 쉽지 않다. 음과 양의 상호 작용을 이해해야 하고, 육효 간의 상관성에 대해서 손금을 보듯 훤히 이해하고 남아야 가능하기 때문이다. 그래서 욕심이 나는 것도 사실이다.

그러나 자칫 현재까지의 역전들이 지니는 한계를 극복하지 못한다면 의미 없는 작업이 될 것이다. 그래서 더욱 신중히 결정해야 한다.

그리고 또 하나 남은 과제가 있다. 그것은 오늘날 주역을 상수역으로 활용하고 있는 사람들이 의외로 많다는 현실을 감안(勘案)한다면 역점(易占)에 관한 이론을 집대성하는 일이라고 생각한다. 이 일은 주역 공부의 또 다른 영역으로 내가 할 일은 아니라고 생각하는데 벌써 괘(卦) 짓는, 다양한 방법이라도 종합적으로 정리해보라는 주변의 요구가 있다.

　나의 본업은 시와 문학평론 활동이다. 지난 십 개월 동안의 나는 내가 아니었다. 내가 알지 못했던, 새로운 영역을 들쑤시고 다니며 많은 것을 알게 된, 사유 혹은 정신세계의 낯선 여행이었다. 이제, 그 긴장과 모험에서 벗어나 내 집으로 돌아가 당분간 마음 편히 쉬고 싶다. 쉬면서 앞으로 갈 길을 신중하게 모색, 결정하고 싶다.

　-2021. 11. 01

　보현봉을 바라보며 **이시환** 씀.

주역 공부를 위한 3단계 위밍업

초판인쇄 2021년 11월 27일 **초판발행** 2021년 11월 30일
초판 2쇄 2022년 01월 27일

지은이 **이시환**
펴낸이 **이혜숙** 펴낸곳 **신세림출판사**
등록일 **1991년 12월 24일 제2-1298호**

04559 서울특별시 중구 퇴계로49길 14,
　　　충무로엘크루메트로시티2차 1동 720호
전화 **02-2264-1972** 팩스 **02-2264-1973**
E-mail : shinselim72@hanmail.net

정가 **20,000원**

ISBN 978-89-5800-241-3, 03150